GW00806354

Sabine Hiller

Über dieses Buch »Sonderbare Menschen können mich durch ihre bloße Gegenwart zu einer Leidenschaft des Erkennenwollens entzünden«, bekannte Stefan Zweig einmal, und dieser Ausspruch scheint sich nicht zuletzt auf die Titelerzählung dieses Buches zu beziehen. Aber auch weniger sonderbare Charaktere, die, um einer inneren Notwendigkeit ihrer Persönlichkeit zu entsprechen, oder aber aus einem durch äußere Umstände entwickelten Impuls heraus, so agieren (damit gewiß auch reagieren), wie es ihre Natur erfordert, haben seine »verwegene Lust zu schöpferischem Spiel« angeregt. Er bleibt dabei aber immer – und das zieht sich durch sein gesamtes Schaffen – der Mahner zum Guten, zum Menschlichen, der Mittler zwischen Gegensätzlichkeiten. Seine Sprache gibt ihm die Kraft des Überzeugens.

Der Autor Stefan Zweig wurde am 28. November 1881 in Wien geboren, lebte von 1919 bis 1935 in Salzburg, emigrierte von dort nach England und 1940 nach Brasilien. Früh als Übersetzer Verlaines, Baudelaires und vor allem Verhaerens hervorgetreten, veröffentlichte er 1901 seine ersten Gedichte unter dem Titel ›Silberne Saiten‹. Sein episches Werk machte ihn ebenso berühmt wie seine historischen Miniaturen und die biographischen Arbeiten. 1944 erschienen seine Erinnerungen, das von einer vergangenen Zeit erzählende Werk ›Die Welt von Gestern‹. Im Februar 1942 schied er in Petrópolis, Brasilien, freiwillig aus dem Leben.

Im Fischer Taschenbuch Verlag sind ferner erschienen: ›Sternstunden der Menschheit‹ (Bd. 595), ›Die Welt von Gestern‹ (Bd. 1152), ›Schachnovelle‹ (Bd. 1522), ›Ungeduld des Herzens‹ (Bd. 1679), ›Maria Stuart‹ (Bd. 1714), ›Magellan‹ (Bd. 5356), ›Joseph Fouché‹ (Bd. 1915), ›Balzac‹ (Bd. 2183), ›Marie Antoinette‹ (Bd. 2220), ›Triumph und Tragik des Erasmus von Rotterdam‹ (Bd. 2279), ›Die Hochzeit von Lyon und andere Erzählungen‹ (Bd. 2281), ›Der Kampf mit dem Dämon. Hölderlin, Kleist, Nietzsche‹ (Bd. 2282), ›Europäisches Erbe‹ (Bd. 2284), ›Menschen und Schicksale‹ (Bd. 2285), ›Länder, Städte, Landschaften‹ (Bd. 2286), ›Zeit und Welt‹ (Bd. 2287), ›Das Geheimnis des künstlerischen Schaffens‹ (Bd. 2288), ›Drei Meister. Balzac, Dickens, Dostojewski‹ (Bd. 2289), ›Drei Dichter ihres Lebens. Casanova, Stendhal, Tolstoi‹ (Bd. 2290), ›Ben Johnsons ›Volpone‹‹ (Bd. 2293), ›Castellio gegen Calvin oder Ein Gewissen gegen die Gewalt‹ (Bd. 2295), ›Die Heilung durch den Geist‹ (Bd. 2300), ›Briefe an Freunde‹ (Bd. 5362), ›Verwirrung der Gefühle‹ (Bd. 5790).

Stefan Zweig

Phantastische Nacht

Erzählungen

Fischer Taschenbuch Verlag

Herausgegeben und
mit Nachbemerkungen versehen
von Knut Beck

41.–50. Tausend: April 1985

Veröffentlicht im Fischer Taschenbuch Verlag GmbH,
Frankfurt am Main, April 1983

Umschlagentwurf: Jan Buchholz/Reni Hinsch
Lizenzausgabe der S. Fischer Verlags GmbH, Frankfurt am Main
Copyright für diese Zusammenstellung
© 1982 S. Fischer Verlag GmbH, Frankfurt am Main
Druck und Bindung: Clausen & Bosse, Leck
Printed in Germany
980-ISBN-3-596-25703-4

Inhalt

Sommernovellette 7

Die Gouvernante 20

Die spät bezahlte Schuld 39

Vierundzwanzig Stunden
aus dem Leben einer Frau 70

Die Frau und die Landschaft 145

Phantastische Nacht 172

Nachbemerkungen des Herausgebers 245

Bibliographischer Nachweis 255

Sommernovellette

Den Augustmonat des vergangenen Sommers verbrachte
ich in Cadenabbia, einem jener kleinen Orte am Comer
See, die dort zwischen weißen Villen und dunklem Wald
so reizvoll sich bergen. Still und friedsam wohl auch in
den lebendigeren Tagen des Frühlings, wenn die Reisen-
den von Bellagio und Menaggio den schmalen Strand
beschwärmen, war das Städtchen in diesen warmen Wochen eine duftende, sonnenbeglänzte Einsamkeit. Das
Hotel war fast ganz verlassen: ein paar versprengte Gäste,
jeder dem andern durch die Tatsache merkwürdig, sich so
verlorene Stelle zum Sommeraufenthalt erwählt zu haben, wunderten sich jeden Morgen, den andern noch
standhaft zu finden. Am erstaunlichsten war dies mir bei
einem älteren, sehr vornehmen und kultivierten Herrn,
der – dem Aussehen nach ein Mitteltypus zwischen
korrektem englischem Staatsmann und einem Pariser
Coureur –, ohne zu irgendwelchem Seesport Zuflucht zu
nehmen, den Tag damit verbrachte, den Rauch von
Zigaretten sinnend vor sich in der Luft zergehen zu sehen
oder ab und zu in einem Buche zu blättern. Die drückende
Einsamkeit zweier Regentage und sein offenes Entgegen-
kommen gaben unserer Bekanntschaft rasch eine Herzlichkeit, die der Jahre Ungleichheit fast ganz überbrückte.
Livländer von Geburt, in Frankreich und später in England erzogen, berufslos seit je, ohne ständigen Aufenthalt
seit Jahren, war er heimatlos in dem edlen Sinne derer, die,
Wikinger und Piraten der Schönheit, aller Städte Kostbar-
keiten im räuberischen Flug in sich versammelt haben.

Dilettantisch war er allen Künsten nahe, aber stärker als die Liebe war seine vornehme Verachtung, ihnen zu dienen: er dankte ihnen tausend schöne Stunden, ohne ihnen eine einzige schöpferischer Not gewidmet zu haben. Er lebte eines jener Leben, die überflüssig scheinen, weil sie sich keiner Gemeinsamkeit einketten, weil all der Reichtum, den tausend einzelne kostbare Erlebnisse in ihnen aufgespeichert haben, mit ihrem letzten Atemzug unvererbt zerrinnt.

Davon sprach ich eines Abends zu ihm, als wir nach dem Diner vor dem Hotel saßen und sahen, wie sich der helle See langsam vor unserem Blick verdunkelte. Er lächelte: »Vielleicht haben Sie nicht unrecht. Ich glaube zwar nicht an Erinnerungen: das Erlebte ist erlebt in der Sekunde, da es uns verläßt. Und Dichtung: geht das nicht ebenso zugrunde, zwanzig, fünfzig, hundert Jahre später? Aber ich will Ihnen heute etwas erzählen, wovon ich glaube, daß es eine hübsche Novelle wäre. Kommen Sie! Solche Dinge sprechen sich besser im Gehen.«

So gingen wir den wunderbaren Strandweg entlang, überschattet von den ewigen Zypressen und verworrenen Kastanienbäumen, zwischen deren Gezweige der See unruhig spiegelte. Drüben lag die weiße Wolke Bellagio, sanft getönt von den hinrinnenden Farben der schon gesunkenen Sonne, und hoch, hoch oben über dem dunklen Hügel glänzte, von den Strahlen diamanten umfaßt, die funkelnde Mauerkrone der Villa Serbelloni. Die Wärme war leicht schwülend und doch nicht lastend; wie ein sanfter Frauenarm lehnte sie sich zärtlich an die Schatten und füllte den Atem mit dem Dufte unsichtbarer Blüten.

Er begann: »Ein Geständnis soll den Anfang machen. Ich habe Ihnen bislang verschwiegen, daß ich schon im vergangenen Jahre hier war, hier in Cadenabbia, zur gleichen Jahreszeit und im gleichen Hotel. Das mag Sie wundern, um so mehr als ich Ihnen ja erzählte, daß ich es von je vermied, etwas in meinem Leben zu wiederholen. Aber hören Sie! Es war natürlich ebenso einsam wie diesmal. Der gleiche Herr aus Mailand war hier, der den ganzen Tag Fische fängt, um sie abends wieder loszulassen und am nächsten Morgen wieder einzufangen; es waren zwei alte Engländerinnen da, deren leise vegetative Existenz man kaum bemerkte, ferner ein hübscher junger Bursch mit einem lieben, blassen Mädel, von der ich bis heute noch nicht glaube, daß sie seine Frau war, weil sie sich viel zu herzlich gern zu haben schienen. Schließlich eine deutsche Familie, Norddeutsche vom schärfsten Typus. Eine ältere, semmelblonde, hartknochige Dame mit eckigen, häßlichen Bewegungen, stechenden Stahlaugen und einem wie mit dem Messer geschnittenen scharfen, zänkischen Mund. Mit ihr eine Schwester, unverkennbar, denn es waren die gleichen Züge, nur zergangen, zerfaltet, irgendwie weich geworden, beide stets zusammen und nie doch im Gespräch und immer über die Stickerei gebeugt, in die sie ihre ganze Gedankenlosigkeit zu spinnen schienen, unerbittliche Parzen einer Welt der Langeweile und Beschränktheit. Und zwischen ihnen ein junges, etwa sechzehnjähriges Mädchen, die Tochter einer der beiden, ich weiß nicht, welcher, denn die harte Unfertigkeit ihrer Züge mischte sich schon mit leichter frauenhafter Rundung. Sie war eigentlich unhübsch, zu schlank, unreif, überdies natürlich ungeschickt gekleidet, aber es war etwas Rührendes in ihrer hilflosen Sehnsucht. Ihre Augen waren groß und wohl auch voll dunklen Lichtes, aber sie flüchteten immer verlegen weg, den Glanz in zwinkernde Lichter verflatternd. Auch sie kam immer mit einer Arbeit, aber ihre Hände wurden oft langsam, die Finger schliefen ein, und dann saß sie still, mit einem träumerischen, unbewegten Blick über den See hin. Ich weiß nicht, was mich so merkwürdig an diesem

Anblick ergriff. War es der banale und doch so unvermeidliche Gedanke, der einen befällt, wenn man die verblühte Mutter mit der blühenden Tochter sieht, den Schatten hinter der Gestalt, der Gedanke, daß in jeder Wange die Falte, in jedem Lachen die Müdigkeit, in jedem Traume schon die Enttäuschung versteckt wartet? Oder war es diese wilde, eben ausbrechende, ziellose Sehnsucht, die sich überall in ihr verriet, jene einzige, wunderbare Minute im Leben der Mädchen, wo sie den Blick begehrend ins All richten, weil sie das Eine noch nicht haben, an das sie sich dann klammern und an dem sie dann faulend hängen wie Algen am schwimmenden Holz? Es war für mich unendlich packend, sie zu beobachten, den träumerischen, feuchten Blick, die wilde, überschwengliche Art, mit der sie jeden Hund und jede Katze liebkoste, die Unruhe, die sie vielerlei beginnen ließ und nichts zu Ende tun. Und dann die glühende Hast, mit der sie abends die paar elenden Bände der Hotelbibliothek durchjagte oder in den zwei zerlesenen Gedichtbänden blätterte, die sie sich mitgebracht hatte, in ihrem Goethe und Baumbach... Doch warum lächeln Sie?«

Ich mußte mich entschuldigen: »Es ist nur die Zusammenstellung, Goethe und Baumbach.«

»Ach so! Natürlich, es ist ja komisch. Und doch wieder nicht. Glauben Sie mir, daß es jungen Mädchen in diesem Alter ganz gleichgültig ist, ob sie gute oder schlechte, echte oder verlogene Gedichte lesen. Ihnen sind Verse nur Becher für den Durst, und sie achten nicht auf den Wein, denn der Rausch ist ja schon in ihnen, noch ehe sie getrunken. Und so war dieses Mädchen, so kelchvoll von Sehnsucht, daß sie ihr bis in die Augen glänzte, die Spitzen der Finger über den Tisch zittern ließ und ihrem Gang eine eigene ungelenke und doch wieder beschwingte Art zwischen Flug und Furcht gab. Man sah, daß sie hungerte, mit jemandem zu sprechen, etwas von ihrer Fülle wegzu-

geben, aber da war niemand, nur Einsamkeit, nur das
Klappern der Nadeln rechts und links, die kalten, bedäch-
tigen Blicke der beiden Damen. Ein unendliches Mitleid
kam mich an. Und doch, ich konnte mich ihr nicht
nähern, denn erstlich, was ist ein bejahrter Mann einem
Mädchen in diesem Augenblick, und dann, mein Abscheu
vor Familienbekanntschaften und besonders Bekanntschaft ältlicher Bürgerdamen erdrosselte jede Möglichkeit. Da versuchte ich eine merkwürdige Sache. Ich
dachte: dies ist ein junges Mädchen, unflügge, unerfahren,
das erstemal wohl in Italien, das ja in Deutschland, dank
dem Engländer Shakespeare, der nie dort gewesen ist, als
das Land der romantischen Liebe gilt, der Romeos, der
heimlichen Abenteuer, der fallenden Fächer, blitzenden
Dolche, der Masken, Duennas und der zärtlichen Briefe.
Sicherlich träumt sie von Abenteuern, und wer kennt
Mädchenträume, diese weißen, wehenden Wolken, die
ziellos im Blau schweben und so wie die Wolken immer
am Abend in heißeren Farben, in Rosa und dann in
brennendem Rot erglühen? Nichts wird ihr hier Unwahr-
scheinlichkeit, Unmöglichkeit dünken. So entschloß ich
mich, ihr einen geheimnisvollen Liebhaber zu erfinden.

Und noch am selben Abend schrieb ich einen langen
Brief demütiger und respektvoller Zärtlichkeit, voll
fremdartiger Andeutungen und ohne Unterschrift. Einen
Brief, der nichts verlangte, nichts verhieß, überschwenglich und zurückhaltend zugleich, kurz, einen romantischen Liebesbrief wie aus einem Versstück. Und da ich
wußte, daß sie täglich, von ihrer Unrast gejagt, als erste
beim Frühstück erschien, faltete ich ihn in die Serviette
ein. Der Morgen kam. Ich beobachtete sie vom Garten
aus, sah ihre ungläubige Überraschung, ihr jähes Erschrecken, sah die rote Flamme, die über die blassen
Wangen schoß und hastig bis tief in die Kehle lief. Sah ihr
hilfloses Umblicken, das Zucken, die diebische Bewe-

gung, mit der sie den Brief verbarg, und dann, wie sie unruhig, nervös saß, das Frühstück kaum berührend und schon wegschießend, hinaus, irgendwohin in die schattigen, unbelebten Gänge, das geheimnisvolle Schreiben zu entziffern... Sie wollten etwas sagen?«

Ich hatte unwillkürlich eine Bewegung gemacht, die ich jetzt erklären mußte. »Ich finde das sehr verwegen. Haben Sie nicht daran gedacht, sie könnte nachforschen, oder das Einfachste, den Kellner fragen, wie der Brief in die Serviette kam? Oder ihn ihrer Mutter zeigen?«

»Natürlich dachte ich daran. Aber hätten Sie das Mädchen gesehen, dieses furchtsame, verschreckte liebe Geschöpf, das sich immer ängstlich umsah, wenn sie einmal etwas lauter gesprochen hatte, dann wäre Ihnen jedes Bedenken verflogen. Es gibt Mädchen, deren Schamhaftigkeit so groß ist, daß Sie mit ihnen das Äußerste wagen können, weil sie so hilflos sind und lieber das Ärgste erdulden, ehe sich mit einem Worte andern anzuvertrauen. Lächelnd sah ich ihr nach und freute mich, wie sehr mein Spiel gelungen war. Da kam sie schon zurück, und ich fühlte mein Blut plötzlich an der Schläfe: das war ein anderes Mädchen, ein anderer Schritt. Sie ging unruhig und verworren heran, eine glühende Welle hatte ihr Gesicht übergossen, und eine süße Verlegenheit machte sie ungelenk. Und so den ganzen Tag. Zu jedem Fenster flog ihr Blick auf, als könnte er dort das Geheimnis fassen, jeden Vorüberschreitenden umkreiste er, und einmal fiel er auch auf mich, der ihm vorsichtig auswich, um sich nicht durch ein Blinken zu verraten; aber in dieser blitzschnellen Sekunde hatte ich ein Feuer der Frage gefühlt, vor dem ich fast erschrak, und wieder nach Jahren empfunden, daß keine Wollust gefährlicher, verlockender und verderbter ist, als jenen ersten Funken in das Auge eines Mädchens zu sprengen. Ich sah sie dann zwischen den beiden sitzen mit schläfrigen Fingern und sah, wie sie manchmal hastig an eine Stelle ihres Kleides griff, von der ich sicher war, daß sie den Brief verbarg. Nun lockte mich das Spiel. Und noch am Abend schrieb ich ihr einen zweiten Brief und so die nächsten folgenden Tage: es wurde mir ein eigener erregender Reiz, die Empfindungen eines verliebten, jungen Menschen in meinen Briefen zu verkörpern, Steigerungen einer Leidenschaft zu erfinden, die nur ersonnen war, es wurde mir ein fesselnder Sport, wie Jäger ihn wohl haben mögen, wenn sie Schlingen legen oder Wild vor ihre Läufe locken. Und so unbeschreiblich, fast schreckhaft war für mich mein eigener Erfolg, daß ich schon dachte abzubrechen, hätte die Versuchung mich nicht so glühend an das begonnene Spiel gefesselt. Eine Leichtigkeit, eine wilde Wirrnis wie von Tanz kam in ihren Gang, eine eigene fiebrige Schönheit brach aus ihren Zügen; ihr Schlaf mußte ein Warten und Wachen auf den Brief des Morgens sein, denn ihr Auge war dunkel in der Frühe verschattet und unstet in seinem Feuer. Sie begann auf sich zu achten, trug Blumen in ihrem Haar, eine wunderbare Zärtlichkeit gegen alle Dinge beschwichtigte ihre Hände, eine stete Frage lag in ihrem Blick, denn sie fühlte aus tausend Kleinigkeiten, die ich in den Briefen verriet, daß der Schreiber ihr nahe sein mußte, ein Ariel, der mit Musik die Lüfte füllt, nahe schwebend, das geheimste Tun belauschend und doch durch seinen Willen unsichtbar. So heiter wurde sie, daß selbst den beiden stumpfen Damen die Wandlung nicht entging, denn manchmal ließen sie gütig-neugierig ihren Blick an der eilenden Gestalt und an den aufknospenden Wangen haften, um sich dann mit verstohlenem Lächeln anzusehen. Ihre Stimme bekam Klang, wurde lauter, heller, verwegener, und an ihrer Kehle zitterte oft ein Zucken und Schwellen, als wollte plötzlich Gesang in jubelnden Trillern aufsteigen, als wäre... Aber Sie lächeln schon wieder!«

»Nein, nein, bitte, erzählen Sie nur weiter. Ich meine nur, Sie erzählen sehr gut. Sie haben – verzeihen Sie – Talent und würden sicher das so gut erzählen wie einer unserer Novellisten.«

»Damit wollen Sie mir wohl höflich und vorsichtig andeuten, daß ich erzähle wie Ihre deutschen Novellisten, also lyrisch verstiegen, breit, sentimentalisch, langweilig. Ja, ich will kürzer sein! Die Marionette tanzte, und ich zog die Fäden mit überlegter Hand. Um von mir jeden Verdacht abzulenken – denn manchmal fühlte ich, wie sich ihr Blick prüfend an dem meinen anhalten wollte –, hatte ich ihr die Möglichkeit nahe gestellt, daß der Schreiber nicht hier, sondern in einem der nahen Kurplätze wohne und täglich im Boot oder mit dem Dampfer herüberkäme. Und nun sah ich sie immer, wenn die Glocke des nahenden Schiffes klang, unter einem Vorwand der mütterlichen Wacht entgleiten, wegstürmen und von einem Winkel des Piers die Ankommenden mit angehaltenem Atem mustern.

Und da geschah es einmal – es war ein trüber Nachmittag, und ich wußte nichts Besseres, als sie zu beobachten –, daß etwas sehr Merkwürdiges sich ereignete. Unter den Passagieren war ein hübscher junger Mann, mit jener extravaganten Eleganz der italienischen jungen Leute gekleidet, und wie er suchend den Ort überflog, fiel ihm voll der verzweifelt suchende, fragende, saugende Blick des jungen Mädchens ins Auge. Und sofort überstürzte, das leise Lächeln wild überflutend, die rote Welle der Scham ihr Gesicht. Der junge Mann stutzte, wurde aufmerksam – wie ja leicht verständlich ist, wenn man einen so heißen Blick voll tausend ungesagter Dinge zugeworfen empfängt –, lächelte und suchte ihr zu folgen. Sie flüchtete, stockte in der Sicherheit, daß es der lang Gesuchte war, eilte wieder weiter und sah sich doch wieder um, es war jenes ewige Spiel zwischen Wollen und

Fürchten, Sehnsucht und Scham, in dem doch immer die süße Schwäche die Stärkere ist. Er, sichtlich ermutigt, wenn auch überrascht, eilte nach und war ihr schon nahe, und ich fühlte mit Erschrecken, wie sich alles zu einem beängstigenden Chaos verwirren müsse – da kamen die beiden Damen den Weg entlang. Das Mädchen flog ihnen wie ein scheuer Vogel entgegen, der junge Mann zog sich vorsichtig zurück, aber noch trafen sich im Rückwenden einmal ihre Blicke, um sich fieberhaft ineinanderzusaugen. Dieses Ereignis mahnte mich zuerst, dem Spiel ein Ende zu machen, aber doch die Verlockung war zu stark, und ich entschloß mich, diesen Zufall als willigen Gehilfen zu wählen, und schrieb ihr am Abend einen ungewöhnlich langen Brief, der ihre Vermutung bestätigen mußte. Es reizte mich, nun mit zwei Personen zu agieren.

Am nächsten Morgen erschreckte mich die zitternde Verwirrung in ihren Zügen. Die schöne Unrast war einer mir unverständlichen Nervosität gewichen, ihre Augen waren feucht und gerötet wie von Tränen, ein Schmerz schien sie im Tiefsten zu durchdringen. All ihr Schweigen schien nach einem wilden Schrei zu drängen, Dunkel lag um ihre Stirne, eine düstere herbe Verzweiflung in ihren Blicken, während ich gerade diesmal klare Freude erwartet hatte. Mir wurde bange. Zum erstenmal drängte sich etwas Fremdes ein, die Marionette gehorchte nicht und tanzte anders, als ich wollte. Ich grübelte nach allen Möglichkeiten und fand keine. Mir begann angst zu werden vor meinem Spiel, und ich kehrte nicht vor abends heim, um der Anklage in ihren Blicken zu entweichen. Als ich heimkam, verstand ich alles. Der Tisch war nicht mehr gedeckt, die Familie war abgereist. Sie hatte fort müssen, ohne ihm ein Wort sagen zu können, und konnte den Ihren nicht verraten, wie sehr ihr Herz noch an einem einzigen Tage, an einer Stunde hing, sie war fortgeschleppt worden aus einem süßen Traum in irgendeine klägliche Kleinstadt. Daran hatte ich vergessen. Und ich fühle jetzt noch wie eine Anklage diesen letzten Blick, diese furchtbare Gewalt von Zorn, Qual, Verzweiflung und bitterstem Weh, das ich, wer weiß wie weit, in ihr Leben hineingeschleudert habe.«

Er schwieg. Mit uns war die Nacht gegangen, und von dem durch Gewölk verhangenen Mond ging ein eigentümlich klirrendes Licht aus. Zwischen den Bäumen schienen Funken und Sterne zu hängen und die bleiche Fläche des Sees. Wir gingen wortlos weiter. Endlich brach mein Begleiter das Schweigen. »Das war die Geschichte. Wäre es nicht eine Novelle?«

»Ich weiß nicht. Es ist jedenfalls eine Geschichte, die ich mit den anderen mir bewahren will, für die ich Ihnen schon dankbar sein muß. Aber eine Novelle? Ein schöner Einsatz, der mich verlocken könnte, vielleicht. Denn diese Menschen, sie streifen sich nur, sie beherrschen sich nicht ganz, es sind Ansätze zu Schicksalen, aber kein Schicksal. Man müßte sie zu Ende dichten.«

»Ich verstehe, was Sie meinen. Das Leben des jungen Mädchens, die Heimkehr in die Kleinstadt, die furchtbare Tragik der Alltäglichkeit . . .«

»Nein, nicht das so sehr. Das junge Mädchen interessiert mich weiter nicht. Junge Mädchen sind immer uninteressant, so merkwürdig sie sich auch selbst dünken, weil ihre ganzen Erlebnisse nur negative und darum zu ähnliche sind. Das Mädchen in diesem Falle heiratet, wenn ihre Zeit gekommen ist, den braven Bürgersmann daheim, und diese Affäre bleibt das blühende Blatt ihrer Erinnerungen. Das Mädchen interessiert mich nicht weiter.«

»Das ist merkwürdig. Ich wieder weiß nicht, was Sie an dem jungen Mann finden können. Solche Blicke, dieses Feuer im Vorübersprühen, fängt jeder in seiner Jugend, die meisten bemerken es gar nicht, die anderen vergessen rasch daran. Man muß alt werden, um zu wissen, daß gerade dies vielleicht das Edelste und Tiefste ist, das man empfängt, das heiligste Vorrecht der Jugend.«

»Es ist auch gar nicht der junge Mann, der mich interessiert . . .«

»Sondern?«

»Ich würde den älteren Herrn, den Briefschreiber, umformen, ihn zu Ende dichten. Ich glaube, in keinem Alter schreibt man ungestraft feurige Briefe und träumt sich in die Gefühle einer Liebe hinein. Ich würde darzustellen versuchen, wie aus dem Spiele Ernst wird, wie er das Spiel zu beherrschen glaubt, da das Spiel schon ihn beherrscht. Die erwachende Schönheit des Mädchens, die er als Beobachter nur zu sehen vermeint, reizt und faßt ihn tiefer. Und der Augenblick, da ihm plötzlich alles entgleitet, gibt ihm eine wilde Sehnsucht nach dem Spiel und – dem Spielzeug. Mich würde jene Umkehr in der Liebe reizen, die die Leidenschaft eines alten Mannes der eines Knaben sehr ähnlich machen muß, weil beide sich nicht ganz vollwertig fühlen, ich würde ihm das Bangen und die Erwartung geben. Ich ließe ihn unstet werden, ihr nachreisen, um sie zu sehen, und doch im letzten Augenblick sich nicht in ihre Nähe wagen, ich ließe ihn an denselben Ort wieder zurückkommen in der Hoffnung, sie wiederzusehen, den Zufall zu beschwören, der dann immer grausam ist. In dieser Linie würde ich mir die Novelle denken, und sie wäre dann . . .«

»Verlogen, falsch, unmöglich!«

Ich schrak auf. Die Stimme fuhr hart, heiser zitternd und fast drohend in meine Worte. Nie hatte ich bei meinem Begleiter eine solche Erregung gesehen. Blitzschnell ahnte ich, woran ich unbedachtsam getastet hatte. Und wie er so hastig stehen blieb, sah ich, peinlich berührt, sein weißes Haar schimmern.

Ich wollte rasch ablenken, umbiegen. Aber da sprach er

schon wieder, und jetzt ganz herzlich und dunkelweich mit seiner ruhenden tiefen Stimme, die von leiser Melancholie schön getönt war. »Oder Sie mögen recht haben. Es ist ja viel interessanter, ›L'amour coûte cher aux vieillards‹, so hat, glaube ich, Balzac eine seiner rührendsten Geschichten genannt, und es ließen sich noch viele zu dem Titel schreiben. Aber die alten Leute, die davon das Heimlichste wissen, erzählen nur gern von ihren Erfolgen und nicht von ihren Schwächen. Sie fürchten lächerlich zu sein in Dingen, die doch nur irgendwie der Pendelschlag des Ewigen sind. Glauben Sie wirklich, daß es ein Zufall war, daß gerade jene Kapitel der Memoiren des Casanova ›verlorengegangen‹ sind, wo er altert, wo aus dem Hahn ein Hahnrei, aus dem Betrüger der Betrogene wird? Vielleicht wurde ihm nur die Hand zu schwer und das Herz zu eng.«

Er bot mir die Hand. Nun war seine Stimme wieder ganz kühl, ruhig und unbewegt. »Gute Nacht! Ich sehe, es ist gefährlich, jungen Leuten in Sommernächten Geschichten zu erzählen. Das gibt leicht törichte Gedanken und allerhand unnötige Träume. Gute Nacht!«

Und er ging mit seinen elastischen, aber doch von den Jahren schon verlangsamten Schritten ins Dunkel zurück. Es war schon spät. Aber die Müdigkeit, die sonst von der Wärme der weichen Nächte mich früh befing, war heute zerstreut durch die Erregung, die im Blute aufklingt, wenn einem Seltsames widerfährt oder wenn man Fremdes für einen Augenblick wie Eigenes erlebt. So ging ich den stilldunklen Weg entlang bis zur Villa Carlotta, die mit marmorner Treppe in den See niedersteigt, und setzte mich auf die kühlen Stufen. Wunderbar war die Nacht. Die Lichter von Bellagio, die früher nahe wie Leuchtkäfer zwischen den Bäumen funkelten, schienen nun unendlich ferne über dem Wasser, und langsam fielen sie, eins nach dem anderen, in das schwere Dunkel zurück. Schweigsam lag der See, blank wie ein schwarzer Edelstein und doch von wirrem Feuer an den Kanten. Und wie weiße Hände zu hellen Tasten, so griffen die plätschernden Wellen mit leisem Schwall die Stufen auf und nieder. Endlos hoch schien die bleiche Himmelsferne, auf der Tausender Sterne Funkeln war. Ruhevoll, in blitzendem Schweigen standen sie: nur manchmal löste sich einer aus dem demantenen Reigen jäh los und stürzte in die Sommernacht hinein; hinein in das Dunkel, in Täler, Schluchten, Berge oder ferne Wasser, ahnungslos und von blinder Kraft geschleudert wie ein Leben in die jähe Tiefe unbekannter Geschicke.

Die Gouvernante

Die beiden Kinder sind nun allein in ihrem Zimmer. Das Licht ist ausgelöscht. Dunkel liegt zwischen ihnen, nur von den Betten her kommt ein leiser weißer Schimmer. Ganz leise atmen die beiden, man möchte glauben, sie schliefen.

»Du!« sagt da eine Stimme. Es ist die Zwölfjährige, die leise, fast ängstlich, in das Dunkel hinfragt.

»Was ist's?« antwortet vom anderen Bett die Schwester. Ein Jahr nur ist sie älter.

»Du bist noch wach. Das ist gut. Ich... ich möchte dir gern etwas erzählen...«

Keine Antwort kommt von drüben. Nur ein Rascheln im Bett. Die Schwester hat sich aufgerichtet, erwartend blickt sie herüber, man kann ihre Augen funkeln sehen.

»Weißt du... ich wollte dir sagen... Aber sag du mir zuerst, ist dir nicht etwas aufgefallen in den letzten Tagen an unserm Fräulein?«

Die andere zögert und denkt nach. »Ja«, sagt sie dann, »aber ich weiß nicht recht, was es ist. Sie ist nicht mehr so streng. Letzthin habe ich zwei Tage keine Aufgaben gemacht, und sie hat mir gar nichts gesagt. Und dann ist sie so, ich weiß nicht wie. Ich glaube, sie kümmert sich gar nicht mehr um uns, sie setzt sich immer abseits und spielt nicht mehr mit, so wie früher.«

»Ich glaube, sie ist sehr traurig und will es nur nicht zeigen. Sie spielt auch nie mehr Klavier.«

Das Schweigen kommt wieder.

Da mahnt die Ältere: »Du wolltest etwas erzählen.«

»Ja, aber du darfst es niemandem sagen, wirklich niemandem, der Mama nicht und nicht deiner Freundin.«

»Nein, nein!« Sie ist schon ungeduldig. »Was ist's also!«

»Also ... jetzt, wie wir schlafen gegangen sind, ist mir plötzlich eingefallen, daß ich dem Fräulein nicht ›Gute Nacht!‹ gesagt habe. Die Schuhe hab ich schon ausgezogen gehabt, aber ich bin doch hinüber in ihr Zimmer, weißt du, ganz leise, um sie zu überraschen. Ganz vorsichtig mach ich also die Tür auf. Zuerst habe ich geglaubt, sie ist nicht im Zimmer. Das Licht hat gebrannt, aber ich hab sie nicht gesehn. Da plötzlich – ich bin furchtbar erschrokken – hör ich jemand weinen und seh auf einmal, daß sie ganz angezogen auf dem Bett liegt, den Kopf in die Kissen. Geschluchzt hat sie, daß ich zusammengefahren bin. Aber sie hat mich nicht bemerkt. Und da hab ich die Tür ganz leise wieder zugemacht. Einen Augenblick hab ich stehen bleiben müssen, so hab ich gezittert. Da kam es noch einmal ganz deutlich durch die Tür, dieses Schluchzen, und ich bin rasch heruntergelaufen.«

Sie schweigen beide. Dann sagt die eine ganz leise: »Das arme Fräulein!« Das Wort zittert hin ins Zimmer wie ein verlorener dunkler Ton und wird wieder still. »Ich möchte wissen, warum sie geweint hat«, fängt die Jüngere an. »Sie hat doch mit niemand Zank gehabt in den letzten Tagen, Mama läßt sie endlich auch in Ruh mit ihren ewigen Quälereien, und wir haben ihr doch sicher nichts getan. Warum weint sie dann so?«

»Ich kann es mir schon denken«, sagt die Ältere.

»Warum, sag mir, warum?«

Die Schwester zögert. Endlich sagt sie: »Ich glaube, sie ist verliebt.«

»Verliebt?« Die Jüngere zuckt nur so auf. »Verliebt? In wen?«

»Hast du gar nichts bemerkt?«

»Doch nicht in Otto?«

»Nicht? Und er nicht in sie? Warum hat er denn, der jetzt schon drei Jahre bei uns wohnt und studiert, uns nie begleitet und jetzt seit den paar Monaten auf einmal täglich? War er je nett zu mir oder zu dir, bevor das Fräulein zu uns kam? Den ganzen Tag ist er jetzt um uns herum gewesen. Immer haben wir ihn zufällig getroffen, zufällig, im Volksgarten oder Stadtpark oder Prater, wo immer wir mit dem Fräulein waren. Ist dir denn das nie aufgefallen?«

Ganz erschreckt stammelt die Kleine:

»Ja... ja, natürlich hab ich's bemerkt. Ich hab nur immer gedacht, es ist...«

Die Stimme schlägt ihr um. Sie spricht nicht weiter.

»Ich hab es auch zuerst geglaubt, wir Mädchen sind ja immer so dumm. Aber ich habe noch rechtzeitig bemerkt, daß er uns nur als Vorwand nimmt.«

Jetzt schweigen beide. Das Gespräch scheint zu Ende. Beide sind in Gedanken oder schon in Träumen.

Da sagt noch einmal die Kleine ganz hilflos aus dem Dunkel: »Aber warum weint sie dann wieder? Er hat sie doch gern. Und ich hab mir immer gedacht, es muß so schön sein, wenn man verliebt ist.«

»Ich weiß nicht«, sagt die Ältere ganz träumerisch, »ich habe auch geglaubt, es muß sehr schön sein.«

Und einmal noch, leise und bedauernd, von schon schlafmüden Lippen weht es herüber: »Das arme Fräulein!«

Und dann wird es still im Zimmer.

Am nächsten Morgen reden sie nicht wieder davon, und doch, eine spürt es von der andern, daß ihre Gedanken das gleiche umkreisen. Sie gehen aneinander vorbei, weichen sich aus, aber doch begegnen sich unwillkürlich ihre Blicke, wenn sie beide von der Seite die Gouvernante betrachten. Bei Tisch beobachten sie Otto, den Cousin, der seit Jahren im Hause lebt, wie einen Fremden. Sie reden nicht mit ihm, aber unter den gesenkten Lidern schielen sie immer hin, ob er sich mit ihrem Fräulein verständige. Eine Unruhe ist in beiden. Sie spielen heute nicht, sondern tun in ihrer Nervosität, hinter das Geheimnis zu kommen, unnütze und gleichgültige Dinge. Abends fragt nur die eine, kühl, als ob es ihr gleichgültig sei: »Hast du wieder etwas bemerkt?« – »Nein«, sagt die Schwester und wendet sich ab. Beide haben irgendwie Angst vor einem Gespräch. Und so geht es ein paar Tage weiter, dieses stumme Beobachten und im Kreise Herumspüren der beiden Kinder, die unruhig und unbewußt sich einem funkelnden Geheimnis nahe fühlen.

Endlich, nach ein paar Tagen, merkt die eine, wie bei Tisch die Gouvernante Otto leise mit den Augen zuwinkt. Er nickt mit dem Kopf Antwort. Das Kind zittert vor Erregung. Unter dem Tisch tastet sie leise an die Hand der älteren Schwester. Wie die sich ihr zuwendet, funkelt sie ihr mit den Augen entgegen. Die versteht sofort die Geste und wird auch unruhig.

Kaum daß sie aufstehn von der Mahlzeit, sagt die Gouvernante zu den Mädchen: »Geht in euer Zimmer und beschäftigt euch ein bißchen. Ich habe Kopfschmerzen und will für eine halbe Stunde ausruhen.« Die Kinder sehen nieder. Vorsichtig rühren sie sich an mit den Händen, wie um sich gegenseitig aufmerksam zu machen. Und kaum ist die Gouvernante fort, so springt die Kleinere auf die Schwester zu: »Paß auf, jetzt geht Otto in ihr Zimmer.«

»Natürlich! Darum hat sie uns doch hineingeschickt!«

»Wir müssen vor der Tür horchen!«

»Aber wenn jemand kommt?«

»Wer denn?«

»Mama.«

Die Kleine erschrickt. »Ja dann...«

»Weißt du was? Ich horche an der Tür, und du bleibst draußen im Gang und gibst mir ein Zeichen, wenn jemand kommt. So sind wir sicher.«

Die Kleine macht ein verdrossenes Gesicht. »Aber du erzählst mir dann nichts!«

»Alles!«

»Wirklich alles ... aber alles!«

»Ja, mein Wort darauf. Und du hustest, wenn du jemanden kommen hörst.«

Sie warten im Gang, zitternd, aufgeregt. Ihr Blut pocht wild. Was wird kommen? Eng drücken sie sich aneinander.

Ein Schritt. Sie stieben fort. In das Dunkel hinein. Richtig: es ist Otto. Er faßt die Klinke, die Tür schließt sich. Wie ein Pfeil schießt die Ältere nach und drückt sich an die Tür, ohne Atemholen horchend. Die Jüngere sieht sehnsüchtig hin. Die Neugierde verbrennt sie, es reißt sie vom angewiesenen Platz. Sie schleicht heran, aber die Schwester stößt sie zornig weg. So wartet sie wieder draußen, zwei, drei Minuten, die ihr eine Ewigkeit scheinen. Sie fiebert vor Ungeduld, wie auf glühendem Boden zappelt sie hin und her. Fast ist ihr das Weinen nah vor Erregung und Zorn, daß die Schwester alles hört und sie nichts. Da fällt drüben, im dritten Zimmer, eine Tür zu. Sie hustet. Und beide stürzen sie weg, hinein in ihren Raum. Dort stehen sie einen Augenblick atemlos, mit pochenden Herzen.

Dann drängt die Jüngere gierig: »Also ... erzähle mir.«

Die Ältere macht ein nachdenkliches Gesicht. Endlich sagt sie, ganz versonnen, wie zu sich selbst: »Ich verstehe es nicht!«

»Was?«

»Es ist so merkwürdig.«

»Was ... was ...?« Die Jüngere keucht die Worte nur so heraus. Nun versucht die Schwester sich zu besinnen. Die

Kleine hat sich an sie gepreßt, ganz nah, damit ihr kein Wort entgehen könne.

»Es war ganz merkwürdig... so ganz anders, als ich mir es dachte. Ich glaube, wie er ins Zimmer kam, hat er sie umarmen wollen oder küssen, denn sie hat zu ihm gesagt: ›Laß das, ich hab mit dir Ernstes zu bereden.‹ Sehen habe ich nichts können, der Schlüssel hat von innen gesteckt, aber ganz genau gehört habe ich. ›Was ist denn los?‹ hat der Otto darauf gesagt, doch ich hab ihn nie so reden hören. Du weißt doch, er redet sonst gern so frech und laut, das hat er aber so zaghaft gesagt, daß ich gleich gespürt habe, er hat irgendwie Angst. Und auch sie muß gemerkt haben, daß er lügt, denn sie hat nur ganz leise gesagt: ›Du weißt es ja schon.‹ – ›Nein, ich weiß gar nichts.‹ – ›So‹, hat sie da gesagt – und so traurig, so furchtbar traurig –, ›und warum ziehst du dich denn auf einmal von mir zurück? Seit acht Tagen hast du kein Wort mit mir geredet, du weichst mir aus, wo du kannst, mit den Kindern gehst du nicht mehr, kommst nicht mehr in den Park. Bin ich dir auf einmal so fremd? O, du weißt schon, warum du dich auf einmal fernhältst.‹ Er hat geschwiegen und dann gesagt: ›Ich steh jetzt vor der Prüfung, ich habe viel zu arbeiten und für nichts anderes mehr Zeit. Es geht jetzt nicht anders.‹ Da hat sie zu weinen angefangen und hat ihm dann gesagt, unter Tränen, aber so mild und gut: ›Otto, warum lügst du denn? Sag doch die Wahrheit, das hab ich wirklich nicht verdient um dich. Ich habe ja nichts verlangt, aber geredet muß doch darüber werden zwischen uns zweien. Du weißt es ja, was ich dir zu sagen habe, an den Augen seh ich dir's an.‹ – ›Was denn?‹ hat er gestammelt, aber ganz, ganz schwach. Und da sagte sie...«

Das Mädchen fängt plötzlich zu zittern an und kann nicht weiterreden vor Erregung. Die Jüngere preßt sich enger an sie. »Was... was denn?«

»Da sagt sie: ›Ich hab doch ein Kind von dir!‹« Wie ein Blitz fährt die Kleine auf: »Ein Kind! Ein Kind! Das ist doch unmöglich!«

»Aber sie hat es gesagt.«

»Du mußt schlecht gehört haben.«

»Nein, nein! Und er hat es wiederholt; genauso wie du ist er aufgefahren und hat gerufen: ›Ein Kind!‹ Sie hat lange geschwiegen und dann gefragt: ›Was soll jetzt geschehn?‹ Und dann...«

»Und dann?«

»Dann hast du gehustet, und ich hab weglaufen müssen.«

Die Jüngere starrt ganz verstört vor sich hin. »Ein Kind! Das ist doch unmöglich. Wo soll sie denn das Kind haben?«

»Ich weiß nicht. Das ist es ja, was ich nicht verstehe.«

»Vielleicht zu Hause wo... bevor sie zu uns herkam. Mama hat ihr natürlich nicht erlaubt, es mitzubringen wegen uns. Darum ist sie auch so traurig.«

»Aber geh, damals hat sie doch Otto noch gar nicht gekannt!«

Sie schweigen wieder, ratlos, unschlüssig herumgrübelnd. Der Gedanke peinigt sie. Und wieder fängt die Kleinere an: »Ein Kind, das ist ganz unmöglich! Wieso kann sie ein Kind haben? Sie ist doch nicht verheiratet, und nur verheiratete Leute haben Kinder, das weiß ich.«

»Vielleicht war sie verheiratet.«

»Aber sei doch nicht so dumm. Doch nicht mit Otto.«

»Aber wieso...?«

Ratlos starren sie sich an.

»Das arme Fräulein«, sagt die eine ganz traurig. Es kommt immer wieder dieses Wort, ausklingend in einen Seufzer des Mitleids. Und immer wieder flackert die Neugier dazwischen.

»Ob es ein Mädchen ist oder ein Bub?«

»Wer kann das wissen.«

»Was glaubst du ... wenn ich sie einmal fragen würde ... ganz, ganz vorsichtig ...«

»Du bist verrückt!«

»Warum ... sie ist doch so gut zu uns.«

»Aber was fällt dir ein! Uns sagt man doch solche Sachen nicht. Uns verschweigt man alles. Wenn wir ins Zimmer kommen, hören sie immer auf zu sprechen und reden dummes Zeug mit uns, als ob wir Kinder wären, und ich bin doch schon dreizehn Jahre. Wozu willst du sie fragen, uns sagt man ja doch nur Lügen.«

»Aber ich hätte es gern gewußt.«

»Glaubst du, ich nicht?«

»Weißt du ... was ich eigentlich am wenigstens verstehe, ist, daß Otto nichts davon gewußt haben soll. Man weiß doch, daß man ein Kind hat, so wie man weiß, daß man Eltern hat.«

»Er hat sich nur so gestellt, der Schuft. Er verstellt sich immer.«

»Aber bei so etwas doch nicht. Nur ... nur ... wenn er uns etwas vormachen will ...«

Da kommt das Fräulein herein. Sie sind sofort still und scheinen zu arbeiten. Aber von der Seite schielen sie hin zu ihr. Ihre Augen scheinen gerötet, ihre Stimme etwas tiefer und vibrierender als sonst. Die Kinder sind ganz still, mit einer ehrfürchtigen Scheu sehen sie plötzlich zu ihr auf. ›Sie hat ein Kind‹, müssen sie immer wieder denken, ›darum ist sie so traurig.‹ Und langsam werden sie es selbst.

Am nächsten Tag, bei Tisch, erwartet sie eine jähe Nachricht. Otto verläßt das Haus. Er hat dem Onkel erklärt, er stände jetzt knapp vor den Prüfungen, müsse intensiv arbeiten, und hier sei er zu sehr gestört. Er würde sich irgendwo ein Zimmer nehmen für diese ein, zwei Monate, bis alles vorüber sei.

Die beiden Kinder sind furchtbar erregt, wie sie es hören. Sie ahnen irgendeinen geheimen Zusammenhang mit dem Gespräch von gestern, spüren mit ihrem geschärften Instinkt eine Feigheit, eine Flucht. Wie Otto ihnen adieu sagen will, sind sie grob und wenden ihm den Rücken. Aber sie schielen hin, wie er jetzt vor dem Fräulein steht. Der zuckt es um die Lippen, aber sie reicht ihm ruhig, ohne ein Wort, die Hand.

Ganz anders sind die Kinder geworden in diesen paar Tagen. Sie haben ihre Spiele verloren und ihr Lachen, die Augen sind ohne den munteren, unbesorgten Schein. Eine Unruhe und Ungewißheit ist in ihnen, ein wildes Mißtrauen gegen alle Menschen um sie herum. Sie glauben nicht mehr, was man ihnen sagt, wittern Lüge und Absicht hinter jedem Wort. Sie blicken und spähen den ganzen Tag, jede Bewegung belauern sie, jedes Zucken, jede Betonung fangen sie auf. Wie Schatten geistern sie hinter allem her, vor den Türen horchen sie, um etwas zu erhaschen, eine leidenschaftliche Bemühung ist in ihnen, das dunkle Netz dieser Geheimnisse abzuschütteln von ihren unwilligen Schultern oder durch eine Masche in die Welt der Wirklichkeit wenigstens einen Blick zu tun. Der kindische Glaube, diese heitere, unbesorgte Blindheit, ist von ihnen abgefallen. Und dann: sie ahnen aus der Schwüle der Geschehnisse irgendeine neue Entladung und haben Angst, sie könnten sie versäumen. Seit sie wissen, daß Lüge um sie ist, sind sie zäh und lauernd geworden, selbst verschlagen und verlogen. Sie ducken sich in der Nähe der Eltern in eine nun geheuchelte Kinderhaftigkeit hinein und flackern dann auf in eine jähe Beweglichkeit. Ihr ganzes Wesen ist aufgelöst in eine nervöse Unruhe, ihre Augen, die früher einen seichten Glanz sanft trugen, scheinen funkelnder und tiefer. So hilflos sind sie in ihrem steten Spähen und Spionieren, daß sie gegenseitig inniger werden in ihrer Liebe. Manchmal umarmen sie einander plötzlich stürmisch aus dem Gefühl ihrer Unwissenheit, nur dem jäh aufquellenden Zärtlichkeitsbedürfnis überschwenglich nachgebend, oder sie brechen in Tränen aus. Anscheinend ohne Ursache ist ihr Leben mit einem Male eine Krise geworden.

Unter den vielen Kränkungen, für die ihnen erst jetzt das Gefühl erweckt worden ist, spüren sie eine am meisten. Ganz still, ohne Wort haben sie sich verpflichtet, dem Fräulein, das so traurig ist, möglichst viel Freude zu bereiten. Sie machen ihre Aufgaben fleißig und sorgsam, helfen sich beide aus, sie sind still, geben kein Wort zur Klage, springen jedem Wunsch voraus. Aber das Fräulein merkt es gar nicht, und das tut ihnen so weh. Ganz anders ist sie geworden in letzter Zeit. Manchmal, wenn eines der Mädchen sie anspricht, zuckt sie zusammen, wie aus dem Schlaf geschreckt. Und ihr Blick kommt dann immer erst suchend aus einer weiten Ferne zurück. Stundenlang sitzt sie oft da und schaut träumerisch vor sich hin. Dann schleichen die Mädchen auf den Zehen herum, um sie nicht zu stören, sie spüren dumpf und geheimnisvoll: jetzt denkt sie an ihr Kind, das irgendwo in der Ferne ist. Und immer mehr, aus den Tiefen ihrer nun erwachenden Weiblichkeit, lieben sie das Fräulein, das jetzt so milde geworden ist und so sanft. Ihr sonst frischer und übermütiger Gang ist nun bedächtiger, ihre Bewegungen vorsichtiger, und die Kinder ahnen in alldem eine geheime Traurigkeit. Weinen haben sie sie nie gesehen, aber ihre Lider sind öfter gerötet. Sie merken, daß das Fräulein den Schmerz vor ihnen geheimhalten will, und sind verzweifelt, ihr nicht helfen zu können.

Und einmal, wie sich das Fräulein zum Fenster hin abgewandt hat und mit dem Taschentuch über die Augen fährt, faßt die Kleinere plötzlich Mut, ergreift leise ihre Hand und sagt: »Fräulein, Sie sind so traurig die letzte Zeit. Nicht wahr, wir sind doch nicht schuld daran?«

Das Fräulein sieht sie bewegt an und streift ihr mit der Hand über das weiche Haar. »Nein, Kind, nein«, sagt sie. »Ihr gewiß nicht.« Und küßt sie sanft auf die Stirn.

Lauernd und beobachtend, nichts außer acht lassend, was sich im Umkreis ihrer Blicke rührt, hat eine in diesen Tagen, plötzlich ins Zimmer tretend, ein Wort aufgefangen. Gerade ein Satz war es nur, denn die Eltern haben sofort das Gespräch abgebrochen, aber jedes Wort entzündet in ihnen jetzt tausend Vermutungen. »Mir ist auch schon so etwas aufgefallen«, hat die Mutter gesagt. »Ich werde sie mir dann ins Verhör nehmen.« Das Kind hat es zuerst auf sich bezogen und ist, fast ängstlich, zur Schwester geeilt, um Rat, um Hilfe. Aber mittags merken sie, wie die Blicke ihrer Eltern prüfend auf dem unachtsam verträumten Gesicht des Fräuleins ruhen und sich dann begegnen.

Nach Tisch sagt die Mutter leichthin zum Fräulein: »Bitte, kommen Sie dann in mein Zimmer. Ich habe mit Ihnen zu sprechen.« Das Fräulein neigt leise den Kopf. Die Mädchen zittern heftig, sie spüren, jetzt wird etwas geschehen.

Und sofort, wie das Fräulein hineingeht, stürzen sie nach. Dieses An-den-Türen-Kleben, das Durchstöbern der Ecken, das Lauschen und Belauern ist für sie ganz selbstverständlich geworden. Sie spüren gar nicht mehr das Häßliche und Verwegene daran, sie haben nur einen Gedanken, sich aller Geheimnisse zu bemächtigen, mit denen man ihnen den Blick verhängt. Sie horchen. Aber nur ein leises Zischeln von geflüsterten Worten hören sie. Ihr Körper zittert nervös. Sie haben Angst, alles könnte ihnen entgehen.

Da wird darin eine Stimme lauter. Es ist die ihrer Mutter. Bös und zänkisch klingt sie:

»Haben Sie geglaubt, daß alle Leute blind sind, daß man

so etwas nicht bemerkt? Ich kann mir denken, wie Sie Ihre Pflicht erfüllt haben mit solchen Gedanken und solcher Moral. Und so jemandem habe ich die Erziehung meiner Kinder anvertraut, meiner Töchter, die Sie, weiß Gott wie, vernachlässigt haben...«

Das Fräulein scheint etwas zu erwidern. Aber zu leise spricht sie, als daß die Kinder verstehen könnten.

»Ausreden, Ausreden! Jede leichtfertige Person hat ihre Ausrede. Das gibt sich dem ersten besten hin und denkt an nichts. Der liebe Gott wird schon weiterhelfen. Und so jemand will Erzieherin sein, Mädchen heranbilden. Eine Frechheit ist das. Sie glauben doch nicht, daß ich Sie in diesem Zustand noch länger im Hause behalten werde?«

Die Kinder horchen draußen. Schauer rinnen über ihren Körper. Sie verstehen das alles nicht, aber es ist ihnen furchtbar, die Stimme ihrer Mutter so zornig zu hören und jetzt als einzige Antwort das leise wilde Schluchzen des Fräuleins. Tränen quellen auf in ihren Augen. Aber ihre Mutter scheint nur erregter zu werden.

»Das ist das einzige, was Sie wissen, jetzt zu weinen. Das rührt mich nicht. Mit solchen Personen hab ich kein Mitleid. Was aus Ihnen jetzt wird, geht mich gar nichts an. Sie werden ja wissen, an wen Sie sich zu wenden haben, ich frag Sie gar nicht danach. Ich weiß nur, daß ich jemanden, der so niederträchtig seine Pflicht vernachlässigt hat, nicht einen Tag mehr in meinem Hause dulde.«

Nur Schluchzen antwortet, dieses verzweifelte, tierisch wilde Schluchzen, das die Kinder draußen schüttelt wie ein Fieber. Nie haben sie so weinen hören. Und dumpf fühlen sie, wer so weint, kann nicht unrecht haben. Ihre Mutter schweigt jetzt und wartet. Dann sagt sie plötzlich schroff: »So, das habe ich Ihnen nur sagen wollen. Richten Sie heute Ihre Sachen, und kommen Sie morgen früh um Ihren Lohn. Adieu!«

Die Kinder springen weg von der Tür und retten sich

hinein in ihr Zimmer. Was war das? Wie ein Blitz ist es vor ihnen niedergefahren. Bleich und schauernd stehen sie da. Zum erstenmal ahnen sie irgendwie die Wirklichkeit. Und zum erstenmal wagen sie etwas wie Auflehnung gegen ihre Eltern zu empfinden.

»Das war gemein von Mama, so mit ihr zu reden«, sagt die Ältere mit verbissenen Lippen.

Die Kleine schrickt noch zurück vor dem verwegenen Wort. »Aber wir wissen doch gar nicht, was sie getan hat«, stottert sie klagend.

»Sicher nichts Schlechtes. Das Fräulein kann nichts Schlechtes getan haben. Mama kennt sie nicht.«

»Und dann, wie sie geweint hat. Angst hat es mir gemacht.«

»Ja, das war furchtbar. Aber wie auch Mama mit ihr geschrien hat. Das war gemein, ich sage dir, das war gemein.«

Sie stampft auf mit dem Fuß. Tränen verhüllen ihr die Augen. Da kommt das Fräulein herein. Sie sieht sehr müde aus.

»Kinder, ich habe heute nachmittag zu tun. Nicht wahr, ihr bleibt allein, ich kann mich auf euch verlassen? Ich sehe dann abends nach euch.«

Sie geht, ohne die Erregung der Kinder zu merken.

»Hast du gesehen, ihre Augen waren ganz verweint. Ich verstehe nicht, daß Mama mit ihr so umgehen konnte.«

»Das arme Fräulein!«

Es klingt wieder auf, mitleidig und tränentief. Verstört stehn sie da. Da kommt ihre Mutter herein und fragt, ob sie mit ihr spazierenfahren wollen. Die Kinder weichen aus. Sie haben Angst vor Mama. Und dann empört es sie, daß ihnen nichts über die Verabschiedung des Fräuleins gesagt wird. Sie bleiben lieber allein. Wie zwei Schwalben in einem engen Käfig schießen sie hin und her, erdrückt von dieser Atmosphäre der Lüge und des Verschweigens.

Sie überlegen, ob sie nicht hinein zum Fräulein sollen und sie fragen, mit ihr reden über alles, daß sie dableiben solle und daß Mama unrecht hat. Aber sie haben Angst, sie zu kränken. Und dann schämen sie sich: alles, was sie wissen, haben sie ja erhorcht und erschlichen. Sie müssen sich dumm stellen, dumm, wie sie es waren bis vor zwei, drei Wochen. So bleiben sie allein, einen endlosen langen Nachmittag, grübelnd und weinend und immer diese schreckhaften Stimmen im Ohr, den bösen, herzlosen Zorn ihrer Mutter und das verzweifelte Schluchzen des Fräuleins.

Abends sieht das Fräulein flüchtig zu ihnen herein und sagt ihnen gute Nacht. Die Kinder zittern, da sie sie hinausgehen sehen, sie möchten ihr gerne noch etwas sagen. Aber jetzt, da das Fräulein schon bei der Tür ist, wendet sie sich selbst plötzlich – wie von diesem stummen Wunsch zurückgerissen – noch einmal um. Etwas glänzt in ihren Augen, feucht und trüb. Sie umarmt beide Kinder, die wild zu schluchzen anfangen, küßt sie noch einmal und geht dann hastig hinaus.

In Tränen stehen die Kinder da. Sie fühlen, das war ein Abschied.

»Wir werden sie nicht mehr sehen!« weint die eine.

»Paß auf, wenn wir morgen von der Schule zurückkommen, ist sie nicht mehr da.«

»Vielleicht können wir sie später besuchen. Dann zeigt sie uns auch sicher ihr Kind.«

»Ja, sie ist so gut.«

»Das arme Fräulein!« Es ist schon wieder ein Seufzer ihres eigenen Schicksals.

»Kannst du dir denken, wie das jetzt werden wird ohne sie?«

»Ich werde nie ein anderes Fräulein leiden können.«

»Ich auch nicht.«

»Keine wird so gut mit uns sein. Und dann . . .«

Sie wagt es nicht zu sagen. Aber ein unbewußtes Gefühl der Weiblichkeit macht sie ihnen ehrfürchtig, seit sie wissen, daß sie ein Kind hat. Beide denken immer daran, und jetzt schon nicht mehr mit dieser kindischen Neugier, sondern im tiefsten ergriffen und mitleidig.

»Du«, sagt die eine, »hör zu!«

»Ja.«

»Weißt du, ich möchte dem Fräulein noch gern eine Freude machen, ehe sie weggeht. Damit sie weiß, daß wir sie gern haben und nicht so sind wie Mama. Willst du?«

»Wie kannst du noch fragen!«

»Ich hab mir gedacht, sie hatte doch weiße Rosen so gern, und da denk ich, weißt du, wir könnten ihr morgen früh, ehe wir in die Schule gehen, ein paar kaufen, und die stellen wir ihr dann ins Zimmer.«

»Wann aber?«

»Zu Mittag.«

»Da ist sie sicher schon fort. Weißt du, da lauf ich lieber ganz in der Früh hinunter und hole sie rasch, ohne daß es jemand merkt. Und die bringen wir ihr dann hinein ins Zimmer.«

»Ja, und wir stehen ganz früh auf.«

Sie nehmen ihre Sparbüchsen, schütteln redlich ihr ganzes Geld zusammen. Nun sind sie wieder froher, seit sie wissen, daß sie dem Fräulein ihre stumme, hingebungsvolle Liebe noch werden zeigen können.

Ganz zeitig stehen sie dann auf. Wie sie, die schönen vollen Rosen in der leicht zitternden Hand, an die Tür des Fräuleins pochen, antwortet ihnen niemand. Sie glauben das Fräulein schlafend und schleichen vorsichtig hinein. Aber das Zimmer ist leer, das Bett unberührt. Alles liegt in Unordnung herum verstreut, auf der dunklen Tischdecke schimmern ein paar Briefe.

Die beiden Kinder erschrecken. Was ist geschehen?

»Ich gehe hinein zu Mama«, sagt die Ältere entschlossen. Und trotzig, mit finsteren Augen, ganz ohne Angst pflanzt sie sich vor ihrer Mutter auf und fragt: »Wo ist unser Fräulein?«

»Sie wird in ihrem Zimmer sein«, sagt die Mutter ganz erstaunt.

»Ihr Zimmer ist leer, das Bett ist unberührt. Sie muß schon gestern abend weggegangen sein. Warum hat man uns nichts davon gesagt?«

Die Mutter merkt gar nicht den bösen, herausfordernden Ton. Sie ist blaß geworden und geht hinein zum Vater, der dann rasch im Zimmer des Fräuleins verschwindet.

Er bleibt lange aus. Das Kind beobachtet die Mutter, die sehr erregt scheint, mit einem steten zornigen Blick, dem ihre Augen nicht recht zu begegnen wagen.

Da kommt der Vater zurück. Er ist ganz fahl im Gesicht und trägt einen Brief in der Hand. Er geht mit der Mutter hinein ins Zimmer und spricht drinnen mit ihr leise. Die Kinder stehen draußen und wagen auf einmal nicht mehr zu horchen. Sie haben Angst vor dem Zorn des Vaters, der jetzt aussah, wie sie ihn nie gekannt hatten.

Ihre Mutter, die jetzt aus dem Zimmer tritt, hat verweinte Augen und blickt verstört. Die Kinder kommen ihr, unbewußt, wie von ihrer Angst gestoßen, entgegen und wollen sie wieder fragen. Aber sie sagt hart: »Geht jetzt in die Schule, es ist schon spät.«

Und die Kinder müssen gehen. Wie im Traum sitzen sie dort vier, fünf Stunden unter all den anderen und hören kein Wort. Wild stürmen sie nach Hause zurück.

Dort ist alles wie immer, nur ein furchtbarer Gedanke scheint die Menschen zu erfüllen. Keiner spricht, aber alle, selbst die Dienstboten, haben so eigene Blicke. Die Mutter kommt den Kindern entgegen. Sie scheint sich vorbereitet zu haben, ihnen etwas zu sagen. Sie beginnt: »Kinder, euer Fräulein kommt nicht mehr, sie ist . . .«

Aber sie wagt nicht zu Ende zu sprechen. So funkelnd, so drohend, so gefährlich sind die Augen der beiden Kinder in die ihren gebohrt, daß sie nicht wagt, ihnen eine Lüge zu sagen. Sie wendet sich um und geht weiter, flüchtet in ihr Zimmer hinein.

Nachmittags taucht plötzlich Otto auf. Man hat ihn hergerufen, ein Brief für ihn war da. Auch er ist bleich. Verstört steht er herum. Niemand redet mit ihm. Alle weichen ihm aus. Da sieht er die beiden Kinder in der Ecke kauern und will sie begrüßen.

»Rühr mich nicht an!« sagt die eine, schaurend vor Ekel. Und die andere spuckt vor ihm aus. Er irrt noch verlegen, verwirrt eine Zeitlang herum. Dann verschwindet er.

Keiner spricht mit den Kindern. Sie selbst wechseln kein Wort. Blaß und verstört, rastlos, wie Tiere in einem Käfig, wandern sie in den Zimmern herum, begegnen sich immer wieder, sehen sich in die verweinten Augen und sagen kein Wort. Sie wissen jetzt alles. Sie wissen, daß man sie belogen hat, daß alle Menschen schlecht und niederträchtig sein können. Sie lieben ihre Eltern nicht mehr, sie glauben nicht mehr an sie. Zu keinem, wissen sie, werden sie Vertrauen haben dürfen, nun wird sich auf ihre schmalen Schultern die ganze Last des ungeheuren Lebens türmen. Wie in einen Abgrund sind sie aus der heiteren Behaglichkeit ihrer Kindheit gestürzt. Noch können sie das Furchtbare, das um sie geschehen ist, nicht fassen, aber ihr Denken würgt daran und droht sie damit zu ersticken. Fiebrige Glut liegt auf ihren Wangen, und sie haben einen bösen, gereizten Blick. Wie frierend in ihrer Einsamkeit irren sie auf und ab. Keiner, nicht einmal die Eltern, wagt mit ihnen zu sprechen, so furchtbar sehen sie jeden an, ihr unablässiges Herumwandern spiegelt die

Erregung, die in ihnen wühlt. Und eine schreckhafte Gemeinsamkeit ist in den beiden, ohne daß sie zusammen sprechen. Das Schweigen, das undurchdringliche, fraglose Schweigen, der tückische verschlossene Schmerz ohne Schrei und ohne Träne macht sie allen fremd und gefährlich. Niemand kommt ihnen nahe, der Zugang zu ihren Seelen ist abgebrochen, vielleicht auf Jahre hinaus. Feinde sind sie, fühlen alle um sie, und entschlossene Feinde, die nicht mehr verzeihen können. Denn seit gestern sind sie keine Kinder mehr.

An diesem Nachmittag werden sie älter um viele Jahre. Und erst, wie sie dann abends im Dunkeln ihres Zimmers allein sind, erwacht in ihnen die Kinderangst, die Angst vor der Einsamkeit, vor den Bildern der Toten und dann eine ahnungsvolle Angst vor unbestimmten Dingen. In der allgemeinen Erregung des Hauses hat man das Zimmer zu heizen vergessen. So kriechen sie fröstelnd zusammen in ein Bett, umschlingen sich fest mit den mageren Kinderarmen und pressen die schmalen, noch nicht aufgeblühten Körper eine an die andere, wie um Hilfe zu suchen vor ihrer Angst. Noch immer wagen sie nicht mitsammen zu sprechen. Aber jetzt bricht die Jüngere endlich in Tränen aus, und die Ältere schluchzt wild mit. Eng umschlungen weinen sie, baden sich das Gesicht mit den warmen, zaghaft und dann rascher niederrollenden Tränen, fangen, Brust an Brust, die eine der anderen schluchzenden Stoß auf und geben ihn schauernd zurück. Ein einziger Schmerz sind die beiden, ein einziger weinender Körper im Dunkel. Es ist nicht mehr das Fräulein, um das sie weinen, nicht die Eltern, die nun für sie verloren sind, sondern ein jähes Grauen schüttelt sie, eine Angst vor alledem, was nun kommen wird aus dieser unbekannten Welt, in die sie heute den ersten erschreckten Blick getan haben. Angst haben sie vor dem Leben, in das sie nun aufwachsen, vor dem Leben, das dunkel und drohend vor ihnen steht, wie ein finsterer Wald, den sie durchschreiten müssen. Immer dämmerhafter wird ihr wirres Angstgefühl, traumhaft fast, immer leiser ihr Schluchzen. Ihre Atemzüge fließen nun sanft ineinander, wie vordem ihre Tränen. Und so schlafen sie endlich ein.

Die spät bezahlte Schuld

Dear old Ellen,

Du wirst, ich weiß es, verwundert sein, von mir nach so langen Jahren einen Brief zu erhalten; es mögen fünf oder vielleicht gar sechs Jahre sein, seitdem ich Dir zum letztenmal geschrieben habe. Ich glaube, es war ein Glückwunsch, als Deine jüngste Tochter sich verheiratete. Diesmal ist der Anlaß nicht so feierlich, und vielleicht scheint Dir sogar mein Bedürfnis sonderbar, gerade Dich zum Vertrauten einer merkwürdigen Begegnung zu machen. Aber das, was mir vor wenigen Tagen begegnet ist, kann ich nur Dir erzählen. Nur Du allein kannst es verstehen.

Unwillkürlich stockt mir die Feder, indem ich dies hinschreibe. Ich muß selbst ein wenig lächeln. Haben wir nicht genau dasselbe »Nur Du kannst das verstehen« uns tausendmal als fünfzehnjährige, als sechzehnjährige unflügge, aufgeregte Mädchen auf der Schulbank oder auf dem Nachhauseweg gegenseitig gesagt, wenn wir uns unsere kindischen Geheimnisse anvertrauten? Und haben wir uns nicht damals in unserer grünen Zeit feierlich zugeschworen, uns alles in jeder Einzelheit zu berichten, was einen gewissen Menschen betrifft? All das liegt heute mehr als ein Vierteljahrhundert weit, aber was einmal beschworen ist, möge bestehen bleiben. Du sollst sehen, ich halte getreulich, wenn auch verspätet, mein Wort.

Die ganze Sache kam so. Ich hatte in diesem Jahr eine schwere und angestrengte Zeit hinter mir. Mein Mann war als Chefarzt an das große Hospital nach R. versetzt worden, ich mußte allein die ganze Übersiedlung durchführen, zwischendurch reiste mein Schwiegersohn mit seiner Frau geschäftlich nach Brasilien und ließ uns die drei Kinder im Haus, die prompt Scharlach bekamen, eins nach dem andern, und ich mußte sie pflegen ... Und noch war das letzte nicht aufgestanden, so starb die Mutter meines Mannes. Alles das ging quer durcheinander. Ich meinte zuerst, diesen wilden Betrieb tapfer getragen zu haben, aber irgendwie mußte er mich doch mehr hergenommen haben, als ich wußte, denn eines Tages sagte mein Mann zu mir, nachdem er mich lange schweigend angesehen: »Ich glaube, Margaret, Du solltest jetzt, nachdem die Kinder wieder glücklich gesund sind, selbst etwas für Deine Gesundheit tun. Du siehst übermüdet aus und hast Dich auch gründlich übernommen. Zwei, drei Wochen am Land in irgendeinem Sanatorium und Du bist wieder auf dem Damm.«

Mein Mann hatte recht. Ich war sehr erschöpft, mehr als ich mir zugestand. Ich spürte es daran, daß manchmal, wenn Leute kamen – und wir mußten schrecklich viel repräsentieren und Besuche machen, seit mein Mann hier die Stellung übernommen hatte –, nach einer Stunde nicht mehr recht zuhören konnte, wenn sie sprachen, daß ich oft und öfter im Haushalt das Allereinfachste vergaß und mir morgens Gewalt antun mußte, um aufzustehen. Mit seinem klaren, ärztlich geschulten Blick mußte mein Mann diese körperliche und auch seelische Übermüdung richtig konstatiert haben. Mir fehlten wirklich nichts als vierzehn Tage Erholung. Vierzehn Tage ohne an die Küche, die Wäsche, an Besuche, an den täglichen Betrieb zu denken, vierzehn Tage Alleinsein, sein eigenes Ich sein und nicht nur immer Mutter, Großmutter, Hausvorstand und Chefarztgattin. Zufällig hatte meine verwitwete Schwester gerade Zeit, zu uns herüberzukommen; so war für meine Abwesenheit alles vorgesorgt, und ich hatte weiter keine Bedenken, dem Ratschlag meines Mannes zu folgen und zum erstenmal seit fünfundzwanzig Jahren allein von Hause wegzugehen. Ja, ich freute mich sogar im voraus mit einer gewissen Ungeduld der neuen Frische entgegen, die mir dieses Ausspannen gewähren sollte. Nur in einem Punkte lehnte ich den Vorschlag meines Mannes ab, nämlich die Erholung in einem Sanatorium zu suchen, obwohl er schon vorsorglich eines ausgewählt hatte, mit dessen Besitzer er von Jugend auf befreundet war. Denn dort waren wieder Menschen, Bekannte, dort hieß es weiter höflich und umgänglich sein. Aber ich wollte nichts als mit mir allein sein, vierzehn Tage mit Büchern, mit Spazierengehen, Träumereien und langem ungestörten Schlaf, vierzehn Tage ohne Telephon und ohne Radio, vierzehn Tage Schweigen, vierzehn Tage ungestörtes eigenes Ich, wenn ich so sagen darf. Unbewußt hatte ich mich seit Jahren nach nichts so sehr gesehnt als nach diesem vollkommenen Ausschweigen und Ausruhen.

Nun erinnerte ich mich aus den ersten Jahren meiner Ehe, von Bozen, wo mein Mann damals als Hilfsarzt praktizierte, einmal drei Stunden zu einem kleinen verlorenen Dorf hoch in den Bergen hinaufgewandert zu sein. Dort stand an dem winzigen Marktplatz gegenüber der Kirche eines jener ländlichen Wirtshäuser jener Art, wie sie in Tirol häufig zu finden sind, zu ebener Erde in breiten wuchtigen Steinen gequadert, das erste Stockwerk unter dem breiten überhängenden hölzernen Dach mit einer geräumigen Veranda und das ganze umsponnen mit Weinlaub, das damals im Herbst wie ein rotes und doch kühlendes Feuer das ganze Haus umglühte. Zur rechten und zur linken duckten sich wie getreue Hunde kleine Häuschen und breite Scheunen, das Haus selbst aber stand mit offener Brust frei unter den weichen wehenden Wolken des Herbstes und sah hinüber in das endlose Panorama der Berge.

Vor diesem kleinen Wirtshaus war ich damals sehnsüchtig und fast verzaubert gestanden. Du kennst das
gewiß, daß man von der Eisenbahn aus oder auf einer
Wanderung ein Haus sieht, und plötzlich faßt einen der
Gedanke an: ach, warum lebt man nicht hier? Hier könnte
man glücklich sein. Ich glaube, jeden Menschen über-
kommt manchmal dieser Gedanke, und wo man einmal
ein Haus lange angeblickt hat mit dem heimlichen
Wunsch, hier könnte man glücklich sein, dort prägt sich
das sinnliche Bild mit jeder Linie dem Gedächtnis ein.
Jahrelang erinnerte ich mich noch an die roten und gelben
Blumenstöcke vor den Fenstern und an die Holzgalerie an
dem ersten Stock, wo damals wie bunte Fahnen die
Hauswäsche flatterte, und an die gemalten Fensterläden,
gelb auf blauem Grund, in die kleine Herzen in der Mitte
eingeschnitten waren, und an den First auf dem Giebel mit
dem Storchennest. Manchmal, in einer Unruhe des Herzens, fiel mir dieses Haus ein. Dorthin für einen Tag,
dachte ich in jener träumerischen und halb unbewußten
Weise, wie man an Unmögliches denkt. War nicht jetzt
die beste Gelegenheit, diesen alten und fast schon ver-
schollenen Wunsch zu erfüllen? War nicht gerade dies das
Richtige für übermüdete Nerven, dies bunte Haus auf
dem Berg, dies Wirtshaus ohne all die lästigen Bequem-
lichkeiten unserer Welt, ohne Telephon, ohne Radio,
ohne Besucher und Formalitäten? Schon während ich es
nur mir wieder in die Erinnerung zurückrief, meinte ich
den starken, würzigen Duft der Bergluft einzuatmen und
das ferne Klingen der ländlichen Kuhglocken zu hören.
Schon im Erinnern war ein erstes neues Mutfassen und
Gesunden. Es war einer jener Einfälle, die uns ganz ohne
Ursache zu überraschen scheinen, aber in Wirklichkeit
nur Emanationen lang verhaltener und unterirdisch war-
tender Wünsche sind. Mein Mann, der nicht wußte, wie
oft ich von diesem, vor Jahren einmal gesehenen Häus-

chen geträumt, lächelte zuerst ein wenig, aber sprach mir zu, dort anzufragen. Die Leute antworteten, alle drei Gastzimmer stünden leer und ich könnte wählen, welches ich wollte. Um so besser, dachte ich: keine Nachbarn, keine Gespräche, und fuhr mit dem nächsten Nachtzug. Am nächsten Morgen brachte mich ein kleiner ländlicher Einspänner mit meinem schmalen Koffer in langsamem Trott den Berg hinauf.

Ich fand alles so vortrefflich, wie ich es nur wünschen konnte. Das Zimmer leuchtete blank mit seinen einfachen Möbeln aus hellem Zirbelholz, von der Veranda, die mir durch die Abwesenheit jedweder Gäste allein zugedacht war, ging die Aussicht in die unendliche Ferne. Ein Blick in die blankgescheuerte, blitzend saubere Küche zeigte mir als erfahrener Hausfrau, daß ich hier auf das Beste versorgt sein würde. Nochmals bestätigte mir die Wirtin, eine hagere, freundliche, grauhaarige Tirolerin, daß ich keinerlei Störung oder Belästigung durch Besucher zu befürchten hätte. Jeden Abend nach sieben kämen freilich der Amtsschreiber, der Gendarmeriekommandant und ein paar andere Nachbarn ins Wirtshaus, um ihren Wein zu trinken, Karten zu spielen und zu plaudern. Aber das seien alles stille Leute, und um elf Uhr gingen sie wieder ihres Weges. Sonntags nach der Kirche und vielleicht auch nachmittags ginge es etwas redseliger zu, weil da von den Halden und Höfen die Bauern herüberkämen. Aber ich würde kaum etwas davon bis in mein Zimmer hören.

Der Tag leuchtete zu schön, als daß es mich lange in meinem Zimmer gehalten hätte. Ich packte die paar Sachen aus, die ich mitgebracht hatte, ließ mir ein Stück guten braunen Landbrots und paar Scheiben kaltes Fleisch mitgeben und wanderte los über die Wiesen, höher und höher. Alles lag frei vor mir, das Tal mit seinem schäumenden Fluß, der Kranz der Firnen, frei wie ich selbst. Ich spürte die Sonne bis in die Poren und ging und ging und ging, eine Stunde, zwei Stunden, drei Stunden lang bis zu der höchsten der Alpenwiesen. Dort streckte ich mich hin in das weiche, warme Moos und spürte, wie mit dem Summen der Bienen, dem leichten und rhythmischen Sausen des Winds eine große Ruhe über mich kam, die Ruhe, nach der ich so lange mich gesehnt. Ich schloß wohlig die Augen und geriet ins Träumen und merkte es gar nicht, daß und wann ich einschlief. Ich wachte erst durch ein Gefühl der Kälte in meinen Gliedern auf. Es war nahezu Abend, und ich mußte fünf Stunden geschlafen haben. Nun wußte ich erst, wie müde ich gewesen. Aber die Frische war schon in meinen Nerven, in meinem Blut. Mit starken, festen, beschwingten Schritten ging ich zwei Stunden den Weg nach dem kleinen Wirtshaus zurück.

Vor der Türe stand schon die Wirtin. Sie war ein wenig beunruhigt gewesen, ob ich mich nicht etwas verloren hätte und bot mir an, gleich das Abendessen zu bereiten. Ich war herzhaft hungrig, so hungrig wie ich mich nicht erinnern konnte, seit Jahren gewesen zu sein, und folgte ihr gern in die kleine Wirtsstube. Es war ein dunkler, niederer Raum, holzgetäfelt und behaglich mit seinen rot und blau karierten Tischtüchern, den Gemsenkrucken und gekreuzten Gewehren an der Wand. Und obwohl der mächtige blaue Kachelofen an diesem warmen Herbsttage nicht geheizt war, strömte eine behagliche eingewohnte Wärme von dem Raume aus. Auch die Gäste gefielen mir. An einem der vier Tische saßen der Gendarmerieoffizier, der Finanzer, der Amtsschreiber bei einer Kartenpartie zusammen, jeder sein Glas Bier neben sich. An dem andern lümmelten, die Ellbogen aufgestützt, ein paar Bauern mit dunkelgebräunten markigen Gesichtern. Wie alle Tiroler sprachen sie wenig und sogen nur an ihren langstieligen Porzellanpfeifen. Man sah ihnen an, daß sie tagsüber hart gearbeitet hatten und eigentlich nur ausruhten, zu müde, um zu denken, zu müde, um zu sprechen, brave, rechtliche Leute, in deren holzschnitthart Gesichter zu schauen dem Blick wohltat. Am dritten Tisch saßen ein paar Fuhrwerker und tranken mit kleinen Zügen ihren starken Kornschnaps, müde auch sie und gleichfalls still. Der vierte Tisch war für mich gedeckt und wurde bald belastet mit einem Rostbraten so riesigen Formats, daß ich ihn ansonsten nicht zur Hälfte bewältigt hätte, ohne den zehrenden, gesunden Hunger, den ich mir in der frischen Bergluft angegangen.

Ich hatte mir ein Buch von meinem Zimmer heruntergeholt, um zu lesen, aber es war so wohlig, hier zu sitzen in dieser stillen Stube unter freundlichen Menschen, deren Nähe nicht bedrückte und nicht belastete. Manchmal ging die Tür, ein blondhaariges Kind kam und holte einen Krug Bier für die Eltern, ein Bauer trat im Vorübergehen ein und leerte ein Glas an dem Schanktisch. Eine Frau kam, um leise mit der Wirtin zu plaudern, die am Schanktisch die Strümpfe ihrer Kinder oder Enkel stopfte. Es war ein wunderbar stiller Rhythmus in all diesem Kommen und Gehen, der den Blick beschäftigte und das Herz nicht belastete, und ich fühlte mich wunderbar wohl in dieser behaglichen Atmosphäre.

So hatte ich eine Zeitlang gesessen, träumerisch und gedankenlos, als sich – es mochte etwa neun Uhr sein – wiederum die Türe öffnete, aber diesmal nicht in der langsamen, behäbigen Art der andern Bauern. Sie wurde plötzlich breit aufgestoßen, und der Mann, der eintrat, blieb, statt sie sofort zu schließen, einen Augenblick breit auf der Schwelle stehen, als wäre er noch nicht ganz entschlossen, ob er eintreten solle. Dann erst warf er, viel lauter als die andern, die Tür ins Schloß, blickte nach allen Seiten und grüßte mit einem tiefen und tönenden »Grüß Gott allesamt, meine Herren.« Mir fiel sofort dieser etwas künstliche und unbäurische Gruß auf. In einem Tiroler Dorfwirtshaus pflegte man sich nicht mit dem städtischen

»Meine Herren« zu begrüßen, und in der Tat schien auch jene pompöse Ansprache bei den Insassen der Wirtsstube wenig Begeisterung zu erwecken. Niemand schaute auf, die Wirtin stopfte ruhig weiter an den grauen Wollsocken, nur vom Tisch der Kutscher knurrte einer leise ein gleichgültiges »Grüß Gott« zurück, das im Tonfall ebenso sagen konnte: »Hol dich der Teufel.« Niemanden schien das Sonderbare dieses sonderbaren Gastes zu verwundern, aber der Fremde ließ sich durch diesen unfreundlichen Empfang keineswegs verwirren. Langsam und gravitätisch hing er seinen etwas zu breiten und gar nicht bäurischen Hut mit der abgegriffenen Krempe an eine der Gemskrucken und blickte dann von Tisch zu Tisch, unschlüssig, an welchem er Platz nehmen sollte. Von keinem kam ein Wort der Aufforderung. Die drei Spieler vertieften sich mit merkwürdigem Eifer in ihre Karten, die Bauern auf ihren Bänken machten nicht die geringsten Anstalten, zusammenzurücken, und ich selbst, etwas unbehaglich berührt von diesem merkwürdigen Gebaren und die Gesprächigkeit dieses Fremden befürchtend, schlug eilig mein Buch auf.

So blieb dem Fremden nichts übrig als mit einem auffällig schweren und ungelenken Schritt zum Schanktisch hinzutappen. »Ein Bier, schöne Frau Wirtin, schäumend und frisch«, bestellte er ziemlich laut. Wieder fiel mir dieser merkwürdig pathetische Ton auf. In einem Tiroler Dorfwirtshaus schien mir eine solche gedrechselte Redeweise wenig am Platz, und an der Wirtin, dieser braven alten Großmutter, war nichts, was auch nur im entferntesten ein solches Kompliment rechtfertigen konnte. Wie zu erwarten war, machte diese Ansprache keineswegs besonderen Eindruck auf sie. Ohne zu antworten, nahm sie einen der breitgebauchten Krüge aus Steingut, spülte ihn mit Wasser aus, trocknete ihn mit einem Tuch, füllte ihn aus dem Faß und schob ihn – nicht gerade unhöflich, aber doch völlig gleichgültig – dem Gast über den Schanktisch zu.

Da über ihm, gerade vor dem Schanktisch die runde Petroleumlampe an ihren Ketten schwebte, hatte ich Gelegenheit, mir diesen merkwürdigen Gast besser anzusehen. Er mochte etwa fünfundsechzig Jahre alt sein, war stark beleibt, und mit der Erfahrung, die ich als Arztgattin immerhin gewonnen hatte, erkannte ich sofort, was die Ursache des schlurfenden und schwerfälligen Ganges war, der mir schon bei seinem Eintreten aufgefallen war. Ein Schlagfluß mußte die eine Körperseite leicht gelähmt haben, denn auch sein Mund war nach dieser Seite hin schief verzogen, und über dem linken Auge hing das Lid sichtlich tiefer und schlaffer herab, was seinem Gesicht einen verzerrten und bitteren Zug aufprägte. Seine Kleidung war absonderlich für ein Gebirgsdorf; er trug statt der ländlichen, bäurischen Joppe und der üblichen Lederhose gelbe schlottrige Pantalons, die einmal weiß gewesen sein mochten, sowie einen Rock, der ihm offenbar seit Jahren zu eng geworden war und an den Ellbogen gefährlich glänzte; die Krawatte, unordentlich gebunden, hing wie ein schwarzer Strick nieder von dem schwammigen und verdickten Hals. Etwas Heruntergekommenes war in seinem ganzen Aufzug, und doch war es möglich, daß dieser Mann einmal stattlich gewirkt haben mochte. Die Stirn, rund und hochgewölbt, weiß und wirr überlodert vom dichten Haar, hatte etwas Gebietendes, aber knapp unter den buschigen Augenbrauen begann schon der Verfall, verschwommen die Augen unter den geröteten Lidern, schlaff und faltig die Wangen niederfallend in den weichen und verdickten Nacken. Unwillkürlich erinnerte er mich an die Maske eines jener römischen Imperatoren der Spätzeit, die ich einmal in Italien gesehen hatte, an einen jener Kaiser des Untergangs. Ich wußte im ersten Augenblick noch nicht, was es war, das mich so stark zwang, ihn so aufmerksam zu beobachten, aber ich verstand sogleich, daß ich mich hüten mußte, ihm meine Neugier zu zeigen, denn es war offenkundig, daß er schon ungeduldig war, mit irgend jemandem ein Gespräch anzuknüpfen. Es war, als sei es ein Zwang für ihn, zu sprechen. Kaum daß er mit seiner etwas zitternden Hand das Glas gehoben und einen Schluck getan, äußerte er laut: »Ah ... prächtig, prächtig«, und blickte um sich. Niemand antwortete ihm. Die Spieler mischten und teilten ihre Karten, die andern schmauchten ihre Pfeifen, alle schienen ihn zu kennen und doch aus irgendeinem mir unbekannten Grunde auf ihn nicht neugierig zu sein.

Schließlich hielt es ihn nicht länger. Er nahm sein Glas Bier und trug es hinüber zum Tisch, wo die Bauern saßen. »Gestatten die Herren etwas Raum für meine alten Knochen.« Die Bauern rückten etwas auf der Bank zusammen und achteten nicht weiter auf ihn. Eine Zeitlang blieb er still, rückte das halbvolle Glas abwechselnd vor und zurück. Wieder sah ich, daß seine Finger dabei zitterten. Schließlich lehnte er sich zurück und begann zu sprechen, und zwar ziemlich laut. Es war eigentlich nicht sichtlich, zu wem er sprach, denn die beiden Bauern neben ihm hatten deutlich ihre Abneigung bekundet, sich mit ihm einzulassen. Er sprach eigentlich für alle. Er sprach – ich spürte das sofort – um zu sprechen und sich sprechen zu hören.

»Das war heute eine Sache«, begann er. »Gut gemeint vom Herrn Grafen, gut gemeint, da läßt sich nichts sagen. Begegnet mir mit seinem Auto auf der Straße und hält an – jawohl, hält eigens an für mich. Er fahre mit den Kindern hinunter nach Bozen ins Kino, und ob ich nicht Lust hätte mitzukommen – ist eben ein vornehmer Mann, ein Mann mit Bildung und Kultur, der Verdienst zu würdigen versteht. Einem solchen Mann darf man nicht nein sagen, man weiß schließlich, was sich gehört. Nun, ich fahr' mit, im Rücksitz natürlich, neben dem Herrn

Grafen – ist immerhin eine Ehre mit einem solchen Herrn, und laß' mich von ihm in diese Schattenbude führen, die sie in der Hauptstraße aufgemacht haben, groß aufgemacht mit Reklamen und Lichtern wie für eine Kirchweih. Nun, warum soll man sich's nicht ansehen, was die Herren Engländer oder Amerikaner drüben machen und uns andrehn für teures Geld. Soll ja, so sagen sie, auch eine Kunst sein, diese Kinospielerei. Aber, pfui Teufel« – er spie dabei kräftig aus – »ja, pfui Teufel sage ich, was für einen Dreck ziehn sie da über die Leinwand! Eine Schmach ist das für die Kunst, eine Schmach für die Welt, die einen Shakespeare hat und einen Goethe! Erst kam da so ein farbiger Blödsinn mit bunten Viechern – na, da sag' ich noch nichts, das macht vielleicht Kindern Spaß und tut niemandem Schaden. Aber dann machen sie einen ›Romeo und Julia‹, und das sollte verboten sein, verboten im Namen der Kunst! Wie das nur klingt, die Verse, als ob sie einer aus einem Ofenrohr quäkte, die heiligen Verse Shakespeares, und wie das verzuckert ist und verkitscht! Aufgesprungen wäre ich und davongelaufen, wenn's nicht wegen dem Herrn Graf gewesen wär', der mich eingeladen hatte. So einen Dreck, so einen Dreck zu machen aus dem lautersten Gold! Und unsereins muß leben in so einer Zeit!«

Er faßte das Bierglas, tat einen kräftigen Zug und stellte es so laut zurück, daß es krachte. Seine Stimme war jetzt ganz laut geworden, er schrie beinahe. »Und dazu geben sich die Schauspieler von heut her – für Geld, das verfluchte Geld spucken sie Shakespeareverse in Maschinen und versauen die Kunst. Da lob' ich mir jede Hur' auf der Straße! Vor der letzten hab' ich mehr Respekt als vor diesen Affen, die ihre glatten Gesichter metergroß auf die Plakate picken lassen und sich Millionen scheffeln für das Verbrechen, das sie an der Kunst tun. Die das Wort verstümmeln, das lebendige Wort, und Shakespeareverse in einen Trichter brüllen, statt das Volk zu erziehen und die Jugend zu belehren. Eine moralische Anstalt, so hat Schiller das Theater genannt, aber der gilt ja nicht mehr. Nichts gilt heut mehr, nur das Geld, das verfluchte Geld, und die Reklame, die einer mit sich zu machen versteht. Und wer's nicht verstanden hat, der krepiert. Aber besser krepieren, sag ich, für mich gehört jeder an den Galgen, der sich verkauft an dies verfluchte Hollywood! An den Galgen, an den Galgen!«

Er hatte ganz laut geschrien und mit der Faust auf den Tisch geschlagen. Vom Tisch der Spieler murrte einer herüber: »Zum Teufel, sei doch stad! Man weiß doch selber nicht mehr, was man spielt mit deinem blöden Geschwätz!«

Der alte Mann zuckte auf, als wollte er etwas erwidern. Sein erloschenes Auge blinkte für einen Augenblick stark und heftig, aber dann machte er nur eine verächtliche Bewegung, als ob er sagen wollt, er sei sich zu gut um zu antworten. Die beiden Bauern sogen an ihren Pfeifen, er starrte stumm mit glasigen Augen vor sich hin und schwieg, dumpf und schwer. Man sah, es war nicht das erste Mal, daß er sich zum Schweigen zwang.

Ich war zutiefst erschrocken. Mir bebte das Herz. Etwas erregte mich an diesem gedemütigten Menschen, der, das fühlte ich sofort, einmal etwas Besseres gewesen sein mußte und auf irgendeine Weise – vielleicht durch Trunk – so tief heruntergekommen war. Ich konnte kaum mehr atmen aus Furcht, daß er oder die andern eine heftige Szene beginnen könnten. Schon vom ersten Augenblick an, da er eingetreten war und ich seine Stimme gehört, hatte etwas in ihm – ich wußte nicht was – mich unruhig gemacht. Aber nichts geschah. Er blieb still, sein Kopf senkte sich tiefer herab, er starrte vor sich hin und mir war, als ob er leise für sich etwas murmelte. Niemand achtete auf ihn.

Unterdessen war die Wirtin von ihrem Schanktisch aufgestanden, um etwas aus der Küche zu holen. Ich nützte den Anlaß, um ihr nachzugehen und sie zu fragen, wer das wäre. »Ach«, sagte sie gleichmütig, »der arme Kerl, der wohnt hier im Armenhaus, und ich spendier ihm jeden Abend ein Glas Bier. Er kann sich's nicht selber zahlen. Aber man hat's nicht leicht mit ihm. Er ist früher einmal irgendwo Schauspieler gewesen, und es kränkt ihn halt, daß die Leut' ihm nicht recht glauben, daß er irgend etwas gewesen ist und ihm keine Ehre antun. Manchmal ziehen sie ihn auf und sagen ihm, er solle ihnen etwas vortragen. Und da stellt er sich dann hin und redt stundenlang herunter, lauter Dinge, die kein Mensch versteht. Manchmal schenken sie ihm dann einen Tabak und zahlen ihm noch ein Bier. Manchmal lachen sie ihn aus, und dann wird er immer wild. Man muß halt mit ihm vorsichtig sein. Und dabei tut er keinem etwas. Zwei, drei Maß Bier, wenn man ihm zahlt, dann ist er schon glücklich – ja, er ist halt ein armer Teufel, der alte Peter.«

»Wie, wie heißt er?« fragte ich ganz erschrocken, ohne noch recht zu wissen, warum ich erschrocken war.

»Peter Sturzentaler. Sein Vater war Holzfäller hier im Dorf, und so haben sie ihn aufgenommen ins Armenhaus.«

Du kannt Dir denken, Liebe, warum ich so erschrak. Denn ich verstand sofort das Unausdenkbare. Dieser Peter Sturzentaler, dieser herabgekommene, vertrunkene, gelähmte alte Mann aus dem Armenhaus konnte niemand anderer sein als der Gott unserer Jugend, der Herr unserer Träume; er, der als Peter Sturz, als Schauspieler und erster Liebhaber unseres Stadttheaters für uns der Inbegriff des Hohen und Erhabenen gewesen, er, den wir beide – Du weißt es doch – als Mädchen, als halbe Kinder so wahnwitzig bewundert, so irrwitzig geliebt hatten. Jetzt wußte ich auch, warum gleich beim ersten

Wort, das er in der Wirtsstube gesprochen, etwas in mir unruhig geworden war. Ich hatte ihn nicht erkannt – wie hätte ich ihn erkennen können in dieser verfallenen Larve, in dieser Verwandlung und Verwesung – aber in der Stimme war etwas gewesen, was einen Zugang aufsprengte zu der längst verschütteten Erinnerung. Weißt Du noch, wie wir ihn zum erstenmal sahen? Er war von irgendeiner Provinzstadt an unser Stadttheater in Innsbruck engagiert worden, und zufällig erlaubten uns unsere Eltern, zu seiner Antrittsvorstellung zu gehen, weil es ein klassisches Stück war, die ›Sappho‹ von Grillparzer, und er spielte den Phaon, den schönen Jüngling, der Sapphos Herz verwirrt. Aber wie erst ergriff er das unsere, als er auf die Szene trat, griechisch gewandet, den Kranz im vollen dunklen Haar, ein anderer Apoll; noch hatte er kaum die ersten Worte gesprochen, da zitterten wir vor Erregung und hielten einander die Hände. Nie hatten wir in dieser Stadt der kleinen Bürger und Bauern einen Mann wie diesen gesehen, und der kleine Provinzschauspieler, dessen Schminke und Aufmachung wir von der Galerie nicht wahrnehmen konnten, schien uns ein gottgesandtes Sinnbild des Edlen und Erhabenen auf Erden. Unsere kleinen törichten Herzen schlugen in der jungen Brust; wir waren andere, Verzauberte, als wir aus dem Theater gingen, und da wir innige Freundinnen waren und diese Freundschaft nicht gefährden wollten, schworen wir einander, ihn gemeinsam zu lieben, gemeinsam zu verehren, und mit diesem Augenblick begann der Irrwitz. Nichts war uns mehr wichtig als er. Alles was in der Schule, im Haus, in der Stadt geschah, verband sich auf geheimnisvolle Weise mit ihm, alle anderen Dinge schienen uns schal, wir liebten Bücher nicht mehr, und nur in seiner Sprache suchten wir Musik. Ich glaube, daß wir Monate und Monate lang nichts anderes sprachen als von ihm und über ihn. Jeder Tag begann mit ihm; wir huschten die Treppe hinab, um die Zeitung vor den Eltern zu erhaschen, um zu wissen, welche Rolle ihm zugeteilt sei, um die Kritiken zu lesen, und keine war uns begeistert genug. Stand ein unfreundliches Wort über ihn darin, so waren wir verzweifelt, war ein anderer Schauspieler gelobt, so verabscheuten wir ihn. Ach, unsere Narrheiten, es waren zu viele, als daß ich mich des tausendsten Teils heute noch besinnen könnte. Wir wußten, wann er ausging und wohin er ging, wir wußten, mit wem er sprach, und beneideten jeden, der mit ihm die Straße entlangschlendern durfte. Wir kannten die Krawatten, die er trug, und den Stock, wir hatten seine Photographien nicht nur zu Hause versteckt, sondern auch im Umschlag unserer Schulbücher, so daß wir mitten in der Stunde ab und zu einen heimlichen Blick auf ihn werfen konnten; eine eigene Zeichensprache hatten wir erfunden, um während der Schulzeit von Bank zu Bank uns beweisen zu können, daß wir an ihn dachten. Wenn wir den Finger zur Stirn hoben, meinte das: »Ich denke an ihn«, wenn wir Gedichte vorzulesen hatten, sprachen wir unwillkürlich mit seiner Stimme, und noch heute könnte ich manche Stücke, in denen ich ihn damals gesehen habe, nicht anders hören als in seinem Tonfall. Wir warteten auf ihn an dem Bühnenausgang und schlichen hinter ihm her, wir standen in einem Haustor gegenüber dem Kaffeehaus, wo er saß, und sahen endlos zu, wie er die Zeitung las. Aber unsere Verehrung war so groß, daß wir in diesen zwei Jahren nie wagten, ihn anzusprechen oder mit ihm bekannt zu werden. Andere unbefangenere Mädchen, die für ihn schwärmten, bettelten ihn an um Autogramme, ja, sie wagten sogar, ihn auf der Straße zu begrüßen. Nie hätten wir dazu den Mut gehabt. Aber einmal, als er ein Zigarettenende weggeworfen hatte, hoben wir es auf wie ein Heiligtum und teilten es in zwei Teile, Du die eine Hälfte und ich die andere. Und diese kindische Götzendienerei übertrug sich auf alles, was zu ihm Beziehung hatte. Seine alte Haushälterin, die wir sehr beneideten, weil sie ihn bedienen und betreuen durfte, war für uns ein ehrfürchtiges Wesen. Einmal, als sie am Markte einkaufte, boten wir ihr an, ihr den Korb zu tragen und waren glücklich, daß sie uns ein gutes Wort dafür gab. Ach, was für Narrheiten haben wir Kinder nicht getan für ihn, der nichts davon wußte oder ahnte, für diesen Peter Sturz.

Heute mag es für uns, da wir ältliche und darum vernünftige Personen geworden sind, leicht sein, über diese Torheiten verächtlich zu lächeln, als eine bei halbwüchsigen Mädchen ganz übliche Schwärmerei. Und doch kann ich mir nicht verschweigen, daß sie in unserem Fall schon gefährlich geworden war. Ich glaube, unsere Verliebtheit nahm nur deshalb so übertreibliche und absurde Formen an, weil wir dummen Kinder uns geschworen hatten, ihn gemeinsam zu lieben. Dies bedingte, daß eine die andere in ihrer Exaltation überbieten wollte, daß wir uns täglich weiter und weiter trieben und uns immer neue Beweise gegenseitig erfanden, daß wir nicht einen Augenblick an diesen Gott unserer Träume vergaßen. Wir waren nicht wie die anderen Mädchen, die zwischendurch für glatte Jungen schwärmten und einfältige Spiele spielten; für uns war alles Gefühl und alle Begeisterung beschlossen in diesem einen; nur ihm haben alle unsere Gedanken während dieser zwei leidenschaftlichen Jahre gehört. Manchmal wundere ich mich, daß es uns nach dieser frühen Besessenheit später überhaupt noch möglich war, unsere Männer, unsere Kinder mit einer klaren, festen und gesunden Liebe zu lieben und wir nicht schon alle Kraft des Gefühls in diesen unsinnigen Übersteigerungen verbraucht hatten. Aber trotz allem, wir brauchen uns dieser Zeit nicht zu schämen. Denn wir haben dank dieses Menschen doch auch in der Leidenschaft für die Kunst gelebt, und in unserer Narrheit ist doch ein geheimnisvoller Drang nach dem Höheren, Reineren, Besseren gewesen, das nur in seiner Person eine höchst zufällige Personifizierung gewann.

All das schien längst schon so furchtbar ferne, so überwachsen von anderem Leben und anderem Gefühl, und doch, als die Wirtin mir seinen Namen nannte, schrak ich so heftig auf, daß es ein Wunder war, daß sie es nicht bemerkte. Die Überraschung war zu groß, jenen Mann, den wir nur von der Aura der Begeisterung umstrahlt gesehen und als das Sinnbild der Jugend und Schönheit derart fanatisch geliebt hatten, als Bettler, als anonymen Almosenempfänger zu sehen, von groben Bauern verlacht, und schon zu alt und müde, um Scham zu empfinden über seinen Verfall. Unmöglich war es mir, gleich in die Wirtsstube zurückzugehen, ich hätte vielleicht die Tränen nicht verhalten können bei seinem Anblick oder mich sonst irgendwie vor ihm verraten. Ich mußte erst wieder Fassung gewinnen. So ging ich hinauf in mein Zimmer, um mich erst wieder recht zu erinnern, was dieser Mensch meiner Jugend gewesen. Denn so sonderbar ist das menschliche Herz: ich hatte Jahre und Jahre nicht ein einzigesmal mehr mich an diesen Mann erinnert, der einst mein ganzes Denken beherrscht und meine ganze Seele erfüllt hatte. Ich hätte sterben können und ihm nie mehr nachgefragt, er hätte sterben können und ich es nicht gewußt.

Ich zündete kein Licht an in meinem Zimmer, ich setzte mich ins Dunkle und versuchte mich zu erinnern an das eine, an das andere, an den Anfang und an das Ende, und mit einemmal erlebte ich wieder die ganze alte verlorene Zeit. Mir war, als würde mein eigener Körper, der vor Jahren und Jahren schon Kinder geboren, wieder der schmale, unflügge Mädchenleib und ich sei dieselbe, die damals pochenden Herzens saß auf ihrem Bett vor dem

Schlafengehen und an ihn dachte. Unwillkürlich wurden mir die Hände heiß, und dann geschah etwas, über das ich erschrak, etwas was ich Dir kaum schildern kann. Mit einemmal, ich wußte zuerst nicht warum, lief ein Schauer über mich hin. Etwas rüttelte mich durch und durch. Ein Gedanke, ein bestimmter Gedanke, ein bestimmtes Erinnern hatte mich überkommen an etwas, an das ich mich seit Jahren und Jahren nicht hatte erinnern wollen. Schon in der Sekunde, wo die Wirtin seinen Namen genannt hatte, spürte ich, daß etwas in mir drückte und drängte, etwas, an das ich mich nicht erinnern wollte, das ich, wie jener Professor Freud in Wien sagt, »verdrängt hatte« – so tief in mich hinein verdrängt, daß ich es jahrelang wirklich vergessen hatte, eines jener tiefen Geheimnisse, die man trotzig sogar sich selber verschweigt. Auch Dir habe ich dies Geheimnis damals verschwiegen, auch Dir, der ich geschworen hatte, alles zu sagen, was ihn betrifft. Jahrelang hatte ich es vor mir selbst versteckt. Nun war es plötzlich wieder wach und nah, und erst heute, da es an unseren Kindern und bald an unseren Enkeln ist, ihre Torheiten zu begehen, kann ich Dir gestehen, was zwischen mir und diesem Menschen damals geschehen.

Jetzt kann ich es Dir offen sagen, dies innerste Geheimnis. Dieser fremde Mensch, dieser alte, zerbrochene, heruntergekommene kleine Komödiant, der den Bauern für ein Glas Bier jetzt Verse vorsprach und den sie verhöhnten und verlachten, dieser Mann, Ellen, dieser Mann hat eine gefährliche Minute lang mein ganzes Leben in Händen gehabt. Es lag an ihm, es lag in seiner Willkür, und meine Kinder wären nicht geboren, ich wäre heute, ich weiß nicht wo und ich weiß nicht was. Die Frau, die Freundin, die Dir heute schreibt, wäre wahrscheinlich ein unglückliches Wesen und vielleicht ebenso vom Leben zermalmt und zertreten wie er selbst. Halte das bitte nicht für eine Übertreibung. Ich habe damals ja selbst nicht begriffen, wie gefährdet ich war, aber heute sehe und verstehe ich klar, was ich damals nicht verstand. Heute erst weiß ich, wie tief ich diesem fremden, vergessenen Menschen verschuldet war.

Ich wil Dir's erzählen, so gut ich's vermag. Du erinnerst Dich, daß damals knapp vor Deinem sechzehnten Jahr Dein Vater plötzlich versetzt wurde aus Innsbruck, und ich sehe Dich noch, wie Du verzweifelt in mein Zimmer stürmtest und schluchztest, Du müßtest mich verlassen, ihn verlassen. Ich weiß nicht, was Dir schwerer war. Fast glaube ich, daß Du ihn nicht mehr sehen durftest, den Gott unserer Jugend, ohne den Dir das Leben kein Leben schien. Damals mußte ich Dir zuschwören, alles Dir zu berichten, was auf ihn sich bezog, jede Woche, nein, jeden Tag einen Brief, ein ganzes Tagebuch, und eine Zeitlang habe ich es auch getreulich getan. Auch für mich war es hart, Dich zu verlieren, denn wem konnte ich mich nun anvertrauen, wem diese Exaltationen berichten, diese seligen Narrheiten unseres Überschwangs. Aber immerhin, ich hatte noch ihn, ich durfte ihn sehen, er gehörte mir allein, und dies war eine kleine Lust inmitten der Qual. Aber bald darauf ereignete sich – Du erinnerst Dich vielleicht noch – jener Zwischenfall, über den wir nur Ungewisses erfuhren. Es hieß, daß Sturz der Frau des Direktors den Hof machte – wenigstens später erzählte man mir dies – und nach einer heftigen Szene genötigt war, seine Entlassung zu nehmen. Nur ein letztes Auftreten zu seinem Benefiz wurde ihm noch bewilligt. Einmal noch sollte er unsere Bühne betreten, dann hatte auch ich ihn vielleicht zum letzten Male gesehen.

Wenn ich heute nachdenke, so finde ich keinen Tag in meinem Leben, der unglücklicher war als jener, der ankündigte, Peter Sturz spiele zum letztenmal. Ich war wie krank. Ich hatte niemanden, der meine Verzweiflung teilte, niemanden, um mich ihm anzuvertrauen. In der

Schule fiel es den Lehrern auf, wie schlecht und wie verstört ich aussah, zu Hause war ich derart heftig und wild, daß mein Vater, der nichts ahnte, in Zorn geriet und zur Strafe mir verbot, das Theater zu besuchen. Ich flehte ihn an – vielleicht zu heftig, zu leidenschaftlich – und machte alles nur schlimmer, denn auch meine Mutter sprach jetzt gegen mich: das viele Theatergehen mache mich nervös, ich müsse zu Hause bleiben. In diesem Augenblick haßte ich meine Eltern – ja, so wirr und wahnsinnig war ich an diesem Tag, daß ich sie haßte und ihren Anblick nicht mehr ertrug. Ich sperrte mich ein in mein Zimmer. Ich wollte sterben. Eine jener plötzlichen gefährlichen Melancholien kam über mich, wie sie jungen Menschen manchmal gefährlich werden können, ich saß starr auf meinem Sessel, ich weinte nicht – ich war zu verzweifelt, um zu weinen. Etwas war in mir eiskalt, und dann riß es mich plötzlich wieder auf wie ein Fieber. Ich lief hin und her von einem Zimmer ins andere. Ich riß die Fenster auf und starrte hinunter auf den Hof, drei Stock tief, und maß die Tiefe aus, ob ich mich hinabstürzen solle. Und immer wieder dazwischen der Blick auf die Uhr: drei Uhr erst, und um sieben Uhr begann die Vorstellung. Er sollte zum letztenmal spielen und ich ihn nicht hören, er sollte umjubelt sein von den andern und ich ihn nicht sehen. Plötzlich hielt es mich nicht mehr. Das Verbot meiner Eltern, das Haus zu verlassen, war mir gleichgültig. Ich lief fort, ohne jemandem etwas zu sagen, ich lief die Treppe hinab und auf die Straße – ich weiß nicht wohin. Ich glaube, ich hatte irgendeine wirre Vorstellung, mich zu ertränken oder sonst etwas Unsinniges zu tun. Nur nicht mehr leben wollte ich ohne ihn und wußte nicht, wie man das Leben beendet. Und so lief ich die Straßen auf und nieder, ohne den Gruß zu erwidern, wenn Freunde mich anriefen. Alles war für mich gleichgültig, jeder andere Mensch auf der Welt für mich nicht mehr vorhanden außer ihm. Plötzlich, ich weiß nicht, wieso es geschah, stand ich vor seinem Hause. Wir hatten oft gegenüber in der Nische des Tors gewartet, ob er nach Hause käme, oder hinaufgeschaut zu seinen Fenstern, und vielleicht die wirre Hoffnung hatte mich unbewußt hergetrieben, daß ich durch Zufall ihm noch einmal begegnen könnte. Aber er kam nicht. Dutzende gleichgültiger Menschen, der Postbote, ein Schreiner, eine dicke Marktfrau verließen das Haus oder gingen hinein, Hunderte und Hunderte gleichgültiger Menschen eilten auf der Gasse vorbei, nur er kam nicht, er.

Wie es dann kam, weiß ich nicht mehr. Aber mit einemmal riß es mich hin. Ich lief über die Straße, lief die Treppen hinauf in seinem Haus zum zweiten Stock, ohne Atem zu holen, und hin bis zu seiner Wohnungstür; nur ihm nahe sein, nur ihm näher sein! Nur ihm etwas noch sagen, ich wußte nicht was. Es geschah wirklich in einem Zustand der Besessenheit, der Tollheit, über den ich mir keine Rechenschaft geben konnte, und ich rannte vielleicht so rasch die Stufen empor, um alle Bedenken zu überrennen, und schon – noch immer, ohne Atem geholt zu haben – drückte ich auf die Klingel. Heute höre ich noch den scharfen, grellen Ton, und dann das lange völlige Schweigen, durch das plötzlich mein erwachendes Herz schlug. Endlich vernahm ich von innen her Schritte, die schweren, festen, pathetischen Schritte, wie ich sie vom Theater kannte. In diesem Moment erwachte in mir die Besinnung. Ich wollte wieder wegflüchten von der Tür, aber alles in mir war vor Schrecken erstarrt. Meine Füße waren wie gelähmt, und mein kleines Herz stand still.

Er öffnete die Tür und sah mich verwundert an. Ich weiß nicht, ob er mich überhaupt kannte oder erkannte. Auf der Straße schwirrten ja immer dutzendweise die vielen unflüggen Buben und Mädchen um ihn herum, die ihn bewunderten. Wir beide aber, die ihn doch am meisten liebten, waren zu scheu gewesen, wir waren immer geflüchtet vor seinem Blick. Auch diesmal stand ich gesenkten Hauptes vor ihm und wagte nicht aufzuschauen. Er wartete, was ich ihm auszurichten hätte – offenbar glaubte er, ich sei ein Laufmädel von irgendeinem Geschäft, das ihm eine Botschaft zu überbringen hätte. »Nun, mein Kind, was gibt's?« ermutigte er mich schließlich mit seiner tiefen sonoren Stimme.

Ich stammelte: »Ich wollte nur ... Aber ich kann das hier nicht sagen ...« und stockte schon wieder.

Gutmütig brummte er: »Nun, kommen Sie nur herein, mein Kind. Was ist denn los?«

Ich folgte ihm in sein Zimmer. Es war ein weiter, einfacher Raum, der ziemlich unordentlich aussah; die Bilder von den Wänden waren schon abgeräumt, Koffer standen halbgepackt umher. »Nun, also los ... von wem kommen Sie?« fragte er wieder.

Und plötzlich brach es heraus aus mir zugleich mit brennenden Tränen. »Bitte, bleiben Sie hier ... bitte, bitte, reisen Sie nicht ab ... bleiben Sie hier bei uns.«

Er trat unwillkürlich einen Schritt zurück. Seine Brauen schoben sich empor, ein scharfer Zug schnitt sich ein in den Mund. Er hatte verstanden, daß es wieder eine jener zudringlichen Schwärmerinnen war, die ihn belästigten, und ich fürchtete schon, er würde mich grob anfahren. Aber etwas muß in mir gewesen sein, das ihn mitleidig machte mit meiner kindischen Verzweiflung. Er trat auf mich zu, strich mir sanft über den Arm: »Liebes Kind« – wie ein Lehrer zu einem Kind sagte er das – »das liegt doch nicht an mir, daß ich hier Abschied nehme, und läßt sich jetzt nicht mehr ändern. Es ist sehr lieb von Ihnen, daß Sie gekommen sind, mir das zu sagen. Für wen wirkt man denn als für die Jugend? Das war immer meine beste Freude, daß man die jungen Menschen für sich hatte.

Aber die Würfel sind gefallen, ich kann es nicht mehr ändern. Nun, wie gesagt« – er trat einen Schritt zurück – »es war sehr, sehr lieb von Ihnen, daß Sie mir das zu sagen kamen, und ich danke Ihnen. Bleiben Sie mir weiter gut und bewahrt mir alle ein freundliches Andenken.«

Ich verstand, daß er mich verabschiedet hatte. Aber gerade das steigerte nur meine Verzweiflung. »Nein, bleiben Sie hier«, brach ich schluchzend heraus, »bleiben Sie um Gotteswillen hier... Ich...ich kann ohne Sie nicht leben.«

»Sie Kind«, wollte er begütigen. Aber ich klammerte mich an ihn an, mit beiden Armen klammerte ich mich an ihn, ich, die ich bisher nie den Mut gehabt hatte, auch nur seinen Rock anzustreifen. »Nein, gehen Sie nicht fort«, schluchzte ich verzweifelt, »lassen Sie mich nicht allein! Nehmen Sie mich mit. Ich geh' mit Ihnen, wohin Sie wollen...überallhin...tun Sie mit mir, was Sie wollen ...nur verlassen Sie mich nicht.«

Ich weiß nicht, was für unsinnige Sachen ich ihm damals noch sagte in meiner Verzweiflung. Ich preßte mich an ihn, als könnte ich ihn damit festhalten, völlig ahnungslos, in welche gefährliche Situation ich mit diesem leidenschaftlichen Angebot geriet. Denn Du weißt doch, wie naiv wir damals noch waren, ein wie fremder und unbekannter Gedanke die körperliche Liebe. Aber immerhin, ich war ein junges Mädchen und – heute darf ich es wohl sagen – ein auffallend hübsches Mädchen, dem die Männer auf der Straße schon nachsahen, und er war ein Mann, siebenunddreißig oder achtunddreißig Jahre damals, und er hätte mit mir damals tun können, was er wollte. Ich wäre ihm wirklich gefolgt; was immer er versucht hätte, ich hätte keinen Widerstand geleistet. Es wäre ein Spiel gewesen für ihn, damals in seiner Wohnung meinen Unverstand zu mißbrauchen. In dieser Stunde hatte er mein Schicksal in der Hand. Wer weiß, was aus mir geworden wäre, hätte er in einer unedlen Weise mein kindisches Drängen genützt, hätte er seiner Eitelkeit nachgegeben und vielleicht seinem eigenen Verlangen und der heftigen Versuchung – heute erst weiß ich, in welcher Gefahr ich damals gewesen. Ein Augenblick war, in dem ich nun fühle, daß er unsicher wurde, da er meinen Körper an sich fühlte und meine zuckenden Lippen ganz nah. Aber er beherrschte sich und drängte mich langsam fort. »Einen Augenblick«, sagte er, beinahe gewaltsam sich losreißend, und wandte sich hin zur anderen Tür. »Frau Kilcher!«

Ich erschrak furchtbar. Instinktiv wollte ich fortlaufen. Wollte er mich lächerlich machen vor dieser alten Frau, seiner Haushälterin? Mich vor ihr verhöhnen? Da kam sie schon herein. Er wandte sich ihr zu. »Denken Sie sich, wie lieb, Frau Kilcher«, sagte er zu ihr. »Da kommt dies junge Fräulein, um mir im Namen der ganzen Schule noch herzliche Abschiedsgrüße zu überbringen. Ist das nicht rührend?« Er wandte sich mir wieder zu. »Ja, sagen Sie allen meinen besten Dank. Ich habe es immer als das Schöne unseres Berufes empfunden, daß wir die Jugend für uns haben und damit das Beste auf Erden. Nur die Jugend ist dankbar für das Schöne, ja, ja, nur sie. Sie haben mir eine große Freude gemacht, liebes Fräulein, ich werde Ihnen das« – dabei faßte er meine Hände – »niemals vergessen.«

Meine Tränen stockten. Er hatte mich nicht beschämt, er hatte mich nicht gedemütigt. Aber noch weiter ging seine Fürsorge, denn er wandte sich nun zur Haushälterin: »Ja, wenn wir nicht so viel zu tun hätten, wie gern hätte ich mit diesem lieben Fräulein geplaudert. Aber nicht wahr, Sie begleiten sie hinunter bis zur Tür, und alles Gute, alles Gute!«

Erst später verstand ich, wie vorsorglich er für mich gedacht, um mich zu schonen, um mich zu schützen, indem er mir die Haushälterin mitsandte bis zur Tür. Ich war schließlich in der kleinen Stadt bekannt, und irgendein Böswilliger hätte sehen können, wie ich junges Mädchen allein aus der Türe des bekannten Schauspielers schlich, und Übles verbreiten. Er hatte, dieser fremde Mensch, besser verstanden, als ich Kind es hätte verstehen können, was mir gefährlich war. Er hatte mich vor meiner eigenen unverständigen Jugend geschützt – wie klar war mir das nach mehr als fünfundzwanzig Jahren.

Ist es nicht sonderbar, ist es nicht beschämend, liebste Freundin, daß ich all dies vergessen hatte, Jahre und Jahre, weil ich es aus Scham vergessen *wollte*. Daß ich innerlich nie diesem Manne dankbar gewesen, nie mehr nach ihm gefragt, nach ihm, der damals an jenem Nachmittag mein Leben, mein Schicksal in Händen gehabt. Und nun saß dieser selbe Mann unten vor seinem Bierglas, ein gescheitertes Wrack, ein Bettler, von allen verhöhnt, und niemand wußte von ihm, wer er war und wer er gewesen, als ich allein. Nur ich wußte es. Ich war vielleicht die einzige auf Erden, die sich überhaupt noch an seinen Namen erinnerte, und ich war in Schuld gegen ihn. Nun konnte ich sie vielleicht entgelten. Mit einemmal kam eine große Ruhe über mich. Ich war nicht mehr erschrocken, ich war nur ein wenig beschämt, daß ich so ungerecht hatte sein können, so lange vergessen zu haben, daß dieser fremde Mensch einmal in einer entscheidenden Stunde meines Lebens großmütig zu mir gewesen.

Ich ging die Treppe hinab wieder in die Wirtsstube. Es mochten im ganzen nur zehn Minuten vergangen sein. Nichts war verändert. Die Spieler spielten weiter Karten, die Wirtin nähte am Schanktisch, die Bauern sogen mit schläfrigen Augen an ihren Pfeifen. Auch er saß noch unverändert an seinem Platz, das leere Bierglas vor sich, und starrte vor sich hin. Und jetzt wurde ich erst gewahr, wieviel Trauer in diesem verstörten Antlitz lag, stumpf die Augen unter den schweren Lidern, bitter und verbissen der durch die Lähmung ins Schiefe gezogene Mund. Verdüstert saß er da mit aufgestützten Ellbogen, um das vorgeneigte Haupt gegen die Müdigkeit zu halten, gegen die Müdigkeit, die nicht die eines Schlafes, sondern Müdigkeit am Leben war. Niemand sprach zu ihm, niemand kümmerte sich um ihn. Wie ein großer, grauer, zerschlissener Vogel im Dunkel des Käfigs hockt, vielleicht träumend von seiner einstigen Freiheit, da er noch Schwingen entfalten konnte und durch den Äther fahren, so saß er da.

Wieder ging die Tür, abermals traten drei Bauern ein mit schweren, schlurfenden Schritten, bestellten ihr Bier und sahen sich dann um nach einem Platz. »Geh', rück zur Seiten«, befahl einer ihm ziemlich grob. Der arme Sturz starrte auf. Ich sah, diese grobe Verächtlichkeit, mit der man über ihn verfügte, beleidigte ihn. Aber er war schon zu müde und zu gedemütigt, um sich zu wehren oder zu streiten. Schweigend rückte er zur Seite und schob sein leeres Bierglas mit sich hin. Die Wirtin brachte den andern die vollen Krüge. Er sah, ich merkte es, mit einem gierigen, einem durstigen Blick darauf hin, aber die Wirtin blickte gleichmütig an seiner stummen Bitte vorbei. Er hatte sein Bettlerteil schon erhalten, und wenn er nicht fortging, so war es seine Schuld. Ich sah, er hatte keine Kraft mehr, sich zu wehren, und wie viel an Demütigung erwartete sein Alter noch!

In diesem Augenblick kam endlich der befreiende Gedanke über mich. Ich konnte ihm nicht wirklich helfen, das wußte ich. Ich konnte ihn nicht wieder jung machen, diesen zerbrochenen, zermürbten Mann. Aber ich konnte ihn vielleicht ein wenig schützen gegen die Pein dieser Verachtung, ihm hier in diesem verlorenen Dorf für die paar Monate, die der vom Griffel des Todes Gezeichnete noch zu leben hatte, ein bißchen Ansehen retten.

So stand ich auf und schritt, ziemlich auffällig, auf seinen Tisch zu, wo er eingezwängt zwischen den Bauern saß, die verwundert bei meinem Kommen aufblickten, und sprach ihn an. »Habe ich vielleicht die Ehre, mit Herrn Hofschauspieler Sturz zu sprechen?«

Er zuckte auf. Es war wie ein elektrischer Schlag durch und durch, sogar das schwere Lid über dem linken Auge hob sich auf. Er starrte mich an. Jemand hatte ihn gerufen mit seinem alten Namen, den hier niemand kannte, mit diesem Namen, den alle außer ihm selbst längst vergessen hatten, und sogar Hofschauspieler hatte ich ihn genannt, was er in Wirklichkeit nie gewesen war. Die Überraschung war zu heftig, als daß er die Kraft gehabt hätte, aufzustehen. Allmählich wurde sein Blick unsicher; vielleicht war auch dies nur ein abgekarteter Spaß.

»Allerdings ... das ist ... das war mein Name.«

Ich bot ihm die Hand. »Oh, das ist eine große Freude für mich ... eine ganz große Ehre.« Ich sprach absichtlich laut, denn es galt jetzt, kühn zu lügen, um ihm Achtung zu verschaffen. »Ich habe zwar nie das Glück gehabt, Sie auf der Bühne bewundern zu dürfen, aber mein Mann hat mir immer und immer wieder von Ihnen erzählt. Er hat Sie als junger Gymnasiast oft auf dem Theater gesehen. Es war, glaube ich, in Innsbruck ...«

»Jawohl, in Innsbruck, dort war ich zwei Jahre.« Sein Gesicht begann sich plötzlich zu beleben. Er merkte, daß ich ihn nicht verspotten wollte.

»Sie können gar nicht ahnen, Herr Hofschauspieler, wie viel er mir von Ihnen erzählt hat, wie viel ich von Ihnen weiß! Oh, er wird mich beneiden, wenn ich ihm morgen schreibe, daß ich das Glück hatte, Ihnen persönlich hier begegnen zu dürfen. Sie ahnen nicht, wie er Sie noch heute verehrt. Nein, niemand, so hat er mir oft und oft gesagt, war Ihrem Marquis Posa zu vergleichen, selbst Kainz nicht, niemand Ihrem Max Piccolomini, Ihrem

Leander, und ich glaube, er ist eigens dann später einmal nach Leipzig gefahren, nur um Sie auf der Bühne zu sehen. Aber er hatte dann nicht den Mut, Sie anzusprechen. Aber alle Ihre Photographien aus jener Zeit hat er noch aufbewahrt, und ich wünschte, Sie könnten in unser Haus kommen, um zu sehen, wie sorgfältig sie behütet sind. Er würde sich furchtbar freuen, mehr von Ihnen zu hören, und vielleicht können Sie mir da behilflich sein, indem Sie mir einiges erzählen, das ich ihm dann berichten will ... ich weiß nur nicht, ob ich Sie nicht störe oder ob ich Sie bitten darf, hinüber an meinen Tisch zu kommen.«

Die Bauern neben ihm starrten auf und rückten unwillkürlich respektvoll zur Seite. Ich sah, daß sie irgendwie beunruhigt und beschämt waren. Sie hatten diesen alten Mann bisher als einen Bettler behandelt, dem man ab und zu ein Glas Bier schenkt und mit dem man seinen Spaß hat. Durch die ehrfurchtsvolle Art, mit der ich, eine Fremde, ihn behandelte, überkam sie zum erstenmal der beunruhigende Verdacht, daß er jemand war, den man draußen in der Welt kannte und sogar verehrte. Der absichtlich demütige Ton, mit dem ich ein Gespräch mit ihm wie eine gewaltige Auszeichnung erbat, begann zu wirken. »Na, so geh' doch«, drängte ihn der Bauer an seiner Seite.

Er stand auf, noch schwankend, wie man aus einem Traum aufsteht. »Aber gern ... gern«, stammelte er. Ich merkte, daß er Mühe hatte, seine Begeisterung zurückzuhalten, und daß er, der alte Schauspieler, jetzt mit sich rang, nicht vor den andern zu verraten, wie überrascht er war, wie er sich ungeschickt bemühte, so zu tun, als wären solche Aufforderungen und Bewunderungen für ihn eine alltägliche und selbstverständliche Sache. Mit der am Theater gelernten Würde schritt er langsam hinüber zu meinem Tisch.

Ich bestellte laut: »Eine Flasche Wein und den besten zu

Ehren des Herrn Hofschauspielers.« Jetzt blickten auch die Spieler am Kartentisch auf und begannen zu wispern. Ein Hofschauspieler, ein berühmter Mann, ihr Sturzentaler? Es mußte schon etwas an ihm sein, wenn die Fremde aus der Großstadt ihm solche Ehre antat. Und es war mit einer anderen Geste als vordem, mit einer durchaus respektvollen, mit der nun die alte Wirtin das Glas vor ihn stellte.

Und dann kam eine wunderbare Stunde für ihn und für mich. Ich erzählte ihm alles, was ich von ihm wußte, indem ich ihm vortäuschte, mein Mann hätte es mir erzählt. Er konnte sich vor Staunen nicht fassen, daß ich jede einzelne seiner Rollen und den Namen des Kritikers kannte und jede Zeile, die er über ihn geschrieben. Und wie bei einem Gastspiel Moissi, der berühmte Moissi, sich geweigert habe, allein vor die Rampe zu treten und ihn mit sich gezogen und ihm dann abends noch das brüderliche Du angeboten. Immer wieder staunte er wie aus einem Traum: »Das wissen Sie auch!« Er hatte sich längst vergessen und begraben geglaubt, und nun war da eine Hand und pochte an seinen Sarg und holte ihn heraus und täuschte ihm einen Ruhm vor, den er in Wahrheit nie gehabt. Und da das Herz sich immer gern selber belügt, so glaubte er diesem seinen Ruhm in der großen Welt und hatte keinen Verdacht. »Ach, das wissen Sie auch . . . ich hatte es doch selbst schon vergessen«, stammelte er immer wieder, und ich merkte, er mußte sich wehren, um seine Rührung nicht zu verraten; zweimal, dreimal holte er sein großes, etwas schmutziges Taschentuch aus dem Rock und wandte sich ab, um sich zu schneuzen, in Wirklichkeit aber, um die Tränen rasch wegzuwischen, die ihm über die verfallenen Wangen liefen. Ich merkte es, und mir bebte das Herz, wie ich sah, daß ich ihn glücklich machen konnte, daß dieser alte, kranke Mann noch einmal glücklich war vor dem Sterben.

So saßen wir in einer Art Verzückung beisammen bis elf Uhr nachts. Dann trat der Gendarmerieoffizier sehr bescheiden heran und mahnte höflich, es sei Polizeistunde. Der alte Mann erschrak sichtlich: das Wunder vom Himmel sollte schon zu Ende sein? Er wäre am liebsten stundenlang noch gesessen, um von sich zu hören, von sich zu träumen. Aber ich war dieser Mahnung froh, denn immer fürchtete ich mich, er müsse schließlich den wahren Sachverhalt doch erraten. Und so bat ich die andern: »Ich hoffe, die Herren werden so gütig sein, den Herrn Hofschauspieler nach Hause zu begleiten.«

»Mit größtem Vergnügen«, sagten alle wie aus einem Mund; einer holte ihm respektvoll den zerschlissenen Hut, der andere half ihm empor, und ich wußte, von diesem Augenblick an würden sie nie mehr über ihn spotten, nie mehr über ihn lachen, nie mehr ihm Schmerz antun, diesem armen alten Mann, der einstens das Glück und die Not unserer Jugend gewesen.

Bei dem letzten Abschied allerdings verließ ihn die krampfhaft bewahrte Würde, die Rührung überwältigte ihn, und er konnte die Haltung nicht mehr bewahren. Plötzlich strömten die Tränen dick und breit aus seinen müden alten Augen, und seine Finger bebten, wie er meine Hand faßte. »Oh, Sie gute, gute gnädige Frau«, sagte er, »grüßen Sie mir Ihren Mann und sagen Sie ihm, daß der alte Sturz noch lebt. Vielleicht kann ich doch noch einmal zurück ans Theater. Wer weiß, wer weiß, vielleicht werde ich noch einmal gesund.«

Die beiden Männer zur rechten und zur linken stützten ihn. Aber er ging beinahe aufrecht; ein neuer Stolz hatte den Gebrochenen aufgestrafft, und ich hörte, es war ein anderer stolzer Ton in seiner Stimme. Ich hatte ihm helfen können am Ende seines Lebens, wie er mir im Anfang geholfen. Ich hatte meine Schuld bezahlt.

Am nächsten Morgen entschuldigte ich mich bei der

Wirtin, daß ich nicht länger bleiben könne, die Gebirgs-
luft sei zu stark für mich. Ich versuchte ihr Geld zurückzu-
lassen, damit sie dem armen alten Manne von nun ab statt
des einen Glases Bier, immer wenn er wolle, noch ein
zweites und drittes schenke. Aber da stieß ich auf den
heimatlichen Stolz. Nein, das wolle sie schon selber tun.
Sie hätten im Dorf ja nicht gewußt, daß der Sturzentaler
so ein großer Mann gewesen sei. Das sei eine Ehre für das
ganze Dorf, der Bürgermeister hätte schon angeordnet,
daß man ihm von nun ab monatlich etwas zuzahlen solle,
und sie stünde ein dafür, daß sie alle gut auf ihn achten
würden. So ließ ich nur einen Brief an ihn zurück, einen
Brief überschwenglichen Danks, daß er so gütig gewesen
sei, mir einen Abend zu schenken. Ich wußte, er würde
ihn tausendmal lesen vor seinem Tod und jedem zeigen,
diesen Brief, er würde nun selig diesen falschen Traum
seines Ruhms immer wieder träumen bis zum Ende.

Mein Mann war sehr verwundert, daß ich so rasch von
meinem Urlaub zurückkam, und noch mehr erstaunt, wie
frisch, wie froh mich diese zwei Tage Abwesenheit
gemacht hatten. Eine Wunderkur, so nannte er es. Aber
ich kann nichts Wunderbares dabei finden. Nichts macht
einen so gesund als Glücklichsein, und es gibt kein
größeres Glück, als einen anderen Menschen glücklich zu
machen.

So, und damit habe ich auch an Dich meine Schuld aus
den Mädchentagen entrichtet. Jetzt weißt Du alles von
unserem Peter Sturz und auch das letzte alte Geheimnis
von Deiner Freundin
Margaret

Vierundzwanzig Stunden
aus dem Leben einer Frau

In der kleinen Pension an der Riviera, wo ich damals, zehn Jahre vor dem Kriege, wohnte, war eine heftige Diskussion an unserem Tische ausgebrochen, die unvermutet zu rabiater Auseinandersetzung, ja sogar zu Gehässigkeit und Beleidigung auszuarten drohte. Die meisten Menschen sind von stumpfer Phantasie. Was sie nicht unmittelbar anrührt, nicht aufdringlich spitzen Keil bis hart an ihre Sinne treibt, vermag sie kaum zu entfachen; geschieht aber einmal knapp vor ihren Augen, in unmittelbarer Tastnähe des Gefühls auch nur ein Geringes, sogleich regt es in ihnen übermäßige Leidenschaft. Sie ersetzen dann gewissermaßen die Seltenheit ihrer Anteilnahme durch eine unangebrachte und übertriebene Vehemenz.

So auch diesmal in unserer durchaus bürgerlichen Tischgesellschaft, die sonst friedlich small talk und untiefe, kleine Späßchen untereinander übte und meist gleich nach aufgehobener Mahlzeit auseinanderbröckelte: das deutsche Ehepaar zu Ausflügen und Amateurphotographieren, der behäbige Däne zu langweiligem Fischfang, die vornehme englische Dame zu ihren Büchern, das italienische Ehepaar zu Eskapaden nach Monte Carlo und ich zu Faulenzerei im Gartenstuhl oder Arbeit. Diesmal aber blieben wir alle durch die erbitterte Diskussion vollkommen ineinander verhakt; und wenn einer von uns plötzlich aufsprang, so geschah es nicht, wie sonst, zu höflichem Abschied, sondern in hitzköpfiger Erbitterung, die, wie ich bereits vorwegerzählte, geradezu rabiate Formen annahm.

Das Begebnis nun, das dermaßen unsere kleine Tafel-
runde aufgezäumt hatte, war allerdings sonderbar genug.
Die Pension, in der wir sieben wohnten, bot sich nach
außen hin zwar als abgesonderte Villa dar – ach, wie
wunderbar ging der Blick von den Fenstern auf den
felsenzerzackten Strand! –, aber eigentlich war sie nichts
als die wohlfeilere Dependance des großen Palace Hotels
und ihm durch den Garten unmittelbar verbunden, so daß
wir Nebenbewohner doch mit seinen Gästen in ständi-
gem Zusammenhang lebten. Dieses Hotel nun hatte am
vorhergegangenen Tage einen tadellosen Skandal zu ver-
zeichnen gehabt. Es war nämlich mit dem Mittagszuge
um 12 Uhr 20 Minuten (ich kann nicht umhin, die Zeit so
genau wiederzugeben, weil sie ebenso für diese Episode
wie als Thema jener erregten Unterhaltung wichtig ist)
ein junger Franzose angekommen und hatte ein Strand-
zimmer mit Ausblick nach dem Meer gemietet: das
deutete an sich schon auf eine gewisse Behäbigkeit der Ver-
hältnisse. Aber nicht nur seine diskrete Eleganz machte ihn
angenehm auffällig, sondern vor allem seine außer-
ordentliche und durchaus sympathische Schönheit: inmitten eines schmalen Mädchengesichtes umschmeichelte
ein seidigblonder Schnurrbart sinnlich warme Lippen,
über die weiße Stirn lockte sich weiches, braungewelltes
Haar, weiche Augen liebkosten mit jedem Blick – alles
war weich, schmeichlerisch, liebenswürdig in seinem
Wesen, aber doch ohne alle Künstlichkeit und Geziertheit.
Erinnert er auch von fern zuvörderst ein wenig an jene
rosafarbenen, eitel hingelehnten Wachsfiguren, wie sie in
den Auslagen großer Modegeschäfte mit dem Zierstock
in der Hand das Ideal männlicher Schönheit darstellen, so
schwand doch bei näherem Zusehen jeder geckige Eindruck, denn hier war (seltenster Fall!) die Liebenswürdig-
keit eine natürlich angeborene, gleichsam aus der Haut
gewachsene. Er grüßte vorübergehend jeden einzelnen in

einer gleichzeitig bescheidenen und herzlichen Weise, und es war wirklich angenehm, zu beobachten, wie seine immer sprungbereite Grazie sich bei jedem Anlaß ungezwungen offenbarte. Er eilte auf, wenn eine Dame zur Garderobe ging, ihren Mantel zu holen, hatte für jedes Kind einen freundlichen Blick oder ein Scherzwort, erwies sich umgänglich und diskret zugleich – kurz, er schien einer jener gesegneten Menschen, die aus dem erprobten Gefühl heraus, andern Menschen durch ihr helles Gesicht und ihren jugendlichen Charme angenehm zu sein, diese Sicherheit neuerlich in Anmut verwandeln. Unter den meist älteren und kränklichen Gästen des Hotels wirkte seine Gegenwart wie eine Wohltat, und mit jenem sieghaften Schritt der Jugend, jenem Sturm von Leichtigkeit und Lebensfrische, wie sie Anmut so herrlich manchem Menschen zuteilt, war er unwiderstehlich in die Sympathie aller vorgedrungen. Zwei Stunden nach seiner Ankunft spielte er bereits Tennis mit den beiden Töchtern des breiten, behäbigen Fabrikanten aus Lyon, der zwölfjährigen Annette und der dreizehnjährigen Blanche, und ihre Mutter, die feine, zarte und ganz in sich zurückhaltende Madame Henriette, sah leise lächelnd zu, wie unbewußt kokett die beiden unflüggen Töchterchen mit dem jungen Fremden flirteten. Am Abend kiebitzte er uns eine Stunde am Schachtisch, erzählte zwischendurch in unaufdringlicher Weise ein paar nette Anekdoten, ging neuerdings mit Madame Henriette, während ihr Gatte wie immer mit einem Geschäftsfreunde Domino spielte, auf der Terrasse lange auf und ab; spät abends beobachtete ich ihn dann noch mit der Sekretärin des Hotels im Schatten des Bureaus in verdächtig vertrautem Gespräch. Am nächsten Morgen begleitete er meinen dänischen Partner zum Fischfang, zeigte dabei erstaunliche Kenntnis, unterhielt sich nachher lange mit dem Fabrikanten aus Lyon über Politik, wobei er gleichfalls als guter Unterhalter sich erwies, denn man hörte das breite Lachen des dicken Herrn über die Brandung herübertönen. Nach Tisch – es ist durchaus für das Verständnis der Situation nötig, daß ich alle diese Phasen seiner Zeiteinteilung so genau berichte – saß er nochmals mit Madame Henriette beim schwarzen Kaffee eine Stunde allein im Garten, spielte wiederum Tennis mit ihren Töchtern, konversierte mit dem deutschen Ehepaar in der Halle. Um sechs Uhr traf ich ihn dann, als ich einen Brief aufzugeben ging, an der Bahn. Er kam mir eilig entgegen und erzählte, als müsse er sich entschuldigen, man habe ihn plötzlich abberufen, aber er kehre in zwei Tagen zurück. Abends fehlte er tatsächlich im Speisesaale, aber nur mit seiner Person, denn an allen Tischen sprach man einzig von ihm und rühmte seine angenehme, heitere Lebensart.

Nachts, es mochte gegen elf Uhr sein, saß ich in meinem Zimmer, um ein Buch zu Ende zu lesen, als ich plötzlich durch das offene Fenster im Garten unruhiges Schreien und Rufen hörte und sich drüben im Hotel eine sichtliche Bewegung kundgab. Eher beunruhigt als neugierig, eilte ich sofort die fünfzig Schritte hinüber und fand Gäste und Personal in durcheinanderstürmender Erregung. Frau Henriette war, während ihr Mann in gewohnter Pünktlichkeit mit seinem Freunde aus Namur Domino spielte, von ihrem allabendlichen Spaziergang an der Strandterrasse nicht zurückgekehrt, so daß man einen Unglücksfall befürchtete. Wie ein Stier rannte der sonst so behäbige schwerfällige Mann immer wieder gegen den Strand, und wenn er mit seiner vor Erregung verzerrten Stimme »Henriette! Henriette!« in die Nacht hinausschrie, so hatte dieser Laut etwas von dem Schreckhaften und Urweltlichen eines zu Tode getroffenen riesigen Tieres. Kellner und Boys hetzten aufgeregt treppauf, treppab, man weckte alle Gäste und telephonierte an die Gendarmerie. Mitten hindurch aber stolperte und stapfte immer dieser dicke Mann mit offener Weste, ganz sinnlos den Namen »Henriette! Henriette!« in die Nacht hinaus schluchzend und schreiend. Inzwischen waren oben die Kinder wach geworden und riefen in ihren Nachtkleidern vom Fenster herunter nach der Mutter, der Vater eilte nun wieder zu ihnen hinauf, sie zu beruhigen.

Und dann geschah etwas so Furchtbares, daß es kaum wiederzuerzählen ist, weil die gewaltsam aufgespannte Natur in den Augenblicken des Übermaßes der Haltung des Menschen oft einen dermaßen tragischen Ausdruck gibt, daß ihn weder ein Bild noch ein Wort mit der gleichen blitzhaft einschlagenden Macht wiederzugeben vermag. Plötzlich kam der schwere, breite Mann die ächzenden Stufen herab mit einem veränderten, ganz müden und doch grimmigen Gesicht. Er hatte einen Brief in der Hand. »Rufen Sie alle zurück!« sagte er mit gerade noch verständlicher Stimme zu dem Chef des Personals: »Rufen Sie alle Leute zurück, es ist nicht nötig. Meine Frau hat mich verlassen.«

Es war Haltung in dem Wesen dieses tödlich getroffenen Mannes, eine übermenschlich gespannte Haltung vor all diesen Leuten ringsum, die neugierig gedrängt auf ihn sahen und jetzt plötzlich, jeder erschreckt, beschämt, verwirrt, sich von ihm abwandten. Gerade genug Kraft blieb ihm noch, an uns vorbeizuwanken, ohne einen einzigen anzusehen, und im Lesezimmer das Licht abzudrehen; dann hörte man, wie sein schwerer, massiger Körper dumpf in einen Fauteuil fiel, und hörte ein wildes, tierisches Schluchzen, wie nur ein Mann weinen kann, der noch nie geweint hat. Und dieser elementare Schmerz hattte über jeden von uns, auch den Geringsten, eine Art betäubender Gewalt. Keiner der Kellner, keiner der aus Neugierde herbeigeschlichenen Gäste wagte ein Lächeln oder anderseits ein Wort des Bedauerns. Wortlos, einer nach dem andern, wie beschämt von dieser zerschmetternden Explosion des Gefühls, schlichen wir in unsere Zimmer zurück, und nur drinnen in dem dunklen Raume zuckte und schluchzte dieses hingeschlagene Stück Mensch mit sich urallein in dem langsam auslöschenden, flüsternden, zischelnden, leise raunenden und wispernden Hause.

Man wird verstehen, daß ein solches blitzschlaghaftes, knapp vor unseren Augen und Sinnen niedergefahrenes Ereignis wohl geeignet war, die sonst nur an Langeweile und sorglosen Zeitvertreib gewöhnten Menschen mächtig zu erregen. Aber jene Diskussion, die dann so vehement an unserem Tische ausbrach und knapp bis an die Grenze der Tätlichkeiten emporstürmte, hatte zwar diesen erstaunlichen Zwischenfall zum Ausgangspunkt, war aber im Wesen eher eine grundsätzliche Erörterung, ein zorniges Gegeneinander feindlicher Lebensauffassungen. Durch die Indiskretion eines Dienstmädchens, die jenen Brief gelesen – der ganz in sich zusammengestürzte Gatte hatte ihn irgendwohin auf den Boden in ohnmächtigem Zorn hingeknüllt –, war nämlich rasch bekannt geworden, daß sich Frau Henriette nicht allein, sondern einverständlich mit dem jungen Franzosen entfernt hatte (für den die Sympathie der meisten nun rapid zu schwinden begann). Nun, das wäre auf den ersten Blick hin vollkommen verständlich gewesen, daß diese kleine Madame Bovary ihren behäbigen, provinzlerischen Gatten für einen eleganten, jungen Hübschling eintauschte. Aber was alle am Hause dermaßen erregte, war der Umstand, daß weder der Fabrikant noch seine Töchter, noch auch Frau Henriette jemals diesen Lovelace vordem gesehen, daß also jenes zweistündige abendliche Gespräch auf der Terrasse und jener einstündige schwarze Kaffee im Garten genügt haben sollten, um eine etwa dreiunddreißigjährige, untadelige Frau zu bewegen, ihren Mann und ihre zwei Kinder über Nacht zu verlassen und einem wildfremden jungen Elegant auf das Geratewohl zu folgen. Diesen scheinbar offenkundigen Tatbestand lehnte nun unsere Tischrunde einhellig als perfide Täuschung und listiges Mannöver des Liebespaares ab: selbstverständlich sei Frau Henriette längst mit dem jungen Mann in heimlichen Beziehungen gestanden und der Rattenfänger nur noch hierhergekommen, um die letzten Einzelheiten der Flucht zu bestimmen, denn – so folgerten sie – es sei vollkommen unmöglich, daß eine anständige Frau, nach bloß zweistündiger Bekanntschaft, einfach auf den ersten Pfiff davonlaufe. Nun machte es mir Spaß, anderer Ansicht zu sein, und ich verteidigte energisch derartige Möglichkeit, ja sogar Wahrscheinlichkeit bei einer Frau, die durch eine jahrelang enttäuschende, langweilige Ehe jedem energischen Zugriff innerlich zubereitet war. Durch meine unerwartete Opposition wurde die Diskussion rasch allgemein und vor allem dadurch erregt, daß die beiden Ehepaare, das deutsche sowohl als das italienische, die Existenz des coup de foudre als eine Narrheit und abgeschmackte Romanphantasie mit geradezu beleidigender Verächtlichkeit ablehnten.

Nun, es ist ja hier ohne Belang, den stürmischen Ablauf eines Streits zwischen Suppe und Pudding in allen Einzelheiten nachzukäuen: nur Professionals der Table d'hôte sind geistreich, und Argumente, zu denen man in der Hitzigkeit eines zufälligen Tischstreites greift, meist banal, weil bloß eilig mit der linken Hand aufgerafft. Schwer auch zu erklären, wieso unsere Diskussion dermaßen rasch beleidigende Formen annahm; die Gereiztheit, glaube ich, begann damit, daß unwillkürlich beide Ehemänner ihre eigenen Frauen von der Möglichkeit solcher Untiefen und Fährlichkeiten ausgenommen wissen wollten. Leider fanden sie dafür keine glücklichere Form, als mir entgegenzuhalten, so könne nur jemand reden, der die weibliche Psyche nach den zufälligen und allzubilligen Eroberungen von Junggesellen beurteile: das reizte mich schon einigermaßen, und als dann noch die deutsche Dame diese Lektion mit dem lehrhaften Senf bestrich, es gäbe einerseits wirkliche Frauen und andererseits »Dirnennaturen«, deren ihrer Ansicht nach Frau Henriette eine gewesen sein mußte, da riß mir die Geduld vollends, ich wurde meinerseits aggressiv. All dies Abwehren der offenbaren Tatsache, daß eine Frau in manchen Stunden ihres Lebens jenseits ihres Willens und Wissens geheimnisvollen Mächten ausgeliefert sei, verberge nur Furcht vor dem eigenen Instinkt, vor dem Dämonischen unserer Natur, und es scheine eben manchen Menschen Vergnügen zu machen, sich stärker, sittlicher und reinlicher zu empfinden als die »leicht Verführbaren«. Ich persönlich wieder fände es ehrlicher, wenn eine Frau ihrem Instinkt frei und leidenschaftlich folge, statt, wie allgemein üblich, ihren Mann in seinen eigenen Armen mit geschlossenen Augen zu betrügen. So sagte ich ungefähr, und je mehr in dem nun aufknisternden Gespräch die andern die arme Frau Henriette angriffen, um so leidenschaftlicher verteidigte ich sie (in Wahrheit weit über mein inneres Gefühl hinaus). Diese Begeisterung war nun – wie man in der Studentensprache sagt – Tusch für die beiden Ehepaare, und sie fuhren, ein wenig harmonisches Quartett, derart solidarisch erbittert auf mich los, daß der alte Däne, der mit jovialem Gesicht und gleichsam, die Stoppuhr in der Hand wie bei einem Fußballmatch, als Schiedsrichter dasaß, ab und zu mit dem Knöchel mahnend auf den Tisch klopfen mußte: »Gentlemen, please.« Aber das half immer nur für einen Augenblick. Dreimal bereits war der eine Herr vom Tisch mit rotem Kopf aufgesprungen und nur mühsam von seiner Frau beschwichtigt worden – kurz, ein Dutzend Minuten noch, und unsere Diskussion hätte in Tätlichkeiten geendet, wenn nicht plötzlich Mrs. C. wie ein mildes

Öl die aufschäumenden Wogen des Gesprächs geglättet hätte.

Mrs. C., die weißhaarige, vornehme, alte englische Dame, war die ungewählte Ehrenpräsidentin unseres Tisches. Aufrecht sitzend an ihrem Platze, in immer gleichmäßiger Freundlichkeit jedem zugewandt, schweigsam und dabei von angenehmster Interessiertheit des Zuhörens, bot sie rein physisch schon einen wohltätigen Anblick: eine wunderbare Zusammengefaßtheit und Ruhe strahlte von ihrem aristokratisch verhaltenen Wesen. Sie hielt sich jedem einzelnen fern bis zu einem gewissen Grade, obwohl sie jedem mit feinem Takt eine besondere Freundlichkeit zu erweisen wußte: meist saß sie mit Büchern im Garten, manchmal spielte sie Klavier, selten nur sah man sie in Gesellschaft oder in intensivem Gespräch. Man bemerkte sie kaum, und doch hatte sie eine sonderbare Macht über uns alle. Denn kaum daß sie jetzt zum erstenmal in unser Gespräch eingriff, überkam uns einhellig das peinliche Gefühl, allzu laut und unbeherrscht gewesen zu sein.

Mrs. C. hatte die ärgerliche Pause benützt, die durch das brüske Aufspringen und wieder sachte an den Tisch Zurückgeführtsein des deutschen Herrn entstanden war. Unvermutet hob sie ihr klares, graues Auge, sah mich einen Augenblick unentschlossen an, um dann mit beinahe sachlicher Deutlichkeit das Thema in ihrem Sinne aufzunehmen.

»Sie glauben also, wenn ich Sie recht verstanden habe, daß Frau Henriette, daß eine Frau unschuldig in ein plötzliches Abenteuer geworfen werden kann, daß es Handlungen gibt, die eine solche Frau eine Stunde vorher selbst für unmöglich gehalten hätte und für die sie kaum verantwortlich gemacht werden kann?«

»Ich glaube unbedingt daran, gnädige Frau.«

»Damit wäre doch jedes moralische Urteil vollkommen sinnlos und jede Überschreitung im Sittlichen gerechtfertigt. Wenn Sie wirklich annehmen, daß das crime passionnel, wie es die Franzosen nennen, kein crime ist, wozu noch eine staatliche Justiz überhaupt? Es gehört ja nicht viel guter Wille dazu – und Sie haben erstaunlich viel guten Willen«, fügte sie leicht lächelnd hinzu –, »um dann in jedem Verbrechen eine Leidenschaft zu finden und dank dieser Leidenschaft zu entschuldigen.«

Der klare und zugleich fast heitere Ton ihrer Worte berührte mich ungemein wohltätig, und unwillkürlich ihre sachliche Art nachahmend, antwortete ich gleichfalls halb im Scherz und halb im Ernst: »Die staatliche Justiz entscheidet über diese Dinge sicherlich strenger als ich; ihr obliegt die Pflicht, mitleidlos die allgemeine Sitte und Konvention zu schützen: das nötigt sie, zu verurteilen, statt zu entschuldigen. Ich als Privatperson aber sehe nicht ein, warum ich freiwillig die Rolle des Staatsanwaltes übernehmen sollte: Ich ziehe es vor, Verteidiger von Beruf zu sein. Mir persönlich macht es mehr Freude, Menschen zu verstehen, als sie zu richten.«

Mrs. C. sah mich eine Zeitlang senkrecht mit ihren klaren, grauen Augen an und zögerte. Schon fürchtete ich, sie hätte mich nicht recht verstanden, und bereitete mich vor, ihr nun auf englisch das Gesagte zu wiederholen. Aber mit einem merkwürdigen Ernst, gleichsam wie bei einer Prüfung, stellte sie weiter ihre Fragen.

»Finden Sie es nicht doch verächtlich oder häßlich, daß eine Frau ihren Mann und ihre zwei Kinder verläßt, um irgendeinem Menschen zu folgen, von dem sie noch gar nicht wissen kann, ob er ihrer Liebe wert ist? Können Sie wirklich ein so fahrlässiges und leichtfertiges Verhalten bei einer Frau entschuldigen, die doch immerhin nicht zu den Jüngsten zählt und sich zur Selbstachtung schon um ihrer Kinder willen erzogen haben müßte?«

«Ich wiederhole Ihnen, gnädige Frau«, beharrte ich,

»daß ich mich weigere, in diesem Falle zu urteilen oder zu verurteilen. Vor Ihnen kann ich es ruhig bekennen, daß ich vorhin ein wenig übertrieben habe – diese arme Frau Henriette ist gewiß keine Heldin, nicht einmal eine Abenteurernatur und am wenigsten eine grande amoureuse. Sie scheint mir, soweit ich sie kenne, nichts als eine mittelmäßige, schwache Frau, für die ich ein wenig Respekt habe, weil sie mutig ihrem Willen gefolgt ist, aber noch mehr Bedauern, weil sie gewiß morgen, wenn nicht schon heute, tief unglücklich sein wird. Dumm vielleicht, gewiß übereilt mag sie gehandelt haben, aber keineswegs niedrig und gemein, und nach wie vor bestreite ich jedermann das Recht, diese arme, unglückliche Frau zu verachten.«

»Und Sie selbst, haben Sie noch genau denselben Respekt und dieselbe Achtung für sie? Machen Sie gar keinen Unterschied zwischen der Frau, mit der Sie vorgestern als einer ehrbaren Frau beisammen waren, und jener andern, die gestern mit einem wildfremden Menschen davongelaufen ist?«

»Gar keinen. Nicht den geringsten, nicht den allergeringsten.«

»Is that so?« Unwillkürlich sprach sie englisch: das ganze Gespräch schien sie merkwürdig zu beschäftigen. Und nach einem kurzen Augenblick des Nachdenkens hob sich ihr klarer Blick mir nochmals fragend entgegen.

»Und wenn Sie morgen Madame Henriette, sagen wir in Nizza, begegnen würden, am Arme dieses jungen Mannes, würden Sie sie noch grüßen?«

»Selbstverständlich.«

»Und mit ihr sprechen?«

»Selbstverständlich.«

»Würden Sie – wenn Sie… wenn Sie verheiratet wären, eine solche Frau Ihrer Frau vorstellen, genau so, als ob nichts vorgefallen wäre?«

»Selbstverständlich.«

»Would you really?« sagte sie wiederum englisch, voll ungläubigen, verwunderten Erstaunens.

»Surely I would«, antwortete ich unbewußt gleichfalls englisch.

Mrs. C. schwieg. Sie schien noch immer angestrengt nachzudenken, und plötzlich sagte sie, während sie mich, gleichsam über ihren eigenen Mut erstaunt, ansah: »I don't know, if I would. Perhaps I might do it also.« Und mit jener unbeschreiblichen Sicherheit, wie nur Engländer ein Gespräch endgültig und doch ohne grobe Brüskerie abzuschließen wissen, stand sie auf und bot mir freundlich die Hand. Durch ihre Einwirkung war die Ruhe wieder eingekehrt, und wir dankten ihr innerlich alle, daß wir, eben noch Gegner, nun mit leidlicher Höflichkeit einander grüßten und die schon gefährlich gespannte Atmosphäre sich an ein paar leichten Scherzworten wieder auflockerte.

Obwohl unsere Diskussion schließlich in ritterlicher Weise ausgetragen schien, blieb von jener aufgereizten Erbitterung dennoch eine leichte Entfremdung zwischen meinen Widerpartnern und mir zurück. Das deutsche Ehepaar verhielt sich reserviert, während sich das italienische darin gefiel, mich in den nächsten Tagen immer wieder spöttelnd zu fragen, ob ich etwas von der »cara signora Henrietta« gehört hätte. So urban unsere Formen auch schienen, irgend etwas von der loyalen und unbetonten Geselligkeit unseres Tisches war doch unwiderruflich zerstört.

Um so auffälliger wurde für mich aber die ironische Kühle meiner damaligen Gegner durch die ganz besondere Freundlichkeit, die mir seit jener Diskussion Mrs. C. erwies. Sonst doch von äußerster Zurückhaltung und kaum je außerhalb der Mahlzeiten zu einem Gespräch mit den Tischgenossen geneigt, fand sie nun mehreremal Gelegenheit, mich im Garten anzusprechen und – fast möchte ich sagen: auszuzeichnen, denn ihre vornehm zurückhaltende Art ließ ein privates Gespräch schon als besondere Gunst erscheinen. Ja, um aufrichtig zu sein, muß ich berichten, daß sie mich geradezu suchte und jeden Anlaß benützte, um mit mir ins Gespräch zu kommen, und dies in einer so unverkennbaren Weise, daß ich auf eitle und seltsame Gedanken hätte kommen können, wäre sie nicht eine alte weißhaarige Frau gewesen. Plauderten wir aber dann zusammen, so kehrte unsere Unterhaltung unvermeidlich und unablenkbar zu jenem Ausgangspunkt zurück, zu Madame Henriette: es schien ihr ein ganz geheimnisvolles Vergnügen zu bereiten, die Pflichtvergessene einer seelischen Haltlosigkeit und Unzuverlässigkeit zu beschuldigen. Aber gleichzeitig schien sie sich der Unerschütterlichkeit zu freuen, mit der meine Sympathien auf der Seite dieser zarten, feinen Frau verblieben, und daß nichts mich jemals bestimmen konnte, diese Sympathie zu verleugnen. Immer wieder lenkte sie unsere Gespräche in dieser Richtung, schließlich wußte ich nicht mehr, was ich von dieser sonderbaren, beinahe spleenigen Beharrlichkeit denken sollte.

Das ging so einige Tage, fünf oder sechs, ohne daß sie mit einem Wort verraten hätte, warum diese Art des Gesprächs für sie eine gewisse Wichtigkeit gewonnen hätte. Daß dem aber so war, wurde mir unverkennbar, als ich bei einem Spaziergang gelegentlich erwähnte, meine Zeit sei hier zu Ende und ich gedächte, übermorgen abzureisen. Da bekam ihr sonst so wellenloses Gesicht plötzlich einen merkwürdig gespannten Ausdruck, wie Wolkenschatten flog es über ihre meergrauen Augen hin: »Wie schade! Ich hätte noch so viel mit Ihnen zu besprechen.« Und von diesem Augenblick an verriet eine gewisse Fahrigkeit und Unruhe, daß sie während ihrer Worte an etwas anderes dachte, das sie gewaltsam beschäftigte und ablenkte. Schließlich schien diese Abgelenktheit sie selbst zu stören, denn quer über ein plötzlich eingetretenes Schweigen hinweg bot sie mir unvermutet die Hand:

»Ich sehe, ich kann nicht klar aussprechen, was ich Ihnen eigentlich sagen möchte. Ich will Ihnen lieber schreiben.« Und rascheren Schrittes, als ich es sonst an ihr gewöhnt war, ging sie gegen das Haus zu.

Tatsächlich fand ich am Abend, knapp vor dem Dinner, in meinem Zimmer einen Brief in ihrer energischen, offenen Handschrift. Nun bin ich leider mit den schriftlichen Dokumenten meiner Jugendjahre ziemlich leichtfertig umgegangen, so daß ich nicht den Wortlaut wiedergeben und nur das Tatsächliche ihrer Anfrage, ob sie mir aus ihrem Leben etwas erzählen dürfte, im ungefähren Inhalt andeuten kann. Jene Episode liege so weit zurück, schrieb sie, daß sie eigentlich kaum mehr zu ihrem gegenwärtigen Leben gehöre, und daß ich übermorgen schon abreise, mache ihr leichter, über etwas zu sprechen, was sie seit mehr als zwanzig Jahren innerlich quäle und beschäftige. Falls ich also ein solches Gespräch nicht als Zudringlichkeit empfände, so würde sie mich gern um diese Stunde bitten.

Der Brief, von dem ich hier nur das rein Inhaltliche aufzeichne, faszinierte mich ungemein: das Englische allein gab ihm einen hohen Grad von Klarheit und Entschlossenheit. Dennoch wurde mir die Antwort nicht ganz leicht, ich zerriß drei Entwürfe, ehe ich antwortete:

»Es ist mir eine Ehre, daß Sie mir so viel Vertrauen schenken, und ich verspreche Ihnen, ehrlich zu antworten, falls Sie dies von mir fordern. Ich darf Sie natürlich nicht bitten, mir mehr zu erzählen, als Sie innerlich wollen. Aber was Sie erzählen, erzählen Sie sich und mir ganz wahr. Bitte, glauben Sie mir, daß ich Ihr Vertrauen als eine besondere Ehre empfinde.«

Der Zettel wanderte abends in ihr Zimmer, am nächsten Morgen fand ich die Antwort:

»Sie haben vollkommen recht: die halbe Wahrheit ist nichts wert, immer nur die ganze. Ich werde alle Kraft zusammennehmen, um nichts gegen mich selbst oder gegen Sie zu verschweigen. Kommen Sie nach dem Dinner in mein Zimmer – mit siebenundsechzig Jahren habe ich keine Mißdeutung zu fürchten. Denn im Garten oder in der Nähe von Menschen kann ich nicht sprechen. Sie dürfen mir glauben, es war nicht leicht, mich überhaupt zu entschließen.«

Bei Tag trafen wir uns noch bei Tisch und konversierten artig über gleichgültige Dinge. Aber im Garten schon wich sie, mir begegnend, mit sichtlicher Verwirrung aus, und ich empfand es als peinlich und rührend zugleich, wie diese alte weißhaarige Dame mädchenscheu in eine Pinienallee vor mir flüchtete.

Am Abend, zur vereinbarten Stunde, klopfte ich an, mir wurde sofort aufgetan: das Zimmer lag in einem matten Zwielicht, nur die kleine Leselampe auf dem Tisch warf einen gelben Kegel in den sonst dämmerhaft dunklen Raum. Ganz ohne Befangen trat Mrs. C. auf mich zu, bot mir einen Fauteuil und setzte sich mir gegenüber: jede dieser Bewegungen, spürte ich, war innerlich bereitgestellt, aber doch kam eine Pause, offenbar wider ihren Willen, eine Pause des schweren Entschlusses, die lange und immer länger wurde, die ich aber nicht wagte mit einem Wort zu brechen, weil ich spürte, daß hier ein starker Wille gewaltsam mit einem starken Widerstand rang. Vom Konversationszimmer unten kreiselten manchmal matt die abgerissenen Töne eines Walzers herauf, ich hörte angespannt hin, gleichsam um dem Stillesein etwas von seinem lastenden Druck zu nehmen. Auch sie schien das unnatürlich Gespannte dieses Schweigens schon peinlich zu empfinden, denn plötzlich raffte sie sich zum Absprung und begann:

»Nur das erste Wort ist schwer. Ich habe mich seit zwei

Tagen darauf vorbereitet, ganz klar und wahr zu sein: hoffentlich wird es mir gelingen. Vielleicht verstehen Sie jetzt noch nicht, daß ich Ihnen, einem Fremden, all dies erzähle, aber es vergeht kein Tag, kaum eine einzige Stunde, wo ich nicht an dieses bestimmte Geschehnis denke, und Sie können mir alten Frau glauben, daß es unerträglich ist, sein ganzes Leben lang auf einen einzigen Punkt seines Lebens zu starren, auf einen einzigen Tag. Denn alles, was ich Ihnen erzählen will, umspannt einen Zeitraum von bloß vierundzwanzig Stunden innerhalb von siebenundsechzig Jahren, und ich habe mir selbst bis zum Irrsinn oft gesagt, was bedeutets, wenn man einmal da einen Augenblick unsinnig gehandelt hätte. Aber man wird das nicht los, was wir mit einem sehr unsicheren Ausdruck Gewissen nennen, und ich habe mir damals, als ich Sie so sachlich über den Fall Henriette reden hörte, gedacht, vielleicht würde dieses sinnlose Zurückdenken und unablässige Sich-selbst-Anklagen ein Ende haben, könnte ich mich einmal entschließen, vor irgendeinem Menschen frei über diesen einen Tag meines Lebens zu sprechen. Wäre ich nicht anglikanischer Konfession, sondern Katholikin, so hätte mir längst die Beichte Gelegenheit geboten, dies Verschwiegene im Wort zu erlösen – aber diese Tröstung ist uns versagt, und so mache ich heute diesen sonderbaren Versuch, mich selbst freizusprechen, indem ich zu Ihnen spreche. Ich weiß, das alles ist sehr sonderbar, aber Sie sind ohne Zögern auf meinen Vorschlag eingegangen, und ich danke Ihnen dafür.

Also, ich sagte ja schon, daß ich Ihnen nur einen einzigen Tag aus meinem Leben erzählen möchte – alles übrige scheint mir bedeutungslos und für jeden andern langweilig. Was bis zu meinem zweiundvierzigsten Jahre geschah, geht mit keinem Schritt über das Gewöhnliche hinaus. Meine Eltern waren reiche Landlords in Schottland, wir besaßen große Fabriken und Pachten und lebten nach landesüblicher Adelsart den größten Teil des Jahres auf unseren Gütern, während der Season in London. Mit achtzehn Jahren lernte ich in einer Gesellschaft meinen Mann kennen, er war ein zweiter Sohn aus der bekannten Familie der R... und hatte zehn Jahre in Indien bei der Armee gedient. Wir heirateten rasch und führten das sorglose Leben unserer Gesellschaftskreise, ein Vierteljahr in London, ein Vierteljahr auf unsern Gütern, die übrige Zeit hotelabstreifend in Italien, Spanien und Frankreich. Nie hat der leiseste Schatten unsere Ehe getrübt, die beiden Söhne, die uns geboren wurden, sind heute schon erwachsen. Als ich vierzig Jahre alt war, starb plötzlich mein Mann. Er hatte sich von seinen Tropenjahren ein Leberleiden mitgebracht: ich verlor ihn innerhalb zweier entsetzlicher Wochen. Mein älterer Sohn war damals schon im Dienst, der jüngere im College – so stand ich über Nacht vollkommen im Leeren, und dieses Alleinsein war mir, die ich zärtliche Gemeinschaft gewohnt war, fürchterliche Qual. In dem verlassenen Hause, das mit jedem Gegenstand mich an den tragischen Verlust meines geliebten Mannes erinnerte, auch nur noch einen Tag länger zu bleiben, schien mir unmöglich: so entschloß ich mich, die nächsten Jahre, solange meine Söhne nicht verheiratet waren, viel auf Reisen zu gehen.

Im Grunde betrachtete ich mein Leben von diesem Augenblick an als vollkommen sinnlos und unnütz. Der Mann, mit dem ich durch dreiundzwanzig Jahre jede Stunde und jeden Gedanken geteilt hatte, war tot, meine Kinder brauchten mich nicht, ich fürchtete, ihre Jugend zu verstören mit meiner Verdüsterung und Melancholie – für mich selbst aber wollte ich und begehrte ich nichts mehr. Ich übersiedelte zunächst nach Paris, ging dort aus Langeweile in die Geschäfte und Museen; aber die Stadt und die Dinge standen fremd um mich herum, und Menschen wich ich aus, weil ich ihre höflich bedauernden

Blicke auf meine Trauerkleider nicht vertrug. Wie diese Monate stumpfen blicklosen Zigeunerns vergangen sind, wüßte ich nicht mehr zu erzählen: ich weiß nur, ich hatte immer den Wunsch zu sterben, nur nicht die Kraft, selbst dies schmerzlich Ersehnte zu beschleunigen.

Im zweiten Trauerjahr, also im zweiundvierzigsten meines Lebens, war ich auf dieser uneingestandenen Flucht vor einer wertlos gewordenen und nicht zu erdrückenden Zeit im letzten Märzmonat nach Monte Carlo geraten. Aufrichtig gesagt: es geschah aus Langeweile, aus jener peinigenden, wie eine Übelkeit aufquellenden Leere des Innern, die sich wenigstens mit kleinen äußern Reizmitteln füttern will. Je weniger in mir selbst sich gefühlhaft regte, um so stärker drängte michs hin, wo der Lebenskreisel sich am geschwindesten dreht: für den Erlebnislosen ist ja leidenschaftliche Unruhe der andern noch ein Nervenerlebnis wie Schauspiel oder Musik.

Darum ging ich auch öfters ins Kasino. Es reizte mich, auf den Gesichtern anderer Menschen Beglückung oder Bestürzung unruhig hin und her wogen zu sehen, indes in mir selbst diese entsetzliche Ebbe lag. Zudem war mein Mann, ohne leichtfertig zu sein, gern gelegentlich Gast des Spielsaals gewesen, und ich lebte mit einer gewissen unabsichtlichen Pietät alle seine früheren Gewohnheiten getreulich weiter. Und dort begannen jene vierundzwanzig Stunden, die erregender waren als alles Spiel und mein Schicksal auf Jahre hinaus verstörten.

Zu Mittag hatte ich mit der Herzogin von M., einer Verwandten meiner Familie, diniert, nach dem Souper fühlte ich mich noch nicht müde genug, um schlafen zu gehen. So trat ich in den Spielsaal, schlenderte, ohne selbst zu spielen, zwischen den Tischen hin und her und sah mir die zusammengemengte Partnerschaft in besonderer Weise an. Ich sage: in besonderer Weise auf eine nämlich, die mich mein verstorbener Mann einmal gelehrt hatte, als ich, des Zuschauens müde, klagte, es sei mir langweilig, immer dieselben Gesichter anzugaffen, die alten, verhutzelten Frauen, die da stundenlang sitzen auf ihren Sesseln, ehe sie ein Jeton wagen, die abgefeimten Professionals und Kartenspielkokotten, jene ganze fragwürdige, zusammengeschneite Gesellschaft, die, Sie wissen ja, bedeutend weniger pittoresk und romantisch ist, als sie in den elenden Romanen immer gemalt wird, gleichsam als fleur d'élégance und Aristokratie Europas. Und dabei war ja das Kasino vor zwanzig Jahren, als noch bares sinnlich sichtbares Geld umrollte, die knisternden Noten, die goldenen Napoleons, die patzigen Fünffrankenstücke durcheinanderwirbelten, unendlich anziehender als heute, da in der modisch neugebauten pomphaften Spielburg ein verbürgertes Cook-Reisepublikum seine charakterlosen Spielmarken langweilig verpulvert. Doch schon damals fand ich zu wenig Reiz an diesem Einerlei gleichgültiger Gesichter, bis mir dann einmal mein Mann, dessen private Leidenschaft die Chiromantie, die Händedeutung, war, eine ganz besondere Art des Zusehens zeigte, in der Tat viel interessanter, viel aufregender und spannender als das lässige Herumstehen, nämlich: niemals auf ein Gesicht zu sehen, sondern einzig auf das Viereck des Tisches und dort wieder nur auf die Hände der Menschen, nur auf ihr besonderes Benehmen. Ich weiß nicht, ob Sie zufälligerweise einmal selbst bloß die grünen Tische ins Auge gefaßt haben, nur das grüne Karree allein, wo in der Mitte die Kugel wie ein Betrunkener von Zahl zu Zahl taumelt und innerhalb der viereckig abgegrenzten Felder wirbelnde Fetzen von Papier, runde Stücke Silber und Gold hinfallen wie eine Saat, die dann der Rechen des Croupiers sensenscharf mit einem Riß wegmäht oder als Garbe dem Gewinner zuschaufelt. Das einzig Wandelhafte werden bei einer solchen perspektivischen Einstellung dann die Hände – die vielen hellen, bewegten, wartenden Hände rings um den grünen Tisch, alle aus der immer andern Höhle eines Ärmels vorlugend, jede ein Raubtier, zum Sprung bereit, jede anders geformt und gefärbt, manche nackt, andere mit Ringen und klirrenden Ketten aufgezäumt, manche behaart wie wilde Tiere, manche feucht und aalhaft gekrümmt, alle aber angespannt und vibrierend von einer ungeheuren Ungeduld. Unwillkürlich mußte ich dann immer an einen Rennplatz denken, wo im Start die aufgeregten Pferde mit Mühe zurückgehalten werden, damit sie nicht vorzeitig losprellen: genau so zittern und heben und bäumen sie sich. Alles erkennt man an diesen Händen, an der Art, wie sie warten, wie sie greifen und stocken: den Habsüchtigen an der krallenden, den Verschwender an der lockeren Hand, den Berechnenden am ruhigen, den Verzweifelten am zitternden Gelenk; hundert Charaktere verraten sich blitzhaft schnell in der Geste des Geldanfassens, ob einer es knüllt oder nervös krümelt oder erschöpft, mit müden Handballen, während des Umlaufs liegen läßt. Der Mensch verrät sich im Spiele, ein Dutzendwort, ich weiß; ich aber sage: noch deutlicher verrät ihn während des Spiels seine eigene Hand. Denn alle oder fast alle Hasardeure haben bald gelernt, ihr Gesicht zu bezähmen – oben, über dem Hemdkragen, tragen sie die kalte Maske der impassibilité –, sie zwingen die Falten um den Mund herab und stoßen ihre Erregung unter die verbissenen Zähne, sie verweigern ihren eigenen Augen die sichtliche Unruhe, sie glätten die aufspringenden Muskeln des Gesichtes zu einer künstlichen, auf vornehm hin stilisierten Gleichgültigkeit. Aber gerade, weil alle ihre Aufmerksamkeit sich krampfig konzentriert, ihr Gesicht als das Sichtbarste ihres Wesens zu bemeistern, vergessen sie ihre Hände und vergessen, daß es Menschen gibt, die nur diese Hände beobachten und von ihnen alles erraten, was oben die lächelnd gekräuselte Lippe, die absichtlich indifferenten

Blicke verschweigen wollen. Aber die Hand tut indes ihr Geheimstes ganz schamlos auf. Denn ein Augenblick kommt unweigerlich, der alle diese mühsam beherrschten, scheinbar schlafenden Finger aus ihrer vornehmen Nachlässigkeit aufreißt: in der prallen Sekunde, wo die Roulettekugel in ihr kleines Becken fällt und die Gewinstzahl aufgerufen wird, da, in dieser Sekunde macht jede dieser hundert oder fünfhundert Hände unwillkürlich eine ganz persönliche, ganz individuelle Bewegung urtümlichen Instinkts. Und wenn man, wie ich, durch jene Liebhaberei meines Gatten besonders belehrt, diese Arena der Hände zu beobachten gewohnt ist, wirkt der immer andre, immer unerwartete Ausbruch der immer andersartigen Temperamente aufregender als Theater oder Musik: ich kann es Ihnen gar nicht schildern, wieviel tausend Spielarten von Händen es gibt, wilde Bestien mit haarigen, gekrümmten Fingern, die spinnenhaft das Geld einkrallen, und nervöse, zittrige, mit blassen Nägeln, die es kaum anzufassen wagen, noble und niedrige, brutale und schüchterne, listige und gleichsam stammelnde – aber jede wirkt anders, denn jedes dieser Händepaare drückt ein besonderes Leben aus, mit Ausnahme jener vier oder fünf der Croupiers. Die sind ganz Maschinen, sie funktionieren mit ihrer sachlichen, geschäftlichen, völlig unbeteiligten Präzision gegenüber den gesteigert lebendigen wie die stählern klappernden Schließen eines Zählapparats. Aber selbst diese nüchternen Hände wirken wiederum erstaunlich durch ihren Gegensatz zwischen ihren jagdhaften und leidenschaftlichen Brüdern: sie stehen, möchte ich sagen, anders uniformiert, wie Polizisten inmitten eines wogenden und begeisterten Volksaufruhrs. Dazu kommt noch der persönliche Anreiz, nach einigen Tagen mit den vielen Gewohnheiten und Leidenschaften einzelner Hände bereits vertraut zu sein; nach ein paar Tagen hatte ich immer schon Bekannte unter ihnen und teilte sie ganz wie Menschen in sympathische und feindselige ein: manche waren mir so widerlich in ihrer Unart und Gier, daß ich immer den Blick von ihnen wegwandte wie von einer Unanständigkeit. Jede neue Hand am Tisch aber war mir Erlebnis und Neugier: oft vergaß ich, das Gesicht darüber anzusehen, das, hoch oben in einen Kragen geschnürt, als kalte gesellschaftliche Maske über einem Smokinghemd oder einem leuchtenden Busen unbewegt aufgepflanzt stand.

Als ich nun an jenem Abend eintrat, an zwei überfüllten Tischen vorbei zu dem dritten hin, und einige Goldstücke schon vorbereitete, hörte ich überrascht in jener ganz wortlosen, ganz gespannten, vom Schweigen gleichsam dröhnenden Pause, die immer eintritt, wenn die Kugel, schon selbst tödlich ermattet, nur noch zwischen zwei Nummern hintorkelt, da hörte ich also ein ganz sonderbares Geräusch gerade gegenüber, ein Krachen und Knakken, wie von brechenden Gelenken. Unwillkürlich staunte ich hinüber. Und da sah ich – wirklich, ich erschrak! – zwei Hände, wie ich sie noch nie gesehen, eine rechte und eine linke, die wie verbissene Tiere ineinandergekrampft waren und in so aufgebäumter Spannung sich ineinander und gegeneinander dehnten und krallten, daß die Fingergelenke krachten mit jenem trockenen Ton einer aufgeknackten Nuß. Es waren Hände von ganz seltener Schönheit, ungewöhnlich lang, ungewöhnlich schmal, und doch von Muskeln straff durchspannt – sehr weiß und die Nägel an ihren Spitzen blaß, mit zart gerundeten perlmutternen Schaufeln. Ich habe sie den ganzen Abend dann noch angesehen – ja angestaunt, diese außerordentlichen, geradewegs einzigen Hände – was mich aber zunächst so schreckhaft überraschte, war ihre Leidenschaft, ihr irrwitzig passionierter Ausdruck, dies krampfige Ineinanderringen und Sichgegenseitighalten. Hier drängte ein ganzer übervoller Mensch, sofort wußte ichs, seine Leidenschaft in die Fingerspitzen zusammen, um nicht selbst von ihr auseinandergesprengt zu werden. Und jetzt ... in der Sekunde, da die Kugel mit trockenem dürrem Ton in die Schüssel fiel und der Croupier die Zahl ausrief ... in dieser Sekunde fielen plötzlich die beiden Hände auseinander wie zwei Tiere, die eine einzige Kugel durchschossen. Sie fielen nieder, alle beide, wirklich tot und nicht nur erschöpft, sie fielen nieder mit einem so plastischen Ausdruck von Schlaffheit, von Enttäuschung, von Blitzgetroffenheit, von Zuendesein, wie ich ihn nicht mit Worten ausdrücken kann. Denn noch nie und seitdem niemals mehr habe ich so sprechende Hände gesehen, wo jeder Muskel ein Mund war und die Leidenschaft fühlbar fast aus den Poren brach. Einen Augenblick lang lagen sie beide dann auf dem grünen Tisch wie ausgeworfene Quallen am Wasserrand, flach und tot. Dann begann die eine, die rechte, mühsam wieder sich von den Fingerspitzen her aufzurichten, sie zitterte, zog sich zurück, rotierte um sich selbst, schwankte, kreiselte und griff plötzlich nervös nach einem Jeton, das sie zwischen der Spitze des Daumens und des zweiten Fingers unschlüssig rollte wie ein kleines Rad. Und plötzlich beugte sie sich mit einem Katzenbuckel pantherhaft auf und schnellte, ja spie geradezu das Hundertfrancsjeton mitten auf das schwarze Feld. Sofort bemächtigte sich, wie auf ein Signal hin, Erregung auch der untätig schlafenden linken Hand; sie stand auf, schlich, ja kroch heran zu der zitternden, vom Wurfe gleichsam ermüdeten Bruderhand, und beide lagen jetzt schauernd beisammen, beide schlugen mit dem Gelenk, wie Zähne im Frostfieber leicht aneinanderklappern, lautlos an den Tisch – nein, nie, noch niemals hatte ich Hände mit so ungeheuerlich redendem Ausdruck gesehen, eine derart spasmatische Form von Erregung und Spannung. Alles andere in diesem wölbigen Raum, das Gesurr aus den Sälen, das marktschreierische Rufen der Croupiers, das Hin und Her der Menschen und jenes der Kugel selbst, die jetzt, aus der Höhe geschleudert, in ihrem runden, parkettglatten Käfig besessen sprang – alle diese grell über die Nerven flitzende Vielheit von flirrenden und schwirrenden Impressionen schien mir plötzlich tot und starr neben diesen beiden zitternden, atmenden, keuchenden, wartenden, frierenden, schauernden, neben diesen beiden unerhörten Händen, auf die hinzustarren, ich irgendwie verzaubert war.

Aber endlich hielt es mich nicht länger; ich mußte den Menschen, mußte das Gesicht sehen, dem diese magischen Hände zugehörten, und ängstlich – ja, wirklich ängstlich, denn ich fürchtete mich vor diesen Händen! – schraubte mein Blick sich langsam die Ärmel, die schmalen Schultern empor. Und wieder schrak ich zusammen, denn dieses Gesicht sprach dieselbe zügellose, phantastisch überspannte Sprache wie die Hände, es teilte die gleiche entsetzliche Verbissenheit des Ausdrucks mit derselben zarten und fast weibischen Schönheit. Nie hatte ich ein solches Gesicht gesehen, ein dermaßen aus sich herausgebogenes, ganz von sich selbst weggerissenes Gesicht, und mir war volle Gelegenheit geboten, es wie eine Maske, wie eine augenlose Plastik gemächlich zu betrachten: nicht zur Rechten, nicht zur Linken hin wandte sich nur für eine Sekunde dies besessene Auge: starr, schwarz, eine tote Glaskugel, stand die Pupille unter den aufgerissenen Lidern, spiegelnder Widerschein jener andern mahagonifarbenen, die närrisch und übermütig im runden Roulettekästchen kollerte und sprang. Nie, ich muß es noch einmal sagen, hatte ich ein so gespanntes, ein dermaßen faszinierendes Gesicht gesehen. Es gehörte einem jungen, etwa vierundzwanzigjährigen Menschen, war schmal, zart, ein wenig länglich und dadurch so ausdrucksvoll. Genau wie die Hände, wirkte es nicht ganz männlich, sondern eher einem leidenschaftlich spielenden

Knaben zugehörig – aber all das bemerkte ich erst später, denn jetzt verging dieses Gesicht vollkommen hinter einem vorbrechenden Ausdruck von Gier und Raserei. Der schmale Mund, lechzend aufgetan, entblößte halbwegs die Zähne: Im Abstand von zehn Schritten konnte man sehen, wie sie fieberhaft aneinanderschlugen, indes die Lippen starr offen blieben. Feucht klebte eine lichtblonde Haarsträhne sich an die Stirn, vornübergefallen wie bei einem Stürzenden, und um die Nasenflügel flackerte ununterbrochenes Zucken hin und her, als wogten dort kleine Wellen unsichtbar unter der Haut. Und dieser ganze vorgebeugte Kopf schob sich unbewußt immer mehr nach vorne, man hatte das Gefühl, er würde mitgerissen in den Wirbel der kleinen Kugel; und nun verstand ich erst das krampfige Drücken der Hände: nur durch dieses Gegendrücken, nur durch diesen Krampf hielt der aus dem Zentrum stürzende Körper sich noch im Gleichgewicht. Nie hatte ich – ich muß es immer wieder sagen – ein Gesicht gesehen, in dem Leidenschaft dermaßen offen, so tierisch, so schamlos nackt vorbrach, und ich starrte es an, dieses Gesicht ... genauso fasziniert, so festgebannt von seiner Besessenheit, wie jene Blicke vom Sprung und Zucken der kreisenden Kugel. Von dieser Sekunde an merkte ich nichts anderes mehr im Saale, alles schien mir matt, dumpf und verschwommen, dunkel im Vergleich mit dem ausbrechenden Feuer dieses Gesichtes, und über alle Menschen hinweg beobachtete ich vielleicht eine Stunde lang nur diesen einen Menschen und jede seiner Gesten: wie grelles Licht seine Augen überfunkelte, der krampfige Knäuel der Hände jetzt gleichsam von einer Explosion aufgerissen ward und die Finger zitternd wegsprengte, als der Croupier ihrem gierigen Zugriff jetzt zwanzig Goldstücke zuschob. In dieser Sekunde wurde das Gesicht plötzlich lichthaft und ganz jung, die Falten fielen flach auseinander, die Augen begannen zu erglänzen, der vorgekrampfte Körper stieg hell und leicht empor – locker wie ein Reiter saß er mit einemmal da, getragen vom Gefühl des Triumphes, die Finger klimperten eitel und verliebt mit den runden Münzen, schnippten sie gegeneinander, ließen sie tanzen und spielartig klingeln. Dann wandte er wieder unruhig den Kopf, überflog den grünen Tisch gleichsam mit schnuppernden Nüstern eines jungen Jagdhundes, der die richtige Fährte sucht, um plötzlich mit einem raschen Ruck das ganze Büschel Goldstücke über eines der Vierecke hinzuschütten. Und sofort begann wieder dieses Lauern, dieses Gespanntsein. Wieder krochen von den Lippen jene elektrisch zuckenden Wellenschläge, wieder verkrampften sich die Hände, das Knabengesicht verschwand hinter lüsterner Erwartung, bis explosiv die zuckende Spannung in einer Enttäuschung auseinanderfiel: Das Gesicht, das eben noch knabenhaft erregte, welkte, wurde fahl und alt, die Augen stumpf und ausgebrannt, und alles dies innerhalb einer einzigen Sekunde, im Hinsturz der Kugel auf eine fehlgemeinte Zahl. Er hatte verloren: ein paar Sekunden starrte er hin, beinahe blöden Blickes, als ob er nicht verstanden hätte; sofort aber bei dem ersten aufpeitschenden Ruf des Croupiers krallten die Finger wieder ein paar Goldstücke heran. Aber die Sicherheit war verloren, erst postierte er die Münzen auf das eine Feld, dann, anders besonnen, auf ein zweites, und als die Kugel schon im Rollen war, schleuderte er mit zitternder Hand, einer plötzlichen Neigung folgend, noch zwei zerknüllte Banknoten rasch in das Karree nach.

Dieses zuckende Auf und Ab von Verlust und Gewinn dauerte pausenlos ungefähr eine Stunde, und während dieser Stunde wandte ich nicht einen Atemzug lang meinen faszinierten Blick von diesem fortwährend verwandelten Gesicht, über das alle Leidenschaften strömten und ebbten; ich ließ sie nicht los mit den Augen, diese magischen Hände, die mit jedem Muskel die ganze springbrunnenhaft steigende und stürzende Skala der Gefühle plastisch wiedergaben. Nie im Theater habe ich so angespannt auf das Gesicht eines Schauspielers gesehen, wie in dieses Antlitz hinein, über das, wie Licht und Schatten über eine Landschaft, unaufhörlicher Wechsel aller Farben und Empfindungen ruckhaft hinging. Nie war ich mit meinem ganzen Anteil so innen in einem Spiel gewesen als im Widerschein dieser fremden Erregung. Hätte mich jemand in diesem Moment beobachtet, so hätte er mein stählernes Hinstarren für eine Hypnose halten müssen, und irgendwie ähnlich war ja auch mein Zustand vollkommener Benommenheit – ich konnte einfach nicht wegsehen von diesem Mienenspiel, und alles andere, was im Raum an Lichtern, Lachen, Menschen und Blicken durcheinanderging, umschwebte mich nur formlos, ein gelber Rauch, inmitten dessen dieses Gesicht stand, Flamme zwischen Flammen. Ich hörte nichts, ich spürte nichts, ich merkte nicht Menschen neben mir vordrängen, andere Hände wie Fühler sich plötzlich vorstrecken, Geld hinwerfen oder einkarren; ich sah die Kugel nicht und nicht die Stimme des Croupiers und sah doch alles wie im Traum, was geschah, an diesen Händen hohlspiegelhaft übersteigert durch Erregung und Übermaß. Denn ob die Kugel auf Rot fiel oder auf Schwarz, rollte oder stockte, das zu wissen, mußte ich nicht auf das Roulette blicken: jede Phase ging, Verlust und Gewinn, Erwartung und Enttäuschung, feurigen Risses durch Nerv und Geste dieses von Leidenschaft überwogten Gesichts.

Aber dann kam ein furchtbarer Augenblick – ein Augenblick, den ich in mir die ganze Zeit hindurch dumpf schon gefürchtet hatte, der über meinen gespannten Nerven wie ein Gewitter hing und plötzlich sie mittendurch riß. Wieder war die Kugel mit jenem kleinen, klapprigen

Knacks in ihre Rundung zurückgestürzt, wieder zuckte jene Sekunde, wo zweihundert Lippen den Atem verhielten, bis die Stimme des Croupiers – diesmal: Zéro – ankündigte, indes schon sein eilfertiger Rechen von allen Seiten die klirrenden Münzen und das knisternde Papier zusammenscharrte. In diesem Augenblick nun machten die beiden verkrampften Hände eine besonders schreckhafte Bewegung, sie sprangen gleichsam auf, um etwas zu haschen, was nicht da war, und fielen dann, nichts in sich als zurückflutende Schwerkraft, wie tödlich ermattet, nieder auf den Tisch. Dann aber wurden sie plötzlich noch einmal lebendig, fieberhaft liefen sie vom Tisch zurück auf den eigenen Leib, kletterten wie wilde Katzen den Stamm des Körpers entlang, oben, unten, rechts und links, nervös in alle Taschen fahrend, ob nicht irgendwo noch ein vergessenes Geldstück sich verkrümelt habe. Aber immer kamen sie wieder leer zurück, immer hitziger erneuerten sie dieses sinnlose, nutzlose Suchen, indes schon die Roulettescheibe wieder umkreiselte, das Spiel der andern weiterging, Münzen klirrten, Sessel rückten, und die kleinen hundertfältig zusammengesetzten Geräusche surrend den Saal füllten. Ich zitterte, von Grauen geschüttelt: so deutlich mußte ich all das mitfühlen, als wärens meine eigenen Finger, die da verzweifelt nach irgendeinem Stück Geld in den Taschen und Wülsten des zerknitterten Kleides wühlten. Und plötzlich, mit einem einzigen Ruck stand der Mensch mir gegenüber auf – ganz so wie jemand aufsteht, dem unvermutet unwohl geworden ist, und sich hochwirft, um nicht zu ersticken; hinter ihm polterte der Stuhl krachend zu Boden. Aber ohne es nur zu bemerken, ohne der Nachbarn zu achten, die scheu und erstaunt dem Schwankenden auswichen, tappte er weg von dem Tisch.

Ich war bei diesem Anblick wie versteinert. Denn ich verstand sofort, wohin dieser Mensch ging: in den Tod.

Wer so aufstand, ging nicht in einen Gasthof zurück, in eine Weinstube, zu einer Frau, in ein Eisenbahncoupé, in irgendeine Form des Lebens, sondern stürzte geradeaus ins Bodenlose. Selbst der Abgebrühteste in diesem Höllensaale hätte erkennen müssen, daß dieser Mensch nicht noch irgendwo zu Hause oder in der Bank oder bei Verwandten einen Rückhalt hatte, sondern mit seinem letzten Geld, mit seinem Leben als Einsatz hier gesessen hatte und nun hinstolperte, irgendwo anders hin, aber unbedingt aus diesem Leben hinaus. Immer hatte ich gefürchtet, vom ersten Augenblick an magisch gefühlt, daß hier ein Höheres im Spiel sei als Gewinn und Verlust, und doch schlug es nun in mich hinein, ein schwarzer Blitz, als ich sah, wie das Leben aus seinen Augen plötzlich ausrann und der Tod dies eben noch überlebendige Gesicht fahl überstrich. Unwillkürlich – so ganz war ich durchdrungen von seinen plastischen Gesten – mußte ich mich mit der Hand ankrampfen, während dieser Mensch von seinem Platz sich losrang und taumelte, denn dieses Taumeln drang jetzt in meinen eigenen Körper aus seiner Gebärde hinüber, so wie vordem seine Spannung in Ader und Nerv. Aber dann *riß* es mich fort, ich mußte ihm nach: ohne daß ich es wollte, schob sich mein Fuß. Es geschah vollkommen unbewußt, ich tat es gar nicht selbst, sondern es geschah mit mir, daß ich, ohne auf irgend jemanden zu achten, ohne mich selbst zu fühlen, in den Korridor zum Ausgang hinlief.

Er stand bei der Garderobe, der Diener hatte ihm den Mantel gebracht. Aber die eigenen Arme gehorchten nicht mehr: so half ihm der Beflissene wie einem Gelähmten mühsam in die Ärmel. Ich sah, wie er mechanisch in die Westentasche griff, jenem ein Trinkgeld zu geben, aber die Finger tasteten leer wieder heraus. Da schien er sich plötzlich wieder an alles zu erinnern, stammelte verlegen irgendein Wort dem Diener zu und gab sich genau wie vordem einen plötzlichen Ruck nach vorwärts, ehe er ganz wie ein Trunkener die Stufen des Kasinos hinabstolperte, von dem der Diener mit einem erst verächtlichen und dann erst begreifenden Lächeln ihm noch einen Augenblick lang nachsah.

Diese Geste war so erschütternd, daß mich das Zusehen beschämte. Unwillkürlich wandte ich mich zur Seite, geniert, einer fremden Verzweiflung wie von der Rampe eines Theaters zugeschaut zu haben – dann aber stieß mich plötzlich wieder jene unverständliche Angst von mir fort. Rasch ließ ich mir meine Garderobe reichen, und ohne etwas Bestimmtes zu denken, ganz mechanisch, ganz triebhaft, hastete ich diesem fremden Menschen nach in das Dunkel.«

Mrs. C. unterbrach ihre Erzählung für einen Augenblick. Sie hatte mir unbewegt gegenüber gesessen und mit jener ihr eigenen Ruhe und Sachlichkeit fast pausenlos gesprochen, wie eben nur jemand spricht, der sich innerlich vorbereitet und die Geschehnisse sorgfältig geordnet hat. Nun stockte sie zum erstenmal, zögerte und wandte sich dann plötzlich aus ihrer Erzählung heraus direkt mir zu:

»Ich habe Ihnen und mir selbst versprochen«, begann sie etwas unruhig, »alles Tatsächliche mit äußerster Aufrichtigkeit zu erzählen. Aber ich muß nun verlangen, daß Sie dieser meiner Aufrichtigkeit auch vollen Glauben schenken und nicht meiner Handlungsweise verschwiegene Motive unterlegen, deren ich mich vielleicht heute nicht schämen würde, die aber in diesem Falle vollkommen falsch vermutet wären. Ich muß also betonen, daß, wenn ich diesem zusammengebrochenen Spieler auf der Straße nacheilte, ich durchaus nicht etwa verliebt in diesen jungen Menschen war – ich dachte gar nicht an ihn als an einen Mann, und tatsächlich hat für mich, die damals mehr als vierzigjährige Frau, nach dem Tod meines

Gemahls niemals mehr ein Blick irgendeinem Manne gegolten. Das war für mich *endgültig* vorbei: Ich sage Ihnen das ausdrücklich und muß es Ihnen sagen, weil alles Spätere Ihnen sonst nicht in seiner ganzen Furchtbarkeit verständlich würde. Frellich, es wäre mir anderseits schwer, das Gefühl deutlich zu benennen, das mich damals so zwanghaft jenem Unglücklichen nachzog: es war Neugier darin, vor allem aber eine entsetzliche Angst oder besser gesagt Angst *vor* etwas Entsetzlichem, das ich unsichtbar von der ersten Sekunde an um diesen jungen Menschen wie eine Wolke gefühlt hatte. Aber solche Empfindungen kann man ja nicht zergliedern und zerlegen, vor allem schon darum nicht, weil sie zu zwanghaft, zu rasch, zu spontan durcheinanderschießen – wahrscheinlich tat ich nichts anderes als die durchaus instinktive Geste der Hilfeleistung, mit der man ein Kind zurückreißt, das auf der Straße in ein Automobil hineinrennen will. Oder läßt es sich vielleicht erklären, daß Menschen, die selbst nicht schwimmen können, von einer Brücke her einem Ertrinkenden nachspringen? Es zieht sie einfach magisch nach, ein Wille stößt sie hinab, ehe sie Zeit haben, sich schlüssig zu werden über die sinnlose Kühnheit ihres Unterfangens; und genau so, ohne zu denken, ohne bewußt wache Überlegung, bin ich damals jenem Unglücklichen aus dem Spielsaal zum Ausgang und vom Ausgang auf die Terrasse nachgegangen.

Und ich bin gewiß, weder Sie noch irgendein mit wachen Augen fühlender Mensch hätte sich dieser angstvollen Neugier entziehen können, denn ein unheimlicherer Anblick war nicht zu denken als jener junge Mann von höchstens vierundzwanzig Jahren, der mühsam wie ein Greis, schlenkernd wie ein Betrunkener, mit abgelösten, zerbrochenen Gelenken von der Treppe zur Straßenterrasse sich weiterschleppte. Dort fiel er plumpig wie ein Sack mit dem Körper auf eine Bank. Wieder spürte ich schaudernd an dieser Bewegung: dieser Mensch war zu Ende. So fällt nur ein Toter hin oder einer, in dem kein Muskel mehr sich ans Leben hält. Der Kopf war, schief gelehnt, zurück über die Lehne gesunken, die Arme hingen schlaff und formlos zu Boden, im Halbdunkel der trübe flackernden Laternen hätte jeder Vorübergehende ihn für einen Erschossenen halten müssen. Und so – ich kann es nicht erklären, wieso diese Vision plötzlich in mir ward, aber plötzlich stand sie da, greifbar plastisch, schauervoll und entsetzlich wahr –, so, als Erschossenen, sah ich ihn vor mir in dieser Sekunde, und unweigerlich war in mir die Gewißheit, daß er einen Revolver in der Tasche trage und man morgen diese Gestalt auf dieser Bank oder irgendeiner andern hingestreckt finden würde, leblos und mit Blut überströmt. Denn sein Niederfallen war durchaus das eines Steines, der in eine Tiefe fällt und nicht früher haltmacht, ehe er seinen Abgrund erreicht hat: Nie habe ich einen ähnlichen Ausdruck von Müdigkeit und Verzweiflung in körperlicher Geste ausgedrückt gesehen.

Und nun denken Sie sich meine Situation: ich stand zwanzig oder dreißig Schritte hinter jener Bank mit dem reglosen, zusammengebrochenen Menschen, ahnungslos, was beginnen, vorgetrieben einerseits vom Willen, zu helfen, zurückgedrängt von der anerzogenen, angeerbten Scheu, einen fremden Mann auf der Straße anzusprechen. Die Gaslaternen flackerten trüb in den umwölkten Himmel, ganz selten nur hastete eine Gestalt vorbei, denn es war nahe an Mitternacht und ich fast ganz allein im Park mit dieser selbstmörderischen Gestalt. Fünfmal, zehnmal hatte ich mich schon zusammengerafft und war auf ihn zugegangen, immer riß mich Scham zurück oder vielleicht jener Instinkt tieferer Ahnung, daß Stürzende gern den Helfenden mit sich reißen – und mitten in diesem Hin und Wider fühlte ich selbst deutlich das Sinnlose, das Lächerliche der Situation. Dennoch vermochte ich weder zu sprechen noch wegzugehen, weder etwas zu tun noch ihn zu verlassen. Und ich hoffe, Sie glauben mir, wenn ich Ihnen sage, daß ich vielleicht eine Stunde lang, eine unendliche Stunde, während tausend und tausend kleine Wellenschläge des unsichtbaren Meeres die Zeit zerrissen, auf dieser Terrasse unschlüssig umherwanderte; so sehr erschütterte und hielt mich dies Bild der vollkommenen Zernichtung eines Menschen.

Aber doch, ich fand nicht den Mut eines Worts, einer Tat, und ich hätte die halbe Nacht noch so wartend gestanden, oder vielleicht hätte mich schließlich klügere Selbstsucht bewogen, nach Hause zu gehen, ja ich glaube sogar, daß ich bereits entschlossen war, dieses Bündel Elend in seiner Ohnmacht liegen zu lassen – aber da entschied ein Übermächtiges gegen meine Unentschlossenheit. Es begann nämlich zu regnen. Den ganzen Abend schon hatte der Wind über dem Meer schwere, dampfende Frühlingswolken zusammengeschoben, man spürte mit der Lunge, mit dem Herzen, daß der Himmel ganz tief herabdrückte – plötzlich begann ein Tropfen niederzuklatschen, und schon prasselte in schweren, nassen, vom Wind gejagten Strähnen ein massiger Regen herab. Unwillkürlich flüchtete ich unter den Vorsprung eines Kioskes, und obwohl ich den Schirm aufspannte, schütteten die noch springenden Böen nasse Büschel Wassers an mein Kleid. Bis hinauf ins Gesicht und die Hände spürte ich sprühend den kalten Staub der am Boden knallend zerklatschenden Tropfen.

Aber – und das war ein so entsetzlicher Anblick, daß mir heute noch, nach zwei Jahrzehnten, die Erinnerung die Kehle klemmt – in diesem stürzenden Wolkenbruch blieb der Unglücksrabe reglos auf seiner Bank sitzen und rührte sich nicht. Von allen Traufen triefte und gluckerte das Wasser, aus der Stadt her hörte man Wagen donnern, rechts und links flüchteten Gestalten mit aufgestülpten

Mänteln; was Leben in sich hatte, alles duckte sich scheu, flüchtete, floh, suchte Unterschlupf, überall bei Mensch und Tier spürte man die Angst vor dem stürzenden Element – nur dieses schwarze Knäuel Mensch dort auf der Bank rührte und regte sich nicht. Ich sagte Ihnen schon früher, daß es diesem Menschen magisch gegeben war, jedes seiner Gefühle durch Bewegung und Geste plastisch zu machen; aber nichts, nichts auf Erden konnte Verzweiflung, vollkommene Selbstaufgabe, lebendiges Gestorbensein dermaßen erschütternd ausdrücken, als diese Unbeweglichkeit, dieses reglose, fühllose Dasitzen im prasselnden Regen, dieses Zumüdesein, um sich auf-zuheben und die paar Schritte zu gehen bis zum schützen-den Dach, diese letzte Gleichgültigkeit gegen das eigene Sein. Kein Bildhauer, kein Dichter, nicht Michelangelo und Dante hat mir jemals die Geste der letzten Verzweif-lung, das letzte Elend der Erde so hinreißend fühlsam gemacht wie dieser lebendige Mensch, der sich über-schütten ließ vom Element, schon zu lässig, zu müde, durch eine einzige Bewegung sich zu schützen.

Das riß mich weg, ich konnte nicht anders. Mit einem Ruck durchlief ich die nasse Spießrutenreihe des Regens und rüttelte das triefende Bündel Mensch von der Bank. ›Kommen Sie!‹ Ich packte seinen Arm. Irgend etwas starrte mühsam empor. Irgendeine Bewegung schien langsam aus ihm wachsen zu wollen, aber er verstand nicht. ›Kommen Sie!‹ zerrte ich nochmals den nassen Ärmel, nun schon beinahe zornig. Da stand er langsam auf, willenlos und schwankend. ›Was wollen Sie?‹ fragte er, und ich hatte darauf keine Antwort, denn ich wußte selbst nicht, wohin mit ihm: Nur weg aus dem kalten Guß, aus diesem sinnlosen, selbstmörderischen Dasitzen äußerster Verzweiflung. Ich ließ den Arm nicht los, sondern zog den ganz Willenlosen weiter, bis hin zu dem Verkaufskiosk, wo das schmale vorspringende Dach ihn wenigstens einigermaßen vor dem wütigen Überfall des vom Wind wild geschwenkten Elements schützte. Weiter wußte ich nichts, wollte ich nichts. Nur ins Trockene, nur unter ein Dach diesen Menschen ziehen: weiter hatte ich zunächst nicht gedacht.

Und so standen wir beide nebeneinander in dem schmalen Streifen Trockenheit, hinter uns die verschlossene Wand der Verkaufsbude, über uns einzig das zu kleine Schutzdach, unter dem heimtückisch durchgreifend der unersättliche Regen uns mit plötzlichen Böen immer wieder lose Fetzen nasser Kälte über die Kleider und ins Gesicht schlug. Die Situation wurde unerträglich. Ich konnte doch nicht länger stehenbleiben neben diesem triefenden fremden Menschen. Und anderseits, ich konnte ihn, nachdem ich ihn hierhergezogen, nicht ohne ein Wort einfach stehenlassen. Irgend etwas mußte geschehen; allmählich zwang ich mich zu geradem klaren Denken. Am besten, dachte ich, ihn in einem Wagen nach Hause bringen und dann selbst nach Hause: morgen wird er schon für sich Hilfe wissen. Und so fragte ich den reglos neben mir Stehenden, der starr hinaus in die jagende Nacht blickte: ›Wo wohnen Sie?‹

›Ich habe keine Wohnung... ich bin erst abends von Nizza gekommen... zu mir kann man nicht gehen.‹

Den letzten Satz verstand ich nicht gleich. Erst später wurde mir klar, daß dieser Mensch mich für... für eine Kokotte hielt, für eines der Weiber, wie sie nachts hier massenhaft um das Kasino streichen, weil sie hoffen, glücklichen Spielern oder Betrunkenen noch etwas Geld abzujagen. Schließlich, was sollte er anderes auch denken, denn erst jetzt, da ich es Ihnen wiedererzähle, spüre ich das ganz Unwahrscheinliche, ja Phantastische meiner Situation – was sollte er anderes von mir meinen, war doch die Art, wie ich ihn von der Bank weggezogen und selbstverständlich mitgeschleppt, wahrhaftig nicht die einer

Dame. Aber dieser Gedanke kam mir nicht gleich. Erst
später, zu spät schon dämmerte mir das grauenvolle
Mißverständnis auf, in dem er sich über meine Person
befand. Denn sonst hätte ich niemals die nächsten Worte
gesprochen, die seinen Irrtum nur bestärken mußten. Ich
sagte nämlich: ›So wird man eben ein Zimmer in einem
Hotel nehmen. Hier dürfen Sie nicht bleiben. Sie müssen
jetzt irgendwo unterkommen.‹

Aber sofort wurde ich jetzt seines peinlichen Irrtums
gewahr, denn er wandte sich gar nicht mir zu und wehrte
nur mit einem gewissen höhnischen Ausdruck ab: ›Nein,
ich brauche kein Zimmer, ich brauche gar nichts mehr.
Gib dir keine Mühe, aus mir ist nichts zu holen. Du hast
dich an den Unrichtigen gewandt, ich habe kein Geld.‹

Das war wieder so furchtbar gesagt, mit einer so
erschütternden Gleichgültigkeit; und sein Dastehen, dies
schlaffe An-der-Wand-Lehnen eines triefenden, nassen,
von innen her erschöpften Menschen erschütterte mich
derart, daß ich gar nicht Zeit hatte für ein kleines, dummes
Beleidigtsein. Ich empfand nur, was ich vom ersten
Augenblick an, da ich ihn aus dem Saal taumeln sah, und
während dieser unwahrscheinlichen Stunde ununterbrochen empfunden: Daß hier ein Mensch, ein junger, lebendiger, atmender Mensch, knapp vor dem Tode stände und
ich ihn retten *mußte*. Ich trat näher.

›Kümmern Sie sich nicht um Geld und kommen Sie!
Hier dürfen Sie nicht bleiben, ich werde Sie schon unter-
bringen. Kümmern Sie sich um gar nichts, kommen Sie
nur jetzt!‹

Er wandte den Kopf, ich spürte, wie er, indes der Regen
dumpf um uns trommelte und die Traufe klatschendes
Wasser zu unseren Füßen hinwarf, wie er da mitten im
Dunkel zum erstenmal sich bemühte, mein Gesicht zu
sehen. Auch der Körper schien langsam aus seiner Lethargie zu erwachen.

›Nun, wie du willst‹, sagte er nachgebend. ›Mir ist alles einerlei… Schließlich warum nicht? Gehen wir.‹ Ich spannte den Schirm auf, er trat an meine Seite und faßte mich unter dem Arm. Diese plötzliche Vertraulichkeit war mir unangenehm, ja sie entsetzte mich, ich erschrak bis hinab in das Unterste meines Herzens. Aber ich hatte nicht den Mut, ihm etwas zu verbieten; denn stieß ich ihn jetzt zurück, so fiel er ins Bodenlose, und alles war vergeblich, was ich bisher versucht. Wir gingen die wenigen Schritte gegen das Kasino zurück. Jetzt fiel mir erst ein, daß ich nicht wußte, was mit ihm anfangen. Am besten, überlegte ich rasch, ihn zu einem Hotel führen, ihm dort Geld in die Hand drücken, daß er übernachten und morgen heimreisen kann: weiter dachte ich nicht. Und wie jetzt die Wagen hastig vor das Kasino vorfuhren, rief ich einen an, wir stiegen ein. Als der Kutscher fragte, wohin, wußte ich zunächst keine Antwort. Aber mich plötzlich erinnernd, daß der gänzlich durchnäßte, triefende Mensch neben mir in keinem der guten Hotels Aufnahme finden könnte – anderseits aber auch als wahrhaft unerfahrene Frau an ein Zweideutiges gar nicht denkend, rief ich dem Kutscher nur zu: »In irgendein einfaches Hotel!«

Der Kutscher, gleichmütig, regenübergossen, trieb die Pferde an. Der fremde Mensch neben mir sprach kein Wort, die Räder rasselten, und der Regen klatschte in wuchtigem Niederschlag gegen die Scheiben: mir war in diesem dunklen, lichtlosen, sarghaften Viereck zumute, als ob ich mit einer Leiche führe. Ich versuchte nachzudenken, irgendein Wort zu finden, um das Sonderbare und Grauenvolle dieses stummen Beisammenseins abzuschwächen, aber mir fiel nichts ein. Nach einigen Minuten hielt der Wagen, ich stieg zuerst aus, entlohnte den Kutscher, indes jener gleichsam schlaftrunken den Schlag zuklinkte. Wir standen jetzt vor der Tür eines kleinen, fremden Hotels, über uns wölbte ein gläsernes Vordach sein winziges

Stück geschützten Raumes gegen den Regen, der ringsum mit gräßlicher Monotonie die undurchdringliche Nacht zerfranste.

Der fremde Mensch, seiner Schwere nachgebend, hatte sich unwillkürlich an die Wand gelehnt, es tropfte und triefte von seinem nassen Hut, seinen zerdrückten Kleidern. Wie ein Ertrunkener, den man aus dem Fluß geholt mit noch benommenen Sinnen, so stand er da, und um den kleinen Fleck, wo er lehnte, bildete sich ein Rinnsal von niederrieselndem Wasser. Aber er machte nicht die geringste Anstrengung, sich abzuschütteln, den Hut wegzuschwenken, von dem Tropfen immer wieder über Stirn und Gesicht niederliefen. Er stand vollkommen teilnahmslos, und ich kann Ihnen nicht sagen, wie diese Zerbrochenheit mich erschütterte.

Aber jetzt mußte etwas geschehen. Ich griff in meine Tasche: ›Da haben Sie hundert Franken‹, sagte ich, ›nehmen Sie sich damit ein Zimmer und fahren Sie morgen nach Nizza zurück.‹

Er sah erstaunt auf.

›Ich habe Sie im Spielsaale beobachtet‹, drängte ich, sein Zögern bemerkend. ›Ich weiß, daß Sie alles verloren haben, und fürchte, Sie sind auf dem besten Wege, eine Dummheit zu machen. Es ist keine Schande, sich helfen zu lassen... Da, nehmen Sie!‹

Aber er schob meine Hand zurück mit einer Energie, die ich ihm nicht zugetraut hätte. ›Du bist ein guter Kerl‹, sagte er, ›aber vertu dein Geld nicht. Mir ist nicht mehr zu helfen. Ob ich diese Nacht noch schlafe oder nicht, ist vollkommen gleichgültig. Morgen ist ohnehin alles zu Ende. Mir ist nicht zu helfen.‹

›Nein, Sie müssen es nehmen‹, drängte ich, ›morgen werden Sie anders denken. Gehen Sie jetzt erst einmal hinauf, überschlafen Sie alles. Bei Tag haben die Dinge ein anderes Gesicht.‹

Doch er stieß, da ich ihm neuerdings das Geld aufdrängte, beinahe heftig meine Hand weg. ›Laß das‹, wiederholte er nochmals dumpf, ›es hat keinen Sinn. Besser, ich tue das draußen ab, als den Leuten hier ihr Zimmer mit Blut schmutzig zu machen. Mir ist mit hundert Franken nicht zu helfen und mit tausend auch nicht. Ich würde doch morgen wieder mit den letzten paar Franken in den Spielsaal gehen und nicht früher aufhören, als bis alles weg ist. Wozu nochmals anfangen, ich habe genug.‹

Sie können nicht ermessen, wie mir dieser dumpfe Ton bis in die Seele drang; aber denken Sie sich das aus: zwei Zoll von Ihnen steht ein junger, heller, lebendiger, atmender Mensch, und man weiß, wenn man nicht alle Kräfte aufrafft, wird dieses denkende, sprechende, atmende Stück Jugend in zwei Stunden eine Leiche sein. Und nun wurde es für mich gleichsam eine Wut, ein Zorn, diesen sinnlosen Widerstand zu besiegen. Ich packte seinen Arm: ›Schluß mit diesen Dummheiten! Sie werden jetzt hinaufgehen und sich ein Zimmer nehmen, und morgen früh komme ich und schaffe Sie an die Bahn. Sie müssen fort von hier, Sie müssen noch morgen nach Hause fahren, und ich werde nicht früher rasten, ehe ich Sie nicht selbst mit der Fahrkarte im Zuge sehe. Man wirft sein Leben nicht weg, wenn man jung ist, nur weil man gerade ein paar hundert oder tausend Franken verloren hat. Das ist Feigheit, eine dumme Hysterie von Zorn und Erbitterung. Morgen werden Sie mir selbst recht geben!‹

›Morgen!‹ wiederholte er mit sonderbar düsterer und ironischer Betonung. ›Morgen! Wenn du wüßtest, wo ich morgen bin! Wenn ich selbst es wüßte, ich bin eigentlich schon ein wenig neugierig darauf. Nein, geh nach Hause, mein Kind, gib dir keine Mühe und vertu nicht dein Geld.‹

Aber ich ließ nicht mehr nach. Es war wie eine Manie,

wie eine Raserei in mir. Gewaltsam packte ich seine Hand und preßte die Banknote hinein. ›Sie werden das Geld nehmen und sofort hinaufgehen!‹ und dabei trat ich entschlossen zur Klingel und läutete an. ›So, jetzt habe ich angeläutet, der Portier wird gleich kommen, Sie gehen hinauf und legen sich nieder. Morgen neun Uhr warte ich dann vor dem Haus und bringe Sie sofort an die Bahn. Machen Sie sich keine Sorge um alles Weitere, ich werde schon das Nötige veranlassen, daß Sie bis nach Hause kommen. Aber jetzt legen Sie sich nieder, schlafen Sie aus und denken Sie nicht weiter!‹

In diesem Augenblick knackte der Schlüssel an der Tür von innen her, der Portier öffnete.

›Komm!‹ sagte er da plötzlich mit einer harten, festen erbitterten Stimme, und eisern fühlte ich mein Handgelenk von seinen Fingern umspannt. Ich erschrak... ich erschrak so durch und durch, so gelähmt, so blitzhaft getroffen, daß mir alle Besinnung schwand... Ich wollte mich wehren, mich losreißen... aber mein Wille war wie gelähmt... und ich... Sie werden es verstehen... ich... ich schämte mich, vor dem Portier, der da wartend und ungeduldig stand, mit einem fremden Menschen zu ringen. Und so... so stand ich mit einem Male innen im Hotel; ich wollte sprechen, etwas sagen, aber die Kehle stockte mir... an meinem Arm lag schwer und gebietend seine Hand... ich spürte dumpf, wie sie mich unbewußt eine Treppe hinaufzog... ein Schlüssel knackte... Und plötzlich war ich mit diesem fremden Menschen allein in einem fremden Zimmer, in irgendeinem Hotel, dessen Namen ich heute noch nicht weiß.«

Mrs. C. hielt wieder inne und stand plötzlich auf. Die Stimme schien ihr nicht mehr zu gehorchen. Sie ging zum Fenster, sah stumm einige Minuten hinaus oder lehnte vielleicht nur die Stirn an die kalte Scheibe: ich hatte nicht den Mut, genau hinzusehen, denn es war mir peinlich, die alte Dame in ihrer Erregung zu beobachten. So saß ich still, ohne Frage, ohne Laut, und wartete, bis sie wieder mit gebändigtem Schritt zurückkam und sich mir gegenübersetzte.

»So – jetzt ist das Schwerste gesagt. Und ich hoffe, Sie glauben mir, wenn ich Ihnen nun nochmals versichere, wenn ich bei allem, was mir heilig ist, bei meiner Ehre und bei meinen Kindern, schwöre, daß mir bis zu jener Sekunde kein Gedanke an eine … eine Verbindung mit diesem fremden Menschen in den Sinn gekommen war, daß ich wirklich ohne jeden wachen Willen, ja ganz ohne Bewußtsein wie durch eine Falltür vom ebenen Weg meiner Existenz plötzlich in diese Situation gestürzt war. Ich habe mir geschworen, zu Ihnen und zu mir wahr zu sein, so wiederhole ich Ihnen nochmals, daß ich nur durch einen fast überreizten Willen zur Hilfe durch kein anderes, kein persönliches Gefühl, also ganz ohne jeden Wunsch, ohne jede Ahnung in dieses tragische Abenteuer geriet.

Was in jenem Zimmer, was in jener Nacht geschah, ersparen Sie mir zu erzählen; ich selbst habe keine Sekunde dieser Nacht vergessen und will sie auch niemals vergessen. Denn in jener Nacht rang ich mit einem Menschen um sein Leben, denn ich wiederhole: um Leben und Sterben ging dieser Kampf. Zu unverkennbar spürte ichs mit jedem Nerv, daß dieser fremde Mensch, dieser halb schon Verlorene bereits mit aller Gier und Leidenschaft eines tödlich Bedrohten noch um das Letzte griff. Er klammerte sich an mich wie einer, der bereits den Abgrund unter sich fühlt. Ich aber raffte alles aus mir auf, um ihn zu retten mit allem, was mir gegeben war. Solche Stunde erlebt vielleicht ein Mensch nur einmal in seinem Leben, und von Millionen wieder nur einer – auch ich hätte nie geahnt ohne diesen fürchterlichen Zufall, wie glühend, wie verzweifelnd, mit welcher unbändigen Gier sich ein aufgegebener, ein verlorener Mensch noch einmal an jeden roten Tropfen Leben ansaugt, ich hätte, zwanzig Jahre lang fern von allen dämonischen Mächten des Daseins, nie begriffen, wie großartig und phantastisch die Natur manchmal ihr Heiß und Kalt, Tod und Leben, Entzückung und Verzweiflung in ein paar knappe Atemzüge zusammendrängt. Und diese Nacht war so angefüllt mit Kampf und Gespräch, mit Leidenschaft und Zorn und Haß, mit Tränen der Beschwörung und der Trunkenheit, daß sie mir tausend Jahre zu dauern schien und wir zwei Menschen, die verschlungen ihren Abgrund hinabtaumelten, todeswütig der eine, ahnungslos der andere, anders hervorgingen aus diesem tödlichen Tumult, anders, vollkommen verwandelt, mit andern Sinnen, anderem Gefühl.

Aber ich will davon nicht sprechen. Ich kann und will das nicht schildern. Nur diese eine unerhörte Minute meines Erwachens am Morgen muß ich Ihnen doch andeuten. Ich erwachte aus einem bleiernen Schlaf, aus einer Tiefe der Nacht, wie ich sie nie gekannt. Ich brauchte lange, ehe ich die Augen aufschlug, und das erste, was ich sah, war über mir eine fremde Zimmerdekke, und weiter tastend dann ein ganz fremder, unbekannter, häßlicher Raum, von dem ich nicht wußte, wie ich hineingeraten. Zuerst beredete ich mich, noch Traum sei dies, ein hellerer, durchsichtigerer Traum, in den ich aus jenem ganz dumpfen und verworrenen Schlaf emporgetaucht sei – aber vor den Fenstern stand schon schneidend klares, unverkennbar wirkliches Sonnenlicht, Morgenlicht, von unten her dröhnte die Straße mit Wagengerassel, Tramwayklingeln und Menschenlaut – und nun wußte ich, daß ich nicht mehr träume, sondern wach sei. Unwillkürlich richtete ich mich auf, um mich zu besinnen, und da... wie ich den Blick seitwärts wandte... da sah ich – und nie werde ich Ihnen meinen Schrecken schildern können – einen fremden Menschen im breiten Bette neben mir schlafen... aber fremd, fremd, fremd, ein halbnackter, unbekannter Mensch... Nein, dieses Entsetzen, ich weiß es, beschreibt sich nicht: es fiel so furchtbar über mich, daß ich zurücksank ohne Kraft. Aber es war nicht gute Ohnmacht, kein Nichtmehrwissen, im Gegenteil: mit blitzhafter Geschwindigkeit war mir alles ebenso bewußt wie unerklärbar, und ich hatte nur den einen Wunsch, zu sterben vor Ekel und Scham, mich plötzlich mit einem wildfremden Menschen in dem fremden Bett einer wohl verdächtigen Spelunke zu finden. Ich weiß noch deutlich, mein Herzschlag setzte aus, ich hielt den Atem an, als könnte ich mein Leben damit und vor allem das Bewußtsein auslöschen, dieses klare, grauenhaft klare Bewußtsein, das alles begriff und doch nichts verstand.

Ich werde niemals wissen, wie lange ich dann so gelegen habe, eiskalt an allen Gliedern: Tote müssen ähnlich starr im Sarge liegen. Ich weiß nur, ich hatte die Augen geschlossen und betete zu Gott, zu irgendeiner Macht des Himmels, es möge nicht wahr, es möge nicht wirklich sein. Aber meine geschärften Sinne erlaubten nun keinen Betrug mehr, ich hörte im Nachbarzimmer Menschen sprechen, Wasser rauschen, außen schlurften Schritte im Gang, und jedes dieser Zeichen bezeugte unerbittlich das grausam Wache meiner Sinne.

Wie lange dieser gräßliche Zustand gedauert hat, vermag ich nicht zu sagen: solche Sekunden haben andere Zeiten als die gemessenen des Lebens. Aber plötzlich überfiel mich eine andere Angst, die jagende, grauenhafte Angst: dieser fremde Mensch, dessen Namen ich gar nicht kannte, möchte jetzt aufwachen und zu mir sprechen. Und sofort wußte ich, daß es für mich nur eines gäbe: mich anziehen, flüchten, ehe er erwachte. Nicht mehr von ihm gesehen werden, nicht mehr zu ihm sprechen. Sich rechtzeitig retten, fort, fort, fort, zurück in irgendein eigenes Leben, in mein Hotel, und gleich mit dem nächsten Zuge fort von diesem verruchten Ort, aus diesem Land, ihm nie mehr begegnen, nie mehr ins Auge sehen, keinen Zeugen haben, keinen Ankläger und Mitwisser. Der Gedanke riß die Ohnmacht in mir auf: ganz vorsichtig, mit den schleicherischen Bewegungen eines Diebes rückte ich Zoll um Zoll (nur um keinen Lärm zu machen) aus dem Bette und tastete zu meinen Kleidern. Ganz vorsichtig zog ich mich an, jede Sekunde zitternd vor seinem Erwachen, und schon war ich fertig, schon war es gelungen. Nur mein Hut lag drüben auf der anderen Seite zu Füßen des Bettes, und jetzt, wie ich auf den Zehen hintastete, ihn aufzuheben – in dieser Sekunde *konnte* ich nicht anders: ich mußte noch einen Blick auf das Gesicht dieses fremden Menschen werfen, der in mein Leben wie ein Stein vom Gesims gestürzt war. Nur einen bloßen Blick wollte ich hinwerfen, aber... es war sonderbar, denn der fremde, junge Mann, der dort schlummernd lag – war *wirklich* ein fremder Mensch für mich: im ersten Augenblick erkannte ich gar nicht das Gesicht von gestern. Denn wie weggelöscht waren die von Leidenschaft vorgetriebenen, krampfig aufgewühlten, gespannten Züge des tödlich Aufgeregten – dieser da hatte ein anderes, ein ganz kindliches, ganz knabenhaftes Gesicht, das geradezu *strahlte* von Reinheit und Heiterkeit. Die Lippen, gestern verbissen und zwischen die Zähne geklemmt, träumten weich auseinander gefallen, und halb schon zu einem Lächeln gerundet; weich lockten sich die blonden Haare die faltenlose Stirn herab, und linden Wellenspiels ging ruhig der Atem von der Brust über den ruhenden Körper hin.

Sie können sich vielleicht entsinnen, daß ich Ihnen früher erzählte, ich hätte noch nie so stark, in einem so verbrecherisch starken Unmaß den Ausdruck von Gier und Leidenschaft an einem Menschen beobachtet wie bei diesem Fremden am Spieltisch. Und ich sage Ihnen, daß ich nie, selbst bei Kindern nicht, die doch im Säuglingsschlaf manchmal einen engelhaften Schimmer von Heiterkeit um sich haben, jemals einen solchen Ausdruck von reiner Helligkeit, von wahrhaft *seligem* Schlummer gesehen habe. In diesem Gesicht formten sich eben mit einziger Plastik alle Gefühle heraus, nun ein paradiesisches Entspanntsein von aller innerlichen Schwere, ein Gelöstsein, ein Gerettetsein. Bei diesem überraschenden Anblick fiel wie ein schwerer, schwarzer Mantel von mir alle Angst, alles Grauen ab – ich schämte mich nicht mehr, nein, ich war beinahe froh. Das Furchtbare, das Unfaßbare hatte plötzlich für mich Sinn bekommen, ich *freute* mich, ich war *stolz* bei dem Gedanken, daß dieser junge, zarte, schöne Mensch, der hier heiter und still wie eine Blume lag, ohne meine Hingabe zerschellt, blutig, mit einem zerschmetterten Gesicht, leblos, mit kraß aufgerissenen Augen irgendwo an einem Felsenhang aufgefunden worden wäre: ich hatte ihn gerettet, er war gerettet. Und ich sah nun – ich kann es nicht anders sagen – mit meinem *mütterlichen* Blick auf diesen Schlafenden hin, den ich noch einmal – schmerzvoller als meine eigenen Kinder – in das Leben zurückgeboren hatte. Und mitten in diesem verbrauchten, abgeschmutzten Zimmer, in diesem ekligen, schmierigen Gelegenheitshotel, überkam mich – mögen Sie es noch so lächerlich im Worte finden – ein Gefühl wie in einer Kirche, ein Beseligtsein von Wunder und Heiligung. Aus der furchtbarsten Sekunde eines ganzen Lebens wuchs mir schwesterhaft eine zweite, die erstaunlichste und überwältigendste zu.

Hatte ich mich zu laut bewegt? Hatte ich unwillkürlich etwas gesprochen? Ich weiß es nicht. Aber plötzlich schlug der Schlafende die Augen auf. Ich erschrak und fuhr zurück. Er sah erstaunt um sich – genau so wie früher ich selbst, so schien nun er aus ungeheurer Tiefe und

Verworrenheit mühselig emporzusteigen. Sein Blick um-
wanderte angestrengt das fremde, unbekannte Zimmer,
dann fiel er staunend auf mich. Aber ehe er noch sprach
oder sich ganz besinnen konnte, hatte ich mich gefaßt.
Nicht ihn zu Wort kommen lassen, keine Frage, keine
Vertraulichkeit gestatten, es durfte nichts erneuert werden, nichts erläutert, nichts besprochen werden von gestern und von dieser Nacht.

›Ich muß jetzt weggehen‹, bedeutete ich ihm rasch, ›Sie
bleiben hier zurück und ziehen sich an. Um zwölf Uhr
treffe ich Sie dann am Eingang des Kasinos: dort werde
ich für alles Weitere sorgen.‹

Und ehe er ein Wort entgegnen konnte, flüchtete ich
hinaus, nur um das Zimmer nicht mehr zu sehen, und lief
ohne mich umzuwenden, aus dem Hause, dessen Namen
ich ebensowenig wußte wie jenen des fremden Mannes,
mit dem ich darin eine Nacht verbracht.«

Einen Atemzug lang unterbrach Mrs. C. ihre Erzählung.
Aber alles Gespannte und Gequälte war weg aus ihrer
Stimme: wie ein Wagen, der schwer den Berg sich
hinaufgemüht, dann aber von erreichter Höhe leicht
rollend und geschwind die Senke herabrollt, so flügelte
jetzt in entlasteter Rede ihr Bericht:

»Also: Ich eilte in mein Hotel durch die morgendlich
erhellten Straßen, denen der Wettersturz alles Dumpfe
vom Himmel so weggerissen, wie mir jetzt das qualhafte
Gefühl. Denn vergessen Sie nicht, was ich Ihnen früher
sagte: Ich hatte nach dem Tode meines Mannes mein
Leben vollkommen aufgegeben. Meine Kinder brauchten
mich nicht, ich selber wollte mich nicht, und alles Leben
ist Irrtum, das nicht zu einem bestimmten Zweck lebt.
Nun war mir zum erstenmal unvermutet eine Aufgabe
zugefallen: Ich hatte einen Menschen gerettet, ihn aus

seiner Vernichtung aufgerissen mit allem Aufgebot meiner Kräfte. Nur ein Kurzes war noch zu überwinden, und diese Aufgabe mußte zu Ende getan sein. Ich lief also in mein Hotel: der erstaunte Blick des Portiers, daß ich erst jetzt um neun Uhr morgens nach Hause kam, glitt an mir ab – nichts mehr von Scham und Ärger über das Geschehnis drückte auf meine Sinne, sondern ein plötzliches Wiederaufgetansein meines Lebenswillens, ein unvermutet neues Gefühl von der Notwendigkeit meines Daseins durchblutete warm die erfüllten Adern. In meinem Zimmer kleidete ich mich rasch um, legte unbewußt (ich habe es erst später bemerkt) das Trauerkleid ab, um es mit einem helleren zu vertauschen, ging in die Bank, mir Geld zu beheben, hastete zum Bahnhof, mich nach der Abfahrt der Züge zu erkundigen; mit einer mir selber erstaunlichen Entschlossenheit bewältigte ich noch außerdem ein paar andere Besorgungen und Verabredungen. Nun war nichts mehr zu tun, als mit dem mir vom Schicksal zugeworfenen Menschen die Abreise und endgültige Rettung zu erledigen.

Freilich, dies erforderte Kraft, ihm nun persönlich gegenüberzutreten. Denn alles Gestrige war im Dunkel geschehen, in einem Wirbel, wie wenn zwei Steine, von einem Sturzbach gerissen, plötzlich zusammengeschlagen werden; wir kannten einander kaum von Angesicht zu Angesicht, ja ich war nicht einmal gewiß, ob jener Fremde mich überhaupt noch erkennen würde. Gestern – das war ein Zufall, ein Rausch, eine Besessenheit zweier verwirrter Menschen gewesen, heute aber tat es not, mich ihm offener preiszugeben als gestern, weil ich jetzt im unbarmherzig klaren Tageslicht mit meiner Person, mit meinem Gesicht, als lebendiger Mensch ihm gegenübertreten mußte.

Aber alles ergab sich leichter, als ich dachte. Kaum hatte ich zu vereinbarter Stunde mich dem Kasino genähert, als ein junger Mensch von einer Bank aufsprang und mir entgegeneilte. Es war etwas dermaßen Spontanes, etwas so Kindliches, Absichtsloses und Beglücktes in seinem Überraschtsein, wie in jeder seiner sprachmächtigen Bewegungen: er flog nur so her, den Strahl dankbarer und gleichzeitig ehrerbietiger Freude in den Augen, und schon senkten sie sich demütig, sobald sie die meinen vor seiner Gegenwart sich verwirren fühlten. Dankbarkeit, man spürt sie ja so selten bei Menschen, und gerade die Dankbarsten finden nicht den Ausdruck dafür, sie schweigen verwirrt, sie schämen sich und tun manchmal stockig, um ihr Gefühl zu verbergen. Hier aber in diesem Menschen, dem Gott wie ein geheimnisvoller Bildhauer alle Gesten der Gefühle sinnlich, schön und plastisch herauszwang, glühte auch die Geste der Dankbarkeit wie eine Leidenschaft strahlend durch den Kern des Körpers. Er beugte sich über meine Hand, und die schmale Linie seines Knabenkopfes devot niedergesenkt, verharrte er so eine Minute in respektvollem, die Finger nur anstreifendem Kusse, dann erst trat er wieder zurück, fragte nach meinem Befinden, sah mich rührend an, und so viel Anstand war in jedem seiner Worte, daß in wenigen Minuten die letzte Beängstigung von mir schwand. Und gleichsam spiegelhaft für die eigene Erhellung des Gefühles, leuchtete ringsum die Landschaft völlig entzaubert: das Meer, das gestern zornig erregte, lag so unbewegt still und hell, daß jeder Kiesel unter der kleinen Brandung weiß bis zu uns herüberglänzte, das Kasino, dieser Höllenpfuhl, blickte maurisch blank in den ausgefegten, damastenen Himmel, und jener Kiosk, unter dessen Schutzdach uns gestern der plätschernde Regen gedrängt, war aufgebrochen zu einem Blumenladen: hingeschüttet lagen dort weiß, rot, grün und bunt in gesprenkeltem Durcheinander breite Büsche von Blüten und Blumen, die ein junges Mädchen in buntbrennender Bluse feilbot.

Ich lud ihn ein, zu Mittag in einem kleinen Restaurant zu speisen; dort erzählte mir der fremde, junge Mensch die Geschichte seines tragischen Abenteuers. Sie war ganz Bestätigung meiner ersten Ahnung, als ich seine zitternden, nervengeschüttelten Hände auf dem grünen Tisch gesehen. Er stammte aus einer alten Adelsfamilie des österreichischen Polens, war für die diplomatische Karriere bestimmt, hatte in Wien studiert und vor einem Monat das erste seiner Examina mit außerordentlichem Erfolge abgelegt. Um diesen Tag zu feiern, hatte ihn sein Onkel, ein höherer Offizier des Generalstabes, bei dem er wohnte, zur Belohnung mit einem Fiaker in den Prater geführt, und sie waren zusammen auf den Rennplatz gegangen. Der Onkel hatte Glück beim Spiel, gewann dreimal hintereinander: mit einem dicken Pack erbeuteter Banknoten soupierten sie dann in einem eleganten Restaurant. Am nächsten Tage nun empfing zur Belohnung für das erfolgreiche Examen der angehende Diplomat von seinem Vater einen Geldbetrag in der Höhe seines Monatsgeldes; zwei Tage vorher wäre ihm diese Summe noch groß erschienen, nun aber, nach der Leichtigkeit jenes Gewinnes, dünkte sie ihm gleichgültig und gering. So fuhr er gleich nach Tisch wieder zum Trabrennen, setzte wild und leidenschaftlich, und sein Glück oder vielmehr sein Unglück wollte, daß er mit dem Dreifachen jener Summe nach dem letzten Rennen den Prater verließ. Und nun war Raserei des Spieles bald beim Rennen, bald in Kaffeehäusern oder in Klubs über ihn gekommen, die ihm Zeit, Studium, Nerven und vor allem sein Geld aufzehrte. Er vermochte nicht mehr zu denken, nicht mehr ruhig zu schlafen und am wenigsten, sich zu beherrschen; einmal in der Nacht, nach Hause gekommen vom Klub, wo er alles verloren hatte, fand er beim Auskleiden noch eine vergessene Banknote zerknüllt in seiner Weste. Es hielt ihn nicht, er zog sich noch einmal an und irrte herum, bis er in irgendeinem Kaffeehause ein paar Dominospieler fand, mit denen er noch bis ins Morgengrauen saß. Einmal half ihm seine verheiratete Schwester aus und zahlte die Schulden an Wucherer, die dem Erben eines großen Adelsnamens voll Bereitschaft kreditierten. Eine Zeitlang deckte ihn wieder das Spielglück – dann aber ging es unaufhaltsam abwärts, und je mehr er verlor, um so gieriger forderten ungedeckte Verpflichtungen und befristete Ehrenworte entscheidend erlösenden Gewinn. Längst hatte er schon seine Uhr, seine Kleider versetzt, und schließlich geschah das Entsetzliche: er stahl der alten Tante zwei große Boutons, die sie selten trug, aus dem Schrank. Den einen versetzte er um einen hohen Betrag, den das Spiel noch am selben Abend vervierfachte. Aber statt ihn nun auszulösen, wagte er das Ganze und verlor. Zur Stunde seiner Abreise war der Diebstahl noch nicht entdeckt, so versetzte er den zweiten Bouton und reiste, einer plötzlichen Eingebung folgend, in einem Zuge nach Monte Carlo, um sich im Roulette das erträumte Vermögen zu holen. Bereits hatte er hier seinen Koffer verkauft, seine Kleider, seinen Schirm, nichts war ihm geblieben als der Revolver mit vier Patronen und ein kleines, mit Edelsteinen besetztes Kreuz seiner Patin, der Fürstin X., von dem er sich nicht trennen wollte. Aber auch dieses Kreuz hatte er um fünfzig Franken nachmittags verkauft, nur um abends noch ein letztes Mal die zuckende Lust des Spiels auf Tod und Leben versuchen zu können.

Das alles erzählte er mir mit jener hinreißenden Anmut seines schöpferisch belebten Wesens. Und ich hörte zu, erschüttert, gepackt, erregt; aber nicht einen Augenblick kam mir der Gedanke, mich zu entrüsten, daß dieser Mensch an meinem Tisch doch eigentlich ein Dieb war. Hätte gestern jemand mir, einer Frau mit tadellos verbrachtem Leben, die in ihrer Gesellschaft strengste, konventionelle Würdigkeit forderte, auch nur angedeutet, ich würde mit einem wildfremden jungen Menschen, kaum älter als mein Sohn und der Perlenboutons gestohlen hatte, vertraulich beisammensitzen – ich hätte ihn für sinnberaubt gehalten. Aber nicht einen Augenblick lang empfand ich bei seiner Erzählung etwas wie Entsetzen, erzählte er doch all dies dermaßen natürlich und mit einer solchen Leidenschaft, daß seine Handlung eher als der Bericht eines Fiebers, einer Krankheit wirkte denn als ein Ärgernis. Und dann: wer selber gleich mir in der vergangenen Nacht etwas so kataraktisch Unerwartetes erfahren, dem hatte das Wort ›unmöglich‹ mit einem Male seinen Sinn verloren. Ich hatte eben in jenen zehn Stunden unfaßbar mehr an Wirklichkeitswissen erlebt als vordem in vierzig bürgerlich verbrachten Jahren.

Ein anderes aber erschreckte mich dennoch an jener Beichte, und das war der fiebrige Glanz in seinen Augen, der alle Nerven seines Gesichtes elektrisch zucken ließ, wenn er von seiner Spielleidenschaft erzählte. Noch die Wiedergabe regte ihn auf, und mit furchtbarer Deutlichkeit zeichnete sein plastisches Gesicht jede Spannung lusthaft und qualvoll nach. Unwillkürlich begannen seine Hände, diese wundervollen, schmalgelenkigen, nervösen Hände, genau wie am Spieltisch, selbst wieder raubtierhafte, jagende und flüchtende Wesen zu werden: ich sah sie, indes er erzählte, plötzlich von den Gelenken herauf zittern, sich übermächtig krümmen und zusammenballen, dann wieder aufschnellen und neu sich ineinanderknäueln. Und wie er den Diebstahl der Boutons beichtete, da taten sie (ich zuckte unwillkürlich zusammen), blitzhaft vorspringend, den raschen, diebischen Griff: ich *sah* geradezu, wie die Finger toll auf den Schmuck lossprangen und ihn hastig einschluckten in die Höhlung der Faust. Und mit einem namenlosen Erschrecken erkannte ich, daß dieser Mensch vergiftet war von seiner Leidenschaft bis in den letzten Blutstropfen.

Nur das allein war es, was mich an seiner Erzählung so sehr erschütterte und entsetzte, diese erbärmliche Hörigkeit eines jungen, klaren, von eigentlicher Natur her sorglosen Menschen an eine irrwitzige Passion. So hielt ich es für meine erste Pflicht, meinem unvermuteten Schützling freundschaftlich zuzureden, er müsse sofort weg von Monte Carlo, wo die Versuchung am gefährlichsten sei, müsse noch heute zu seiner Familie zurück, ehe das Verschwinden der Boutons bemerkt und seine Zukunft für immer verschüttet sei. Ich versprach ihm Geld für die Reise und die Auslösung des Schmuckes, freilich nur unter der Bedingung, daß er noch heute abreise und mir bei seiner Ehre schwöre, nie mehr eine Karte anzurühren oder sonst Hasard zu spielen.

Nie werde ich vergessen, mit welcher erst demütigen, dann allmählich aufleuchtenden Leidenschaft der Dankbarkeit dieser fremde, verlorene Mensch mir zuhörte, wie er meine Worte *trank,* als ich ihm Hilfe versprach; und plötzlich streckte er beide Hände über den Tisch, die meinen zu fassen mit einer mir unauslöschlichen Gebärde gleichsam der Anbetung und heiligen Gelobens. In seinen hellen, sonst ein wenig wirren Augen standen Tränen, der ganze Körper zitterte nervös vor beglückter Erregung. Wie oft habe ich schon versucht, Ihnen die einzige Ausdrucksfähigkeit seiner Gebärden zu schildern, aber *diese* Geste vermag ich nicht darzustellen, denn es war eine so ekstatische, überirdische Beseligung, wie sie ein menschliches Antlitz uns sonst kaum zuwendet, sondern jenem weißen Schatten nur war sie vergleichbar, wenn man erwachend aus einem Traum das entschwindende Antlitz eines Engels vor sich zu erblicken vermeint.

Warum es verschweigen: ich hielt diesem Blicke nicht stand. Dankbarkeit beglückt, weil man sie so selten sichtbar erlebt, Zartgefühl tut wohl, und mir, dem gemessenen, kühlen Menschen, bedeutete solcher Überschwang ein wohltuendes, ja beglückendes Neues. Und dann: gleichzeitig mit diesem erschütterten, zertretenen Menschen war auch die Landschaft nach dem gestrigen Regen magisch aufgewacht. Herrlich glänzte, als wir aus dem Restaurant traten, das völlig beruhigte Meer, blau bis in den Himmel hinein und nur weiß überschwebt von Möwen dort in anderem, höherem Blau. Sie kennen ja die Rivieralandschaft. Sie wirkt immer schön, aber doch flach wie eine Ansichtskarte hält sie ihre immer satten Farben dem Auge gemächlich hin, eine schlafende, träge Schönheit, die sich gleichmütig von jedem Blicke betasten läßt, orientalisch fast in ihrer ewig üppigen Bereitschaft. Aber manchmal, ganz selten, gibt es hier Tage, da steht diese Schönheit auf, da bricht sie vor, da schreit sie einen gleichsam energisch an mit grellen, fanatisch funkelnden Farben, da schleudert sie einem ihre Blumenbuntheit sieghaft entgegen, da glüht, da brennt sie in Sinnlichkeit. Und ein solcher begeisterter Tag war auch damals aus dem stürmischen Chaos der Wetternacht vorgebrochen, weißgewaschen blinkte die Straße, türkisen der Himmel, und überall zündeten sich Büsche, farbige Fackeln, aus dem saftig durchfeuchteten Grün. Die Berge schienen plötzlich heller herangekommen in der entschwülten, vielsonnigen Luft: sie scharten sich neugierig näher an das blankpolierte glitzernde Städtchen, in jedem Blicke spürte man heraustretend das Fordernde und Aufmunternde der Natur und wie sie unwillkürlich das Herz an sich riß: ›Nehmen wir einen Wagen‹, sagte ich, ›und fahren wir die Corniche entlang.‹

Er nickte begeistert: zum erstenmal seit seiner Ankunft schien dieser junge Mensch die Landschaft überhaupt zu sehen und zu bemerken. Bisher hatte er nichts gekannt als den dumpfigen Kasinosaal mit seinem schwülen, schweißigen Geruch, dem Gedränge seiner häßlichen und verzerrten Menschen und ein unwirsches, graues, lärmendes

Meer. Aber nun lag auseinandergefaltet der ungeheure Fächer des übersonnten Strandes vor uns, und das Auge taumelte beglückt von Ferne zu Ferne. Wir fuhren im langsamen Wagen (es gab damals noch keine Automobile) den herrlichen Weg, vorbei an vielen Villen und Blicken: hundertmal, an jedem Haus, an jeder in Piniengrün verschatteten Villa kam es einen an als geheimster Wunsch: hier könnte man leben, still, zufrieden, abseits von der Welt!

Bin ich jemals im Leben glücklicher gewesen als in jener Stunde? Ich weiß es nicht. Neben mir im Wagen saß dieser junge Mensch, gestern noch verkrallt in Tod und Verhängnis, und nun staunend vom weißen Sturz der Sonne übersprüht: ganze Jahre schienen von ihm gleichsam weggeglitten. Er schien ganz Knabe geworden, ein schönes, spielendes Kind mit übermütigen und gleichzeitig ehrfurchtsvollen Augen, an dem nichts mich mehr entzückte als sein wachsinniges Zartgefühl: Klomm der Wagen zu steil aufwärts und hatten die Pferde Mühe, so sprang er gelenkig ab, von rückwärts nachzuschieben. Nannte ich eine Blume oder deutete ich auf eine am Wege, so eilte er, sie abzupflücken. Eine kleine Kröte, die, vom gestrigen Regen verlockt, mühselig auf dem Wege kroch, hob er auf und trug sie sorgsam ins grüne Gras, damit sie nicht vom nachfahrenden Wagen zerdrückt werde; und zwischendurch erzählte er übermütig die lachendsten, anmutigsten Dinge: ich glaube, in diesem Lachen war eine Art Rettung für ihn, denn sonst hätte er singen müssen oder springen oder Tolles tun, so beglückt, so berauscht gebärdete sich sein plötzlicher Überschwang.

Als wir dann auf der Höhe ein winziges Dörfchen langsam durchfuhren, lüftete er plötzlich im Vorübergehen höflich den Hut. Ich staunte: wen grüßte er da, der Fremde unter Fremden? Er errötete leicht bei meiner Frage und erklärte, beinahe sich entschuldigend, wir seien an einer Kirche vorbeigefahren, und bei ihnen in Polen, wie in allen streng katholischen Ländern, werde es von Kindheit an geübt, vor jeder Kirche und jedem Gotteshaus den Hut zu senken. Diese schöne Ehrfurcht vor dem Religiösen ergriff mich tief, gleichzeitig erinnerte ich mich auch jenes Kreuzes, von dem er gesprochen, und fragte ihn, ob er gläubig sei. Und als er mit einer ein wenig verschämten Gebärde bescheiden zugab, er hoffe, der Gnade teilhaftig zu sein, überkam mich plötzlich ein Gedanke. ›Halten Sie!‹ rief ich dem Kutscher zu und stieg eilig aus dem Wagen. Er folgte mir verwundert: ›Wohin gehen wir?‹ Ich antwortete nur: ›Kommen Sie mit.‹

Ich ging, von ihm begleitet, zurück zur Kirche, einem kleinen Landgotteshaus aus Backstein. Kalkig, grau und leer dämmerten innere Wände, die Tür stand offen, so daß ein gelber Kegel von Licht scharf hinein ins Dunkel schnitt, darin Schatten einen kleinen Altar blau umbauschten. Zwei Kerzen blickten, verschleierten Auges, aus der weihrauchwarmen Dämmerung. Wir traten ein, er lüftete den Hut, tauchte die Hand in den Kessel der Entsündigung, bekreuzigte sich und beugte das Knie. Und kaum war er aufgestanden, so faßte ich ihn an. ›Gehen Sie hin‹, drängte ich, ›zu einem Altar oder irgendeinem Bild hier, das Ihnen heilig ist, und leisten Sie dort das Gelöbnis, das ich Ihnen vorsprechen werde.‹ Er sah mich an, erstaunt, beinahe erschreckt. Aber schnell verstehend trat er hin zu einer Nische, schlug das Kreuz und kniete gehorsam nieder. ›Sprechen Sie mir nach‹, sagte ich, selbst zitternd vor Erregung, ›sprechen Sie mir nach: Ich schwöre‹ – ›Ich schwöre‹, wiederholte er, und ich setzte fort: ›daß ich niemals mehr an einem Spiel um Geld teilnehme, welcher Art es immer sei, daß ich nie mehr mein Leben und meine Ehre dieser Leidenschaft aussetzen werde.‹

Er wiederholte zitternd die Worte: deutlich und laut

hafteten sie in der vollkommenen Leere des Raumes. Dann ward es einen Augenblick still, so still, daß man von außen das leise Brausen der Bäume hören konnte, denen der Wind durch die Blätter griff. Und plötzlich warf er sich wie ein Büßender hin und sprach mit einer Ekstase, wie ich es nie gehört hatte, rasche und wirr hintereinandergejagte Worte polnischer Sprache, die ich nicht verstand. Aber es mußte ein ekstatisches Gebet sein, ein Gebet des Dankes und der Zerknirschung, denn immer wieder beugte die stürmische Beichte sein Haupt demütig zum Pulte herab, immer leidenschaftlicher wiederholten sich die fremden Laute, und immer heftiger ein und dasselbe mit unsäglicher Inbrunst herausgeschleuderte Wort. Nie vordem, nie nachdem habe ich in einer Kirche der Welt so beten gehört. Seine Hände umklammerten krampfig dabei das hölzerne Betpult, sein ganzer Körper war geschüttelt von einem inneren Orkan, der ihn manchmal aufriß, manchmal wieder niederwarf. Er sah, er fühlte nichts mehr: alles in ihm schien in einer andern Welt, in einem Fegefeuer der Verwandlung oder in einem Aufschwung zu einer heiligeren Sphäre. Endlich stand er langsam auf, schlug das Kreuz und wandte sich mühsam um. Seine Knie zitterten, sein Antlitz war blaß wie das eines schwer Erschöpften. Aber als er mich sah, strahlte sein Auge auf, ein reines, ein wahrhaft *frommes* Lächeln hellte sein fortgetragenes Gesicht; er trat näher heran, beugte sich russisch tief, faßte meine beiden Hände, sie ehrfürchtig mit den Lippen zu berühren: ›Gott hat Sie mir gesandt. Ich habe ihm dafür gedankt.‹ Ich wußte nichts zu sagen. Aber ich hätte gewünscht, daß plötzlich über dem niederen Gestühl die Orgel anhebe zu brausen, denn ich fühlte, mir war alles gelungen: diesen Menschen hatte ich für immer gerettet.

Wir traten aus der Kirche in das strahlende, strömende Licht dieses maihaften Tages zurück: nie war mir die Welt schöner erschienen. Zwei Stunden fuhren wir noch im Wagen langsam den panoramenhaften, an jeder Kehre neuen Ausblick schenkenden Weg über die Hügel entlang. Aber wir sprachen nicht mehr. Nach diesem Aufwand des Gefühls schien jedes Wort Verminderung. Und wenn mein Blick zufällig den seinen traf, so mußte ich beschämt ihn wegwenden: es erschütterte mich zu sehr, mein eigenes Wunder zu sehen.

Gegen fünf Uhr nachmittags kehrten wir nach Monte Carlo zurück. Nun forderte mich noch eine Verabredung mit Verwandten, die abzusagen mir nicht mehr möglich war. Und eigentlich begehrte ich im Innersten eine Pause, ein Entspannen des zu gewaltsam aufgerissenen Gefühls. Denn es war zuviel des Glückes. Ich spürte, ich mußte ausruhen von diesem überheißen, diesem ekstatischen Zustand, wie ich ihn ähnlich nie in meinem Leben gekannt. So bat ich meinen Schützling, nur für einen Augenblick zu mir ins Hotel zu kommen; dort in meinem Zimmer übergab ich ihm das Geld für die Reise und die Auslösung des Schmuckes. Wir vereinbarten, daß er während meiner Verabredung sich die Fahrkarte besorge; dann wollten wir uns abends um sieben Uhr an der Eingangshalle des Bahnhofes treffen, eine halbe Stunde, ehe der Zug über Genua ihn nach Hause brachte. Als ich ihm die fünf Banknoten hinreichen wollte, wurden seine Lippen merkwürdig blaß: ›Nein... kein... Geld... ich bitte Sie, kein Geld!‹ stieß er zwischen den Zähnen heraus, während seine Finger nervös und fahrig zurückzitterten. ›Kein Geld... kein Geld... ich kann es nicht sehen‹, wiederholte er noch einmal, gleichsam von Ekel oder Angst körperlich überwältigt. Aber ich beruhigte seine Scham, es sei doch bloß geliehen, und fühle er sich bedrückt, so möge er mir eine Quittung ausstellen. ›Ja... ja... eine Quittung‹, murmelte er abgewandten Blickes, knitterte die Banknoten, wie etwas, das klebrig an den

Fingern schmutzt, unbesehen in die Tasche, und schrieb auf ein Blatt mit fliegenden hingejagten Zügen ein paar Worte. Als er aufsah, stand feuchter Schweiß auf seiner Stirne: etwas schien von innen empor stoßhaft in ihm aufzuwürgen, und kaum, daß er jenes lose Blatt mir zugeschoben, zuckte es ihn durch, und plötzlich – ich trat unwillkürlich erschrocken zurück – fiel er in die Knie und küßte mir den Saum des Kleides. Unbeschreibliche Geste: ich zitterte am ganzen Leib von ihrer übermächtigen Gewalt. Ein merkwürdiger Schauer kam über mich, ich wurde verwirrt und konnte nur stammeln: ›Ich danke Ihnen, daß Sie so dankbar sind. Aber bitte, gehen Sie jetzt!‹ Abends sieben Uhr an der Eingangshalle des Bahnhofes wollen wir dann Abschied nehmen.‹

Er sah mich an, Glanz von Rührung durchfeuchtete seinen Blick; einen Augenblick meinte ich, er wolle etwas sagen, einen Augenblick schien es, als ob er mir entgegendrängte. Aber dann verbeugte er sich plötzlich noch einmal tief, ganz tief, und verließ das Zimmer.«

Wieder unterbrach Mrs. C. ihre Erzählung. Sie war aufgestanden und zum Fenster gegangen, blickte hinaus und stand lange unbewegt: an dem silhouettenhaft hingezeichneten Rücken sah ich ein leichtes, zitterndes Schwanken. Mit einem Male wandte sie sich entschlossen um, ihre Hände, bisher ruhig und unbeteiligt, machten plötzlich eine heftige, abteilende Bewegung, gleichsam als wollten sie etwas zerreißen. Dann sah sie mich hart, beinahe kühn an und begann wieder mit einem Ruck:

»Ich habe Ihnen versprochen, ganz aufrichtig zu sein. Und ich sehe jetzt, wie notwendig dies Gelöbnis gewesen ist. Denn erst nun, da ich mich zwinge, zum erstenmal im geregelten Zusammenhang den ganzen Ablauf jener Stunde zu schildern und klare Worte zu suchen für ein damals ganz ineinandergefaltetes und verworrenes Gefühl, jetzt erst verstehe ich vieles deutlich, was ich damals nicht wußte oder vielleicht nur nicht wissen wollte. Und deshalb will ich hart und entschlossen mir selbst und auch Ihnen die Wahrheit sagen: damals, in jener Sekunde, als der junge Mensch das Zimmer verließ und ich allein zurückblieb, hatte ich – wie eine Ohnmacht fiel es dumpf über mich – das Empfinden eines harten Stoßes gegen mein Herz: Irgend etwas hatte mir tödlich weh getan, aber ich wußte nicht – oder ich weigerte mich, zu wissen –, in welcher Art die doch rührend respektvolle Haltung meines Schützlings mich so schmerzhaft verwundete.

Aber jetzt, da ich mich zwinge, hart und ordnungshaft alles Vergangene aus mir heraus wie ein Fremdes zu holen, und Ihre Zeugenschaft kein Verbergen, keinen feigen Unterschlupf eines beschämenden Gefühls duldet, heute weiß ich klar: was damals so weh tat, war die Enttäuschung... die Enttäuschung, daß... daß dieser junge Mensch so fügsam gegangen war... so ohne jeden Versuch, mich zu halten, bei mir zu bleiben... daß er demütig und ehrfurchtsvoll meinem ersten Versuch, abzureisen, sich fügte, statt... statt einen Versuch zu machen, mich an sich zu reißen... daß er mich einzig als eine Heilige verehrte, die ihm auf seinem Wege erschienen... und nicht... nicht mich fühlte als eine Frau.

Das war jene Enttäuschung für mich... eine Enttäuschung, die ich mir nicht eingestand, damals nicht und später nicht, aber das Gefühl einer Frau weiß alles, ohne Worte und Bewußtsein. Denn... jetzt betrüge ich mich nicht länger – hätte dieser Mensch mich damals umfaßt, mich damals gefordert, ich wäre mit ihm gegangen bis ans Ende der Welt, ich hätte meinen Namen entehrt und den meiner Kinder... ich wäre, gleichgültig gegen das Gerede der Leute und die innere Vernunft, mit ihm fortgelaufen, wie jene Madame Henriette mit dem jungen Franzosen, den sie tags zuvor noch nicht kannte... ich hätte nicht

gefragt, wohin und wie lange, nicht mich umgewandt mit
einem Blick zurück in mein früheres Leben ... ich hätte
mein Geld, meinen Namen, mein Vermögen, meine Ehre
diesem Menschen geopfert ... ich wäre betteln gegangen,
und wahrscheinlich gibt es keine Niedrigkeit dieser Welt,
zu der er mich nicht hätte verleiten können. Alles, was
man Scham nennt und Rücksicht unter den Menschen,
hätte ich weggeworfen, wäre er nur mit einem Wort, mit
einem Schritt auf mich zugetreten, hätte er versucht, mich
zu fassen, so verloren war ich an ihn in dieser Sekunde.
Aber ... ich sagte es Ihnen ja ... dieser sonderbar benom-
mene Mensch sah mich und die Frau in mir mit keinem
Blick mehr ... und wie sehr, wie ganz hingegeben ich ihm
entgegenbrannte, das fühlte ich erst, als ich allein mit mir
war, als die Leidenschaft, die eben noch sein erhelltes, sein
geradezu seraphisches Gesicht emporriß, dunkel in mich
zurückfiel und nun im Leeren einer verlassenen Brust
wogte. Mühsam raffte ich mich auf, doppelt widrig
lastete jene Verabredung. Mir war, als sei meiner Stirne
ein schwerer eiserner, drückender Helm übergestülpt, unter
dessen Gewicht ich schwankte: meine Gedanken fielen
lose auseinander wie meine Schritte, als ich endlich hinüber in das andere Hotel zu meinen Verwandten ging.
Dort saß ich dumpf inmitten regen Geplauders und
erschrak immer wieder von neuem, blickte ich zufällig auf
und sah in ihre unbewegten Gesichter, die, im Vergleich
mit jenem wie von licht- und schattenwerfendem Wol-
kenspiel belebten, mir maskenhaft oder erfroren dünkten.
Als ob ich zwischen lauter Gestorbenen säße, so grauenhaft unbelebt war diese gesellige Gegenwart; und während ich Zucker in die Tasse warf und abwesend mitkon-
versierte, stieg immer innen, wie vom Flackern des Blutes
hochgetrieben, jenes eine Antlitz auf, das zu beobachten
mir inbrünstig Freude geworden war und das ich –
entsetzlich zu denken! – in einer, in zwei Stunden zum

letztenmal gesehen haben sollte. Unwillkürlich mußte ich leise geseufzt oder aufgestöhnt haben, denn plötzlich beugte die Cousine meines Mannes sich mir zu: was mir sei, ob ich mich denn nicht ganz wohl fühle, ich blicke so blaß und bedrängt. Diese unvermutete Frage half nun rasch und mühelos in eine rasche Ausrede, mich quäle in der Tat eine Migräne, sie möge mir darum erlauben, mich unauffällig zu entfernen.

So mir selbst zurückgegeben, eilte ich unverzüglich in mein Hotel. Und kaum dort allein, überkam mich neuerdings das Gefühl der Leere, des Verlassenseins und, hitzig damit verklammert, das Verlangen nach jenem jungen Menschen, den ich heute für immer verlassen sollte. Ich fuhr hin und her im Zimmer, riß unnütz Laden auf, wechselte Kleid und Band, um mich mit einmal vor dem Spiegel zu finden, prüfenden Blickes, ob ich, dermaßen geschmückt, nicht doch den seinen zu binden vermöchte. Und jählings verstand ich mich selbst: alles tun, nur ihn nicht lassen! Und innerhalb einer gewalttätigen Sekunde wurde dieser Wille zum Entschluß. Ich lief hinunter zum Portier, kündigte ihm an, daß ich heute mit dem Abendzug abreise. Und nun galt es, eilig zu sein: ich klingelte dem Mädchen, daß sie mir behilflich sei, meine Sachen zu packen – die Zeit drängte ja; und während wir gemeinsam in wetteifernder Hast Kleider und kleines Gebrauchsgerät in die Koffer verstauten, träumte ich mir die ganze Überraschung aus: wie ich ihn an den Zug begleiten würde, um dann im letzten, im allerletzten Moment, wenn er mir die Hand schon zum Abschied geboten, plötzlich zu dem Erstaunten in den Wagen zu steigen, mit ihm für diese Nacht, für die nächste – solange er mich wollte. Eine Art entzückter, begeisterter Taumel wirbelte mir im Blut, manchmal lachte ich, zur Befremdung des Mädchens, indes ich Kleider in die Koffer warf, unvermutet laut auf: meine Sinne waren, ich fühlte es zwischendurch, in Unordnung geraten. Und als der Lohndiener kam, die Koffer zu holen, starrte ich ihn erst fremd an: Es war zu schwer, an Sachliches zu denken, indes von innen her die Erregung mich so stark überwogte.

Die Zeit drängte, knapp an sieben mochte es sein, bestenfalls blieben da zwanzig Minuten bis zum Abgang des Zuges – freilich, tröstete ich mich, nun zählte mein Kommen ja nicht mehr als Abschied, seit ich entschlossen war, ihn auf seiner Fahrt zu begleiten, solange, soweit er es duldete. Der Diener trug die Koffer voraus, ich hastete zur Hotelkasse, meine Rechnung zu begleichen. Schon reichte mir der Manager das Geld zurück, schon wollte ich weiter, da rührte eine Hand zärtlich an meine Schulter. Ich zuckte auf. Es war meine Cousine, die, beunruhigt durch mein angebliches Unwohlsein, gekommen war, nach mir zu sehen. Mir dunkelte es vor den Augen. Ich konnte sie jetzt nicht brauchen, jede Sekunde Verzögerung bedeutete verhängnisvolles Versäumnis, aber doch verpflichtete mich Höflichkeit, ihr wenigstens eine Zeitlang Rede und Antwort zu stehen. ›Du mußt zu Bett‹, drängte sie, ›du hast bestimmt Fieber.‹ Und so mochte es wohl auch sein, denn die Pulse trommelten mir hart auf die Schläfen, und manchmal spürte ich jene vorschwebenden blauen Schatten naher Ohnmacht über den Augen. Aber ich wehrte ab, bemühte mich, dankbar zu scheinen, indes jedes Wort mich brannte und ich am liebsten ihre unzeitgemäße Fürsorge mit dem Fuße weggestoßen hätte. Doch die unerwünscht Besorgte blieb, blieb, blieb, bot mir Eau de Cologne, ließ sichs nicht nehmen, mir selbst das kühle um die Schläfen zu streichen: ich aber zählte indes die Minuten, dachte gleichzeitig an ihn und wie ich einen Vorwand finden könnte, dieser quälenden Anteilnahme zu entkommen. Und je unruhiger ich ward, desto mehr erschien ich ihr verdächtig: beinahe mit Gewalt wollte sie mich schließlich veranlassen, auf mein Zimmer zu gehen und mich niederzulegen. Da – inmitten ihres Zuspruches – sah ich auf einmal in der Mitte der Halle die Uhr: zwei Minuten vor halb acht, und um 7 Uhr 35 ging der Zug. Und brüsk, schußhaft, mit der brutalen Gleichgültigkeit einer Verzweifelten stieß ich meiner Cousine die Hand geradewegs zu: ›Adieu, ich muß fort!‹ und ohne mich um ihren erstarrten Blick zu kümmern, ohne mich umzusehen, stürmte ich an den verwunderten Hoteldienern vorbei und zur Türe hinaus, auf die Straße und dem Bahnhof zu. Bereits an der erregten Gestikulation des Lohndieners, er stand dort wartend mit dem Gepäck, nahm ich von ferne wahr, es müsse höchste Zeit sein. Blindwütig stürmte ich hin zur Schranke, aber da wehrte wieder der Schaffner: Ich hatte vergessen, ein Billett zu nehmen. Und während ich mit Gewalt beinahe ihn bereden wollte, mich dennoch auf den Perron zu lassen, setzte sich der Zug bereits in Bewegung: ich starrte hin, zitternd an allen Gliedern, wenigstens noch einen Blick von irgendeinem der Waggonfenster zu erhaschen, ein Winken, einen Gruß. Aber ich konnte inmitten des eilfertigen Geschiebes sein Antlitz nicht mehr wahrnehmen. Immer rascher rollten die Wagen vorbei, und nach einer Minute blieb nichts als qualmendes, schwarzes Gewölk vor meinen verdunkelten Augen.

Ich muß wie versteinert dort gestanden haben, Gott weiß wie lange, denn der Lohndiener hatte mich wohl vergeblich mehrmals angesprochen, ehe er wagte, meinen Arm zu berühren. Da erst schrak ich auf. Ob er das Gepäck wieder in das Hotel zurückbringen sollte. Ich brauchte ein paar Minuten Zeit, mich zu besinnen; nein, das war nicht möglich, ich konnte nach jener lächerlichen, überstürzten Abreise nicht wieder zurück und wollte auch nicht zurück, nie mehr; so befahl ich ihm, ungeduldig, schon allein zu sein, das Gepäck im Depot zu verstauen. Danach erst, mitten in dem unablässig erneuten Gequirl von Menschen, das sich in der Halle lärmend zusammenschob und wieder zerkleinerte, versuchte ich zu denken, klar zu denken, mich herauszuretten aus diesem verzweifelten, schmerzenden Gewürge von Zorn, Reue und Verzweiflung, denn – warum es nicht eingestehen? – der Gedanke, durch eigene Schuld die letzte Begegnung vertan zu haben, wühlte in mir mit glühender Schärfe unbarmherzig herum. Ich hätte aufschreien können, so weh tat diese immer erbarmungsloser vordringende, rotgehitzte Schneide. Nur ganz leidenschaftsfremde Menschen haben ja in ihren einzigen Augenblicken vielleicht solche lawinenhaft plötzliche, solche orkanische Ausbrüche der Leidenschaft: da stürzen ganze Jahre mit dem stürzenden Groll nichtgenützter Kräfte die eigene Brust hinab. Nie vordem, nie nachdem hatte ich ähnliches an Überraschung und wütender Machtlosigkeit erlebt als in dieser Sekunde, da ich, zum Verwegensten bereit – bereit, mein ganzes gespartes, gehäuftes, zusammengehaltenes Leben mit einem Ruck hinzuwerfen –, plötzlich vor mir eine Mauer von Sinnlosigkeit fand, gegen die meine Leidenschaft ohnmächtig mit der Stirne stieß.

Was ich dann tat, wie konnte es anders als gleichfalls ganz sinnlos sein, es war töricht, sogar dumm, fast schäme ich mich, es zu erzählen – aber ich habe mir, ich habe Ihnen versprochen, nichts zu verschweigen: nun, ich ... ich suchte ihn mir wieder ... das heißt, ich suchte mir jeden Augenblick zurück, den ich mit ihm verbracht ... es zog mich gewaltsam hin zu allen Orten, wo wir gemeinsam gestern gewesen, zu der Bank im Garten, von der ich ihn weggerissen, in den Spielsaal, wo ich ihn zum erstenmal gesehen, ja in jene Spelunke sogar, nur um noch einmal, noch einmal das Vergangene wieder zu erleben. Und morgen wollte ich dann im Wagen die Corniche entlang den gleichen Weg, damit jedes Wort, jede Geste noch einmal in mir erneuert sei – ja so sinnlos, so kindisch war meine Verwirrung. Aber bedenken Sie, wie blitzhaft jene Geschehnisse mich überstürmten – ich hatte kaum anderes gefühlt als einen einzigen betäubenden Schlag. Nun aber, zu rauh aus jenem Tumult erweckt, wollte ich mich auf dies hinfliehend Erlebte noch einmal Zug um Zug nachgenießend besinnen, dank jenem magischen Selbstbetrug, den wir Erinnerung nennen – freilich: Das sind Dinge, die man begreift oder nicht begreift. Vielleicht braucht man ein brennendes Herz, um sie zu verstehen.

So ging ich zunächst in den Spielsaal, den Tisch zu suchen, wo er gesessen, und dort unter all den Händen die seinen mir zu erdenken. Ich trat ein: es war, ich wußte es noch, der linke Tisch gewesen im zweiten Zimmer, wo ich ihn zuerst erblickt. Noch deutlich stand jede seiner Gesten vor mir: traumwandlerisch, mit geschlossenen Augen und vorgestreckten Händen hätte ich seinen Platz gefunden. Ich trat also ein, ging gleich quer durch den Saal. Und da... wie ich von der Tür aus den Blick gegen das Gewühl wandte... da geschah mir etwas Sonderbares... da saß genau an der Stelle, an die ich mir ihn hingeträumt, da saß – Halluzinationen des Fiebers! – ... er wirklich... Er... Er... genau so, wie ich ihn eben träumend gesehen... genau so wie gestern, stier die Augen auf die Kugel gerichtet, geisterhaft bleich... aber Er... Er... unverkennbar Er...

Mir war, als müßte ich aufschreien, so erschrak ich. Aber ich bezähmte meinen Schrecken vor dieser unsinnigen Vision und schloß die Augen. ›Du bist wahnsinnig... du träumst... du fieberst‹, sagte ich mir. ›Es ist ja unmöglich, du halluzinierst... Er ist vor einer halben Stunde von hier weggefahren.‹ Dann erst tat ich die Augen wieder auf. Aber entsetzlich: genau so wie vordem saß er dort, leibhaft unverkennbar... unter Millionen hätte ich diese Hände erkannt... nein, ich träumte nicht, er war es wirklich. Er war nicht weggefahren, wie er mir geschworen, der Wahnwitzige saß da, er hatte das Geld, das ich ihm zur Heimreise gegeben, hierhergetragen an den grünen Tisch und vollkommen selbstvergessen in seiner Leidenschaft hier gespielt, indes ich verzweifelt mir das Herz nach ihm ausgerungen.

Ein Ruck stieß mich vorwärts: Wut überschwemmte mir die Augen, rasende rotblickende Wut, den Eidbrüchigen, der mein Vertrauen, mein Gefühl, meine Hingabe so schändlich betrogen hatte, an der Gurgel zu fassen. Aber ich bezwang mich noch. Mit gewollter Langsamkeit (wieviel Kraft kostete sie mich!) trat ich an den Tisch gerade ihm gegenüber, ein Herr machte mir höflich Platz. Zwei Meter grünes Tuch standen zwischen uns beiden, und ich konnte, wie von einem Balkon herab in ein Schauspiel, hinstarren in sein Gesicht, in eben dasselbe Gesicht, das ich vor zwei Stunden überstrahlt gesehen hatte von Dankbarkeit, erleuchtet von der Aura der göttlichen Gnade, und das nun ganz wieder in allen Höllenfeuern der Leidenschaft zuckend verging. Die Hände, dieselben Hände, die ich noch nachmittags im heiligsten Eid an das Holz des Kirchengestühls verklammert gesehen, sie krallten jetzt wieder gekrümmt im Geld herum wie wollüstige Vampire. Denn er hatte gewonnen, er mußte, viel, sehr viel gewonnen haben: vor ihm glitzerte ein wirrer Haufen von Jetons und Louisdors und Banknoten, ein schütteres, achtloses Durcheinander, in dem die Finger, seine zitternden, nervösen Finger sich wohlig streckten und badeten. Ich sah, wie sie streichelnd die einzelnen Noten festhielten und falteten, die Münzen drehten und liebkosten, um dann plötzlich mit einem Ruck eine Faustvoll zu fassen und mitten auf eines der Karrees zu werfen. Und sofort begannen die Nasenflügel jetzt wieder diese fliegenden Zuckungen, der Ruf des Croupiers riß ihm die Augen, die gierig flackernden, vom Gelde weg hin zu der splitternden Kugel, er strömte gleichsam von sich selber fort, indes die Ellenbogen dem grünen Tisch mit Nägeln angehämmert schienen. Noch furchtbarer, noch grauenhafter offenbarte sich sein vollkommenes Besessensein als am vergangenen Abend, denn jede seiner Bewegungen mordete in mir jenes andere, wie auf Goldgrund leuchtende Bild, das ich leichtgläubig nach innen genommen.

Zwei Meter weit voneinander atmeten wir so beide; ich starrte auf ihn, ohne daß er meiner gewahr wurde. Er sah nicht auf mich, er sah niemanden, sein Blick glitt nur hin zu dem Geld, flackerte unstet mit der zurückrollenden Kugel: in diesem einen rasenden grünen Kreise waren alle seine Sinne eingeschlossen und hetzten hin und zurück. Die ganze Welt, die ganze Menschheit war diesem Spielsüchtigen zusammengeschmolzen in diesen viereckigen Fleck gespannten Tuches. Und ich wußte, daß ich hier Stunden und Stunden stehen konnte, ohne daß er eine Ahnung meiner Gegenwart in seine Sinne nehmen würde.

Aber ich ertrug es nicht länger. Mit einem plötzlichen Entschluß ging ich um den Tisch, trat hinter ihn und faßte hart mit der Hand seine Schulter. Sein Blick taumelte auf – eine Sekunde starrte er mit glasigen Augäpfeln mich fremd an, genau einem Trunkenen gleich, den man mühsam aus dem Schlaf rüttelt und dessen Blicke noch grau und dösig vom inneren Qualme dämmern. Dann schien er mich zu erkennen, sein Mund tat sich zitternd auf, beglückt sah er zu mir empor und stammelte leise mit einer wirr-geheimnisvollen Vertraulichkeit: ›Es geht gut... Ich habe es gleich gewußt, wie ich hereinkam und sah, daß Er hier ist... Ich habe es gleich gewußt...‹ Ich verstand ihn nicht. Ich merkte nur, daß er betrunken war vom Spiel, daß dieser Wahnwitzige alles vergessen hatte, sein Gelöbnis, seine Verabredung, mich und die Welt. Aber selbst in dieser Besessenheit war seine Ekstase für mich so hinreißend, daß ich unwillkürlich seiner Rede mich unterwarf und betroffen fragte, wer denn hier sei.

›Dort, der alte russische General mit dem einen Arm‹, flüsterte er, ganz an mich gedrückt, damit niemand das magische Geheimnis erlausche. ›Dort, der mit den weißen Kotelettes und dem Diener hinter sich. Er gewinnt immer, ich habe ihn schon gestern beobachtet, er muß ein System haben, und ich setze immer das gleiche ... Auch gestern hat er immer gewonnen ... nur habe ich den Fehler gemacht, weiterzuspielen, als er wegging ... das war mein Fehler ... er muß gestern zwanzigtausend Franken gewonnen haben ... und auch heute gewinnt er mit jedem Zug ... jetzt setze ich ihm immer nach ... Jetzt ...‹

Mitten in der Rede brach er plötzlich ab, denn der Croupier rief sein schnarrendes ›Faites votre jeu!‹ und schon taumelte sein Blick fort und gierte hin zu dem Platz, wo gravitätisch und gelassen der weißbärtige Russe saß und bedächtig erst ein Goldstück, dann zögernd ein zweites auf das vierte Feld hinlegte. Sofort griffen die hitzigen Hände vor mir in den Haufen und warfen eine Handvoll Goldstücke auf die gleiche Stelle. Und als nach einer Minute der Croupier ›Zéro!‹ rief und sein Rechen mit einer einzigen Drehung den ganzen Tisch blankfegte, starrte er wie einem Wunder dem wegströmenden Gelde nach. Aber meinen Sie, er hätte sich nach mir umgewendet: Nein, er hatte mich vollkommen vergessen; ich war herausgesunken, verloren, vergangen aus seinem Leben, seine ganzen angespannten Sinne starrten nur hin zu dem russischen General, der, vollkommen gleichgültig, wieder zwei Goldstücke in der Hand wog, unschlüssig, auf welche Zahl er sie placieren sollte.

Ich kann Ihnen meine Erbitterung, meine Verzweiflung nicht schildern. Aber denken Sie sich mein Gefühl: für einen Menschen, dem man sein ganzes Leben hingeworfen hat, nicht mehr als eine Fliege zu sein, die man lässig mit der lockeren Hand wegscheucht. Wieder kam diese Welle von Wut über mich. Mit vollem Griff packte ich seinen Arm, daß er auffuhr.

›Sie werden sofort aufstehen!‹ flüsterte ich ihm leise, aber befehlend zu. ›Erinnern Sie sich, was Sie heute in der Kirche geschworen, Sie eidbrüchiger, erbärmlicher Mensch.‹

Er starrte mich an, betroffen und ganz blaß. Seine Augen bekamen plötzlich den Ausdruck eines geschlagenen Hundes, seine Lippen zitterten. Er schien sich mit einem Mal alles Vergangenen zu erinnern, und ein Grauen vor sich selbst ihn zu überkommen.

›Ja . . . ja . . .‹, stammelte er. ›O mein Gott, mein Gott . . . Ja . . . ich komme schon, verzeihen Sie . . .‹

Und schon raffte seine Hand das ganze Geld zusammen, schnell zuerst, mit einem zusammenreißenden, vehementen Ruck, aber dann allmählich träger werdend und wie von einer Gegenkraft zurückgeströmt. Sein Blick war neuerdings auf den russischen General gefallen, der eben pointierte.

›Einen Augenblick noch . . .‹ er warf rasch fünf Goldstücke auf das gleiche Feld . . . ›Nur noch dieses eine Spiel . . . Ich schwöre Ihnen, ich komme sofort . . . nur noch dieses eine Spiel . . . nur noch . . .‹

Und wieder verlosch seine Stimme. Die Kugel hatte zu rollen begonnen und riß ihn mit sich. Wieder war der Besessene mir, war er sich selber entglitten, hinabgeschleudert mit dem Kreisel in die glatte Mulde, innerhalb derer die winzige Kugel kollerte und sprang. Wieder rief der Croupier, wieder scharrte der Rechen die fünf Goldstücke von ihm weg; er hatte verloren. Aber er wandte sich nicht um. Er hatte mich vergessen, wie den Eid, wie das Wort, das er mir vor einer Minute gegeben. Schon wieder zuckte seine gierige Hand nach dem eingeschmolzenen Gelde, und nur zu dem Magnet seines Willens, zu dem glückbringenden Gegenüber hin, flackerte sein betrunkener Blick.

Meine Geduld war zu Ende. Ich rüttelte ihn nochmals, aber jetzt gewaltsam. ›Auf der Stelle stehen Sie jetzt auf! Sofort!... Sie haben gesagt, dieses Spiel noch...‹

Aber da geschah etwas Unerwartetes. Er riß sich plötzlich herum, doch das Gesicht, das mich ansah, war nicht mehr das eines Demütigen und Verwirrten, sondern eines Rasenden, eines Bündels Zorn mit brennenden Augen und vor Wut zitternden Lippen. ›Lassen Sie mich in Ruhe!‹ fauchte er mich an. ›Gehen Sie weg! Sie bringen mir Unglück. Immer, wenn Sie da sind, verliere ich. So haben Sie es gestern gemacht und heute wieder. Gehen Sie fort!‹

Ich war einen Augenblick starr. Aber an seiner Tollheit wurde nun auch mein Zorn zügellos.

›Ich bringe Ihnen Unglück?‹ fuhr ich ihn an. ›Sie Lügner, Sie Dieb, der Sie mir geschworen haben...‹ Doch ich kam nicht weiter, denn der Besessene sprang von seinem Platze auf, stieß mich, gleichgültig um den sich regenden Tumult, zurück. ›Lassen Sie mich in Frieden‹, schrie er hemmungslos laut. ›Ich stehe nicht unter Ihrer Kuratel... da... da... da haben Sie Ihr Geld‹, und er warf mir ein paar Hundertfrankenscheine hin... ›Jetzt aber lassen Sie mich in Ruhe!‹

Ganz laut, wie ein Besessener hatte er das gerufen, gleichgültig gegen die hundert Menschen ringsum. Alles starrte, zischelte, deutete, lachte, ja vom Nachbarsaal selbst drängten neugierige Leute herein. Mir war, als würden mir die Kleider vom Leibe gerissen und ich stünde nackt vor allen diesen Neugierigen... ›Silence, Madame, s'il vous plaît!‹ sagte laut und herrisch der Croupier und klopfte mit dem Rechen auf den Tisch. Mir galt das, mir, das Wort dieses erbärmlichen Gesellen. Erniedrigt, von Scham übergossen, stand ich vor der zischelnd aufflüsternden Neugier wie eine Dirne, der man Geld hingeschmissen hat. Zweihundert, dreihundert unverschämte Augen griffen mir ins Gesicht, und da ... wie ich ausweichend, ganz geduckt von dieser Jauche von Erniedrigung und Scham mit dem Blick zur Seite bog, da stieß er gradwegs in zwei Augen, gleichsam schneidend vor Überraschung – es war meine Cousine, die mich entgeistert anblickte, aufgegangenen Mundes und mit einer wie im Schreck erhobenen Hand.

Das schlug in mich hinein: noch ehe sie sich regen konnte, sich erholen von ihrer Überraschung, stürmte ich aus dem Saale: es trug mich noch gerade hin bis zu der Bank, zu eben derselben Bank, auf die gestern jener Besessene hingestürzt war. Und ebenso kraftlos, ebenso ausgeschöpft und zerschmettert fiel ich hin auf das harte, unbarmherzige Holz. –

Das ist jetzt vierundzwanzig Jahre her, und doch, wenn ich an diesen Augenblick, wo ich dort, niedergepeitscht von seinem Hohn, vor tausend fremden Menschen stand, mich erinnere, wird mir das Blut kalt in den Adern. Und ich spüre wieder erschrocken, eine wie schwache, armselige und quallige Substanz das doch sein muß, was wir immer großspurig Seele, Geist, Gefühl, was wir Schmerzen nennen, da all dies selbst im äußersten Übermaß nicht vermag, den leidenden Leib, den zerquälten Körper völlig zu zersprengen – weil man ja doch solche Stunden mit weiterpochendem Blut überdauert, statt hinzusterben und hinzustürzen wie ein Baum unterm Blitz. Nur für einen Ruck, für einen Augenblick hatte dieser Schmerz mir die Gelenke durchgerissen, daß ich hinfiel auf jene Bank, atemlos, stumpf und mit meinem geradezu wollüstigen Vorgefühl des Absterbenmüssens. Aber ich sagte es eben, aller Schmerz ist feige, er zuckt zurück vor der übermächtigen Forderung nach Leben, die stärker in unserem Fleisch verhaftet scheint als alle Todesleidenschaft in unserem Geiste. Unerklärlich mir selbst nach solcher Zerschmetterung der Gefühle: aber doch, ich stand wieder auf, nicht wissend freilich, was zu tun. Und plötzlich fiel mir ein, daß ja meine Koffer am Bahnhof bereitstanden, und schon jagte es durch mich hin: fort, fort, fort, nur fort von hier, von diesem verfluchten Höllenhaus. Ich lief ohne auf jemand achtzugeben an die Bahn, fragte, wann der nächste Zug nach Paris ginge; um zehn Uhr sagte mir der Portier, und sofort ließ ich mein Gepäck aufgeben. Zehn Uhr – dann waren genau vierundzwanzig Stunden vorbei seit jener entsetzlichen Begegnung, vierundzwanzig Stunden, so gefüllt vom wechselnden Wetterschlag der widersinnigsten Gefühle, daß meine innere Welt für immer zerschmettert war. Aber zunächst spürte ich nichts als ein Wort in diesem ewig hämmernden, zuckenden Rhythmus: fort! fort! fort! Mein Puls hinter der Stirn schlug wie ein Keil es immer wieder in die Schläfen hinein: fort! fort! fort! Fort von dieser Stadt, fort von mir selbst, nach Hause, zu meinen Menschen, zu meinem früheren, zu meinem eigenen Leben! Ich fuhr die Nacht durch nach Paris, dort von einem Bahnhof zum andern und direkt nach Boulogne, von Boulogne nach Dover, von Dover nach London, von London zu meinem Sohn – alles in diesem einzigen jagenden Flug, ohne zu überlegen, ohne zu denken, achtundvierzig Stunden, ohne Schlaf, ohne Wort, ohne Essen, achtundvierzig Stunden, während derer alle Räder nur dieses eine Wort ratterten: fort! fort! fort! Als ich endlich, unerwartet für jeden einzelnen, bei meinem Sohn im Landhaus eintrat, schraken sie alle auf: irgend etwas muß in meinem Wesen, in meinem Blick gestanden haben, das mich verriet. Mein Sohn wollte mich umarmen und küssen. Ich bog mich zurück: der Gedanke war mir unerträglich, daß er Lippen berühren sollte, die ich als geschändet empfand. Ich wehrte jeder Frage, verlangte nur ein Bad, denn dies war mir Bedürfnis, mit dem Schmutz der Reise auch alles andere von meinem Körper wegzuwaschen, was noch von der Leidenschaft dieses Besessenen, dieses Unwürdigen ihm anzuhaften schien. Dann schleppte ich mich hinauf in mein Zimmer und schlief zwölf, vierzehn Stunden einen dumpfen, steinernen Schlaf, wie ich ihn nie zuvor und nie seitdem geschlafen habe, einen Schlaf, nach dem ich nun weiß, wie das sein muß, in einem Sarg zu liegen und tot zu sein. Meine Verwandten kümmerten sich um mich wie um eine Kranke, aber ihre Zärtlichkeit tat mir nur weh, ich schämte mich ihrer Ehrfurcht, ihres Respekts, und unablässig mußte ich mich hüten, nicht plötzlich herauszuschreien, wie sehr ich sie alle verraten, vergessen und schon verlassen hatte um einer tollen und wahnwitzigen Leidenschaft willen.

Ziellos fuhr ich dann wieder in eine kleine französische Stadt, wo ich niemanden kannte, denn mich verfolgte der Wahn, jeder Mensch könne mir von außen beim ersten Blick meine Schande, meine Veränderung ansehen, so sehr fühlte ich mich verraten und beschmutzt bis in die tiefste Seele. Manchmal, wenn ich morgens aufwachte in meinem Bett, hatte ich eine grauenhafte Angst, die Augen zu öffnen. Wieder überfiel mich das Erinnern an diese Nacht, wo ich plötzlich neben einem fremden, halbnackten Menschen erwachte, und dann hatte ich immer nur, ganz wie damals, den einen Wunsch, sofort zu sterben.

Aber schließlich, die Zeit hat doch tiefe Macht und das Alter eine sonderbare entwertende Gewalt über alle Gefühle. Man spürt den Tod näher herankommen, sein Schatten fällt schwarz über den Weg, da scheinen die Dinge weniger grell, sie fahren einem nicht mehr so in die inneren Sinne und verlieren viel von ihrer gefährlichen Gewalt. Allmählich kam ich über den Schock hinweg; und als ich nach langen Jahren einmal in einer Gesellschaft dem Attaché der österreichischen Gesandtschaft begegnete, einem jungen Polen, und er mir auf meine Erkundung nach jener Familie erzählte, daß ein Sohn dieses seines Vetters sich vor zehn Jahren in Monte Carlo erschossen habe – da zitterte ich nicht einmal mehr. Es tat kaum mehr weh: vielleicht – warum seinen Egoismus verleugnen? – tat es mir sogar wohl, denn nun war die letzte Furcht vorbei, noch jemals ihm zu begegnen: ich hatte keinen Zeugen mehr wider mich als die eigene Erinnerung. Seitdem bin ich ruhiger geworden. Altwerden heißt ja nichts anderes, als keine Angst mehr haben vor der Vergangenheit.

Und jetzt werden Sie es auch verstehen, wie ich plötzlich dazu kam, mit Ihnen über mein eigenes Schicksal zu sprechen. Als Sie Madame Henriette verteidigten und leidenschaftlich sagten, vierundzwanzig Stunden könnten das Schicksal einer Frau vollkommen bestimmen, fühlte ich mich selbst damit gemeint: Ich war Ihnen dankbar, weil ich zum erstenmal mich gleichsam bestätigt fühlte. Und da dachte ich mir: einmal sichs wegsprechen von der Seele, vielleicht löst das den lastenden Bann und die ewig rückblickende Starre; dann kann ich morgen vielleicht hinübergehen und ebendenselben Saal betreten, in dem ich meinem Schicksal begegnet, und doch ohne Haß sein gegen ihn und gegen mich selbst. Dann ist der Stein von der Seele gewälzt, liegt mit seiner ganzen Wucht über aller Vergangenheit und verhütet, daß sie noch einmal aufersteht. Es war gut für mich, daß ich Ihnen all dies erzählen konnte: mir ist jetzt leichter und beinahe froh zumute … ich danke Ihnen dafür.«

Bei diesen Worten war sie plötzlich aufgestanden, ich fühlte, daß sie zu Ende war. Etwas verlegen suchte ich nach einem Wort. Aber sie mußte meine Berührung gefühlt haben und wehrte rasch ab.

»Nein, bitte, sprechen Sie nicht ... ich möchte nicht, daß Sie mir etwas antworten oder sagen ... Seien Sie bedankt, daß Sie mir zugehört haben, und reisen Sie wohl.«

Sie stand mir gegenüber und reichte mir die Hand zum Abschied. Unwillkürlich sah ich auf zu ihrem Gesicht, und es schien mir rührend wunderbar, das Antlitz dieser alten Frau, die gütig und gleichzeitig leicht beschämt vor mir stand. War es der Widerschein vergangener Leidenschaft, war es Verwirrung, die da plötzlich mit aufsteigendem Rot die Wangen bis zum weißen Haar empor unruhig überglühte – aber ganz wie ein Mädchen stand sie da, bräutlich verwirrt von Erinnerungen und beschämt von dem eigenen Geständnis. Unwillkürlich ergriffen, drängte es mich sehr, ihr durch ein Wort meine Ehrfurcht zu bezeugen. Doch die Kehle wurde mir eng. Und da beugte ich mich nieder und küßte respektvoll ihre welke, wie Herbstlaub leicht zitternde Hand.

Die Frau und die Landschaft

Es war in jenem heißen Sommer, der durch Regennot und Dürre verhängnisvolle Mißernte im ganzen Lande verschuldete und noch für lange Jahre im Andenken der Bevölkerung gefürchtet blieb. Schon in den Monaten Juni und Juli waren nur vereinzelte flüchtige Schauer über die dürstenden Felder hingestreift, aber seit der Kalender zum August übergeschlagen, fiel überhaupt kein Tropfen mehr, und selbst hier oben, in dem Hochtale Tirols, wo ich, wie viele andere, Kühlung zu finden gewähnt hatte, glühte die Luft safranfarben von Feuer und Staub. Frühmorgens schon starrte die Sonne gelb und stumpf wie das Auge eines Fiebernden vom leeren Himmel auf die erloschene Landschaft, und mit den steigenden Stunden quoll dann allmählich ein weißlicher drückender Dampf aus dem messingenen Kessel des Mittags und überschwülte das Tal. Irgendwo freilich in der Ferne hoben sich die Dolomiten mächtig empor, und Schnee glänzte von ihnen, rein und klar, aber nur das Auge fühlte erinnernd diesen Schimmer der Kühle, und es tat weh, sie schmachtend anzusehen und an den Wind zu denken, der sie vielleicht zur gleichen Stunde rauschend umflog, während hier im Talkessel sich eine gierige Wärme nachts und tags zudrängte und mit tausend Lippen einem die Feuchte entsog. Allmählich erstarb in dieser sinkenden Welt welkender Pflanzen, hinschmachtenden Laubes und versiegender Bäche auch innen alle lebendige Bewegung, müßig und träge wurden die Stunden. Ich wie die andern verbrachte diese endlosen Tage fast nur noch im Zimmer, halb entkleidet, bei verdunkelten Fenstern, in einem willenlosen Warten auf Veränderung, auf Kühlung, in einem stumpfen, machtlosen Träumen von Regen und Gewitter. Und bald wurde auch dieser Wunsch welk, ein Brüten, dumpf und willenlos wie das der lechzenden Gräser und der schwüle Traum des reglosen, dunstumwölkten Waldes.

Es wurde nur noch heißer von Tag zu Tag, und der Regen wollte noch immer nicht kommen. Von früh bis abends brannte die Sonne nieder, und ihr gelber, quälender Blick bekam allmählich etwas von der stumpfen Beharrlichkeit eines Wahnsinnigen. Es war, als ob das ganze Leben aufhören wollte, alles stand stille, die Tiere lärmten nicht mehr, von weißen Feldern kam keine andere Stimme als der leise singende Ton der schwingenden Hitze, das surrende Brodeln der siedenden Welt. Ich hatte hinausgehen wollen in den Wald, wo Schatten blau zwischen den Bäumen zitterten, um dort zu liegen, um nur diesem gelben, beharrlichen Blick der Sonne zu entgehen; aber auch schon diese wenigen Schritte wurden mir zu viel. So blieb ich sitzen auf einem Rohrsessel vor dem Eingang des Hotels, eine Stunde oder zwei, eingepreßt in den schmalen Schatten, den der schirmende Dachrand in den Kies zog. Einmal rückte ich weiter, als das dünne Viereck Schatten sich verkürzte und die Sonne schon heran an meine Hände kroch, dann blieb ich wieder hingelehnt, stumpf brütend ins stumpfe Licht, ohne Gefühl von Zeit, ohne Wunsch, ohne Willen. Die Zeit war zerschmolzen in dieser furchtbaren Schwüle, die Stunden zerkocht, zergangen in heißer, sinnloser Träumerei. Ich fühlte nichts als den brennenden Andrang der Luft außen an meinen Poren und innen den hastigen Hammerschlag des fiebrig pochenden Blutes.

Da auf einmal war mir, als ob durch die Natur ein Atmen ginge, leise, ganz leise, als ob ein heißer, sehnsüchtiger Seufzer sich aufhübe von irgendwo. Ich raffte mich empor. War das nicht Wind? Ich hatte schon vergessen, wie das war, zu lange hatten die verdorrenden Lungen dies Kühle nicht getrunken, und noch fühlte ich ihn nicht bis an mich heranziehen, eingepreßt in meinen Winkel Dachschatten; aber die Bäume dort drüben am Hang mußten eine fremde Gegenwart geahnt haben, denn mit einem Male begannen sie ganz leise zu schwanken, als neigten sie sich flüsternd einander zu. Die Schatten zwischen ihnen wurden unruhig. Wie ein Lebendiges und Erregtes huschten sie hin und her, und plötzlich hob es sich auf, irgendwo fern, ein tiefer, schwingender Ton. Wirklich: Wind kam über die Welt, ein Flüstern, ein Wehen, ein Weben, ein tiefes, orgelndes Brausen und jetzt ein stärkerer, mächtiger Stoß. Wie von einer jähen Angst getrieben, liefen plötzlich qualmige Wolken von Staub über die Straßen, alle in gleicher Richtung; die Vögel, die irgendwo im Dunkel gelagert hatten, zischten auf einmal schwarz durch die Luft, die Pferde schnupperten sich den Schaum von den Nüstern, und fern im Tale blökte das Vieh. Irgend etwas Gewaltiges war aufgewacht und mußte nahe sein, die Erde wußte es schon, der Wald und die Tiere, und auch über den Himmel schob sich jetzt ein leichter Flor von Grau.

Ich zitterte vor Erregung. Mein Blut war von den feinen Stacheln der Hitze aufgereizt, meine Nerven knisterten und spannten sich, nie hatte ich so wie jetzt die Wollust des Windes geahnt, die selige Lust des Gewitters. Und es kam, es zog heran, es schwoll und kündete sich an. Langsam schob der Wind weiche Knäuel von Wolken herüber, es keuchte und schnaubte hinter den Bergen, als rollte jemand eine ungeheure Last. Manchmal hielten diese schnaubenden, keuchenden Stöße wie ermüdet wieder inne. Dann zitterten sich die Tannen langsam still, als ob sie horchen wollten, und mein Herz zitterte mit. Wo überallhin ich blickte, war die gleiche Erwartung wie in mir, die Erde hatte ihre Sprünge gedehnt: wie kleine, durstige Mäuler waren sie aufgerissen, und so fühlte ich es auch am eigenen Leibe, daß Pore an Pore sich auftat und spannte, Kühle zu suchen und die kalte, schauernde Lust des Regens. Unwillkürlich krampften sich meine Finger, als könnten sie die Wolken fassen und sie rascher herreißen in die schmachtende Welt.

Aber schon kamen sie, von unsichtbarer Hand geschoben, träge herangedunkelt, runde, wulstige Säcke, und man sah: sie waren schwer und schwarz von Regen, denn sie polterten murrend wie feste, wuchtige Dinge, wenn sie aneinander stießen, und manchmal fuhr ein leiser Blitz über ihre schwarze Fläche wie ein knisterndes Streichholz. Blau flammten sie dann auf und gefährlich, und immer dichter drängte es sich heran, immer schwärzer wurden sie an ihrer eigenen Fülle. Wie der eiserne Vorhang eines Theaters senkte sich allmählich bleierner Himmel nieder und nieder. Jetzt war schon der ganze Raum schwarz überspannt, zusammengepreßt die warme, verhaltene Luft, und nun setzte noch ein letztes Innehalten der Erwartung ein, stumm und grauenhaft. Erwürgt war alles von dem schwarzen Gewicht, das sich über die Tiefe senkte, die Vögel zirpten nicht mehr, atemlos standen die Bäume, und selbst die kleinen Gräser wagten nicht mehr zu zittern; ein metallener Sarg, umschloß der Himmel die heiße Welt, in der alles erstarrt war vor Erwartung nach dem ersten Blitz. Atemlos stand ich da, die Hände ineinandergeklammt, und spannte mich zusammen in einer wundervollen süßen Angst, die mich reglos machte. Ich hörte hinter mir die Menschen umhereilen, aus dem Walde kamen sie, aus der Tür des Hotels, von allen Seiten flüchteten sie; die Dienstmädchen ließen die Rolläden herunter und schlossen krachend die Fenster. Alles war plötzlich tätig und aufgeregt, rührte sich, bereitete sich, drängte sich. Nur ich stand reglos, fiebernd, stumm, denn in mir war alles zusammengepreßt zu dem Schrei, den ich schon in der Kehle fühlte, den Schrei der Lust bei dem ersten Blitz.

Da hörte ich auf einmal knapp hinter mir einen Seufzer, stark aufbrechend aus gequälter Brust und noch mit ihm flehentlich verschmolzen das sehnsüchtige Wort: »Wenn es doch nur schon regnen wollte!« So wild, so elementar war diese Stimme, war dieser Stoß aus einem bedrückten Gefühl, als hätte es die dürstende Erde selbst gesagt mit ihren aufgesprungenen Lippen, die gequälte, erdrosselte Landschaft unter dem Bleidruck des Himmels. Ich wendete mich um. Hinter mir stand ein Mädchen, das offenbar die Worte gesagt, denn ihre Lippen, die blassen und fein geschwungenen, waren noch im Lechzen aufgetan, und ihr Arm, der sich an der Tür hielt, zitterte leise. Nicht zu mir hatte sie gesprochen und zu niemandem. Wie über einen Abgrund bog sie sich in die Landschaft hinein, und ihr Blick starrte spiegellos hinaus in das Dunkel, das über den Tannen hing. Er war schwarz und leer, dieser Blick, starr als eine grundlose Tiefe gegen den tiefen Himmel gewandt. Nur nach oben griff seine Gier, griff tief in die geballten Wolken, in das überhängende Gewitter, und an mich rührte er nicht. So konnte ich ungestört die Fremde betrachten und sah, wie ihre Brust sich hob, wie etwas würgend nach oben schütterte, wie jetzt um die Kehle, die zartknochig aus dem offenen Kleide sich löste, ein Zittern ging, bis endlich auch die Lippen bebten, dürstend sich auftaten und wieder sagten: »Wenn es doch nur schon regnen wollte.« Und wieder war es mir Seufzer der ganzen verschwülten Welt. Etwas Nachtwandlerisches und Traumhaftes war in ihrer statuenhaften Gestalt, in ihrem gelösten Blick. Und wie sie so dastand, weiß in ihrem lichten Kleide gegen den bleifarbnen Himmel, schien sie mir der Durst, die Erwartung der ganzen schmachtenden Natur.

Etwas zischte leise neben mir ins Gras. Etwas pickte hart auf dem Gesims. Etwas knirschte leise im heißen Kies. Überall war plötzlich dieser leise surrende Ton. Und plötzlich begriff ichs, fühlte ichs, daß dies Tropfen waren, die schwer niederfielen, die ersten verdampfenden Tropfen, die seligen Boten des großen, rauschenden, kühlenden Regens. Oh, es begann! Es hatte begonnen. Eine Vergessenheit, eine selige Trunkenheit kam über mich. Ich war wach wie nie. Ich sprang vor und fing einen Tropfen in der Hand. Schwer und kalt klatschte er mir an die Finger. Ich riß die Mütze ab, stärker die nasse Lust auf Haar und Stirn zu fühlen, ich zitterte schon vor Ungeduld, mich ganz umrauschen zu lassen vom Regen, ihn an mir zu fühlen, an der warmen knisternden Haut, in den offenen Poren, bis tief hinein in das aufgeregte Blut. Noch waren sie spärlich, die platschenden Tropfen, aber ich fühlte ihre sinkende Fülle schon voraus, ich hörte sie schon strömen und rauschen, die aufgetanen Schleusen, ich spürte schon das selige Niederbrechen des Himmels über dem Walde, über das Schwüle der verbrennenden Welt.

Aber seltsam: die Tropfen fielen nicht schneller. Man konnte sie zählen. Einer, einer, einer, einer, fielen sie nieder, es knisterte, es zischte, es sauste leise rechts und links, aber es wollte nicht zusammenklingen zur großen rauschenden Musik des Regens. Zaghaft tropfte es herab, und statt schneller zu werden, ward der Takt langsam und immer langsamer und stand dann plötzlich still. Es war, wie wenn das Ticken eines Sekundenzeigers in einer Uhr plötzlich aufhört und die Zeit erstarrt. Mein Herz, das schon vor Ungeduld glühte, wurde plötzlich kalt. Ich wartete, wartete, aber es geschah nichts. Der Himmel blickte schwarz und starr nieder mit umdüsterter Stirn, minutenlang blieb es totenstill, dann aber schien es, als ob ein leises, höhnisches Leuchten über sein Antlitz ginge.

Von Westen her hellte sich die Höhe auf, die Wand der Wolken löste sich mählich, leise polternd rollten sie weiter. Seichter und seichter ward ihre schwarze Unergründlichkeit, und in ohnmächtiger, unbefriedigter Enttäuschung lag unter dem erglänzenden Horizont die lauschende Landschaft. Wie von Wut lief noch ein leises, letztes Zittern durch die Bäume, sie beugten und krümmten sich, dann aber fielen die Laubhände, die schon gierig aufgereckt waren, schlaff zurück, wie tot. Immer durchsichtiger ward der Wolkenflor, eine böse, gefährliche Helle stand über der wehrlosen Welt. Es war nichts geschehen. Das Gewitter hatte sich verzogen.

Ich zitterte am ganzen Körper. Wut war es, was ich fühlte, eine sinnlose Empörung der Ohnmacht, der Enttäuschung, des Verrats. Ich hätte schreien können oder rasen, eine Lust kam mich an, etwas zu zerschlagen, eine Lust am Bösen und Gefährlichen, ein sinnloses Bedürfnis nach Rache. Ich fühlte in mir die Qual der ganzen verratenen Natur, das Lechzen der kleinen Gräser war in mir, die Hitze der Straßen, der Qualm des Waldes, die spitze Glut des Kalksteines, der Durst der ganzen betrogenen Welt. Meine Nerven brannten wie Drähte: ich fühlte sie zucken von elektrischer Spannung weit hinaus in die geladene Luft, wie viele feine Flammen glühten sie mir unter der gespannten Haut. Alles tat mir weh, alle Geräusche hatten Spitzen, alles war wie umzüngelt von kleinen Flammen, und der Blick, was immer er faßte, verbrannte sich. Das tiefste Wesen in mir war aufgereizt, ich spürte, wie viele Sinne, die sonst stumm und tot im dumpfen Hirne schliefen, sich auftaten wie viele kleine Nüstern, und mit jeder spürte ich Glut. Ich wußte nicht mehr, was davon meine Erregung war und was die der Welt; die dünne Membran des Fühlens zwischen ihr und mir war zerrissen, alles einzig erregte Gemeinschaft der Enttäuschung, und als ich fiebernd hinabstarrte in das Tal, das sich allmählich mit Lichtern füllte, spürte ich, daß jedes einzelne Licht in mich hineinflimmerte, jeder Stern brannte bis in mein Blut. Es war die gleiche maßlose, fiebernde Erregung außen und innen, und in einer schmerzhaften Magie empfand ich alles, was um mich schwoll, gleichsam in mich gepreßt und dort wachsend und glühend. Mir war, als brenne der geheimnisvolle, lebendige Kern, der in alle Vielfalt einzeln eingetan ist, aus meinem innersten Wesen, alles spürte ich, in magischer Wachheit der Sinne den Zorn jedes einzelnen Blattes, den stumpfen Blick des Hundes, der mit gesenktem Schweife jetzt um die Türen schlich, alles fühlte ich, und alles, was ich spürte, tat mir weh. Fast körperlich begann dieser Brand in mir zu werden, und als ich jetzt mit den Fingern nach dem Holz der Tür griff, knisterte es leise unter ihnen wie Zunder, brenzlig und trocken.

Der Gong lärmte zur Abendmahlzeit. Tief in mich schlug der kupferne Klang hinein, schmerzhaft auch er. Ich wendete mich um. Wo waren die Menschen hin, die früher hier in Angst und Erregung vorbeigeeilt? Wo war sie, die hier gestanden als lechzende Welt und die ich ganz vergessen in den wirren Minuten der Enttäuschung? Alles war verschwunden. Ich stand allein in der schweigenden Natur. Noch einmal umgriff ich Höhe und Ferne mit dem Blick. Der Himmel war jetzt ganz leer, aber nicht rein. Über den Sternen lag ein Schleier, ein grünlich gespannter, und aus dem aufsteigenden Mond glitzerte der böse Glanz eines Katzenauges. Fahl war alles da oben, höhnisch und gefährlich, tief drunten aber unter dieser unsicheren Sphäre dämmerte dunkel die Nacht, phosphoreszierend wie ein tropisches Meer und mit dem gequälten wollüstigen Atem einer enttäuschten Frau. Oben stand noch hell und höhnisch eine letzte Helle, unten müde und lastend eine schwüle Dunkelheit, feindlich war eines dem andern, unheimlich stummer Kampf zwischen Himmel und Erde.

Ich atmete tief und trank nur Erregung. Ich griff ins Gras. Es war trocken wie Holz und knisterte blau in meinen Fingern.

Wieder rief der Gong. Widerlich war mir der tote Klang. Ich hatte keinen Hunger, kein Verlangen nach Menschen, aber diese einsame Schwüle hier draußen war zu fürchterlich. Der ganze schwere Himmel lastete stumm auf meiner Brust, und ich fühlte, ich könnte seinen bleiernen Druck nicht länger mehr ertragen. Ich ging hinein in den Speisesaal. Die Leute saßen schon an ihren kleinen Tischen. Sie sprachen leise, aber doch, mir war es zu laut. Denn mir ward alles zur Qual, was an meine aufgereizten Nerven rührte: das leise Lispeln der Lippen, das Klirren der Bestecke, das Rasseln der Teller, jede einzelne Geste, jeder Atem, jeder Blick. Alles zuckte in mich hinein und tat mir weh. Ich mußte mich bemeistern, um nicht etwas Sinnloses zu tun, denn ich fühlte es an meinem Pulse: alle meine Sinne hatten Fieber. Jeden einzelnen dieser Menschen mußte ich ansehen, und gegen jeden fühlte ich Haß, als ich sie so friedlich dasitzen sah, gefräßig und gemächlich, indessen ich glühte. Irgendein Neid überkam mich, daß sie so satt und sicher in sich ruhten, anteillos an der Qual einer Welt, fühllos für die stille Raserei, die sich in der Brust der verdurstenden Erde regte. Alle griff ich an mit dem Blick, ob nicht einer wäre, der sie mitfühlte, aber alle schienen stumpf und unbesorgt. Nur Ruhende und Atmende, Gemächliche waren hier, Wache, Fühllose, Gesunde, und ich der einzige Kranke, der einzige im Fieber der Welt. Der Kellner brachte mir das Essen. Ich versuchte einen Bissen, vermochte aber nicht, ihn hinabzuwürgen. Alles widerstrebte mir, was Berührung war. Zu voll war ich von der Schwüle, dem Dunst, dem Brodem der leidenden, kranken, zerquälten Natur.

Neben mir rückte ein Sessel. Ich fuhr auf. Jeder Laut

streifte jetzt an mich wie heißes Eisen. Ich sah hin. Fremde Menschen saßen dort, neue Nachbarn, die ich noch nicht kannte. Ein älterer Herr und seine Frau, bürgerliche ruhige Leute mit runden gelassenen Augen und kauenden Wangen. Aber ihnen gegenüber, halb mit dem Rücken zu mir, ein junges Mädchen, ihre Tochter offenbar. Nur den Nacken sah ich, weiß und schmal und darüber wie einen Stahlhelm schwarz und fast blau das volle Haar. Sie saß reglos da, und an ihrer Starre erkannte ich sie als dieselbe, die früher auf der Terrasse lechzend und aufgetan vor dem Regen gestanden wie eine weiße, durstende Blume. Ihre kleinen, kränklich schmalen Finger spielten unruhig mit dem Besteck, aber doch ohne daß es klirrte; und diese Stille um sie tat mir wohl. Auch sie rührte keinen Bissen an, nur einmal griff ihre Hand hastig und gierig nach dem Glas. Oh, sie fühlt es auch, das Fieber der Welt, spürte ich beglückt an diesem durstigen Griff, und eine freundliche Teilnahme legte meinen Blick weich auf ihren Nacken. Einen Menschen, einen einzigen empfand ich jetzt, der nicht ganz abgeschieden war von der Natur, der auch mitglühte im Brande einer Welt, und ich wollte, daß sie wisse von unserer Bruderschaft. Ich hätte ihr zuschreien mögen: »Fühle mich doch! Fühle mich doch! Auch ich bin wach wie du, auch ich leide! Fühle mich! Fühle mich!« Mit der glühenden Magnetik des Wunsches umfing ich sie. Ich starrte in ihren Rücken, umschmeichelte von fern ihr Haar, bohrte mich ein mit dem Blick, ich rief sie mit den Lippen, ich preßte sie an, ich starrte und starrte, warf mein ganzes Fieber aus, damit sie es schwesterlich fühle. Aber sie wendete sich nicht um. Starr blieb sie, eine Statue, sitzen, kühl und fremd. Niemand half mir. Auch sie fühlte mich nicht. Auch in ihr war nicht die Welt. Ich brannte allein.

Oh, diese Schwüle außen und innen, ich konnte sie nicht mehr ertragen. Der Dunst der warmen Speisen, fett und süßlich, quälte mich, jedes Geräusch bohrte sich den Nerven ein. Ich spürte mein Blut wallen und wußte mich einer purpurnen Ohnmacht nahe. Alles lechzte in mir nach Kühle und Ferne, und dieses Nahsein der Menschen, das dumpfe, erdrückte mich. Neben mir war ein Fenster. Ich stieß es auf, weit auf. Und wunderbar: dort war es ganz geheimnisvoll wieder, dieses unruhige Flackern in meinem Blute, nur aufgelöst in das Unbegrenzte eines nächtigen Himmels. Weißgelb flimmerte oben der Mond wie ein entzündetes Auge in einem roten Ring von Dunst, und über die Felder schlich geisterhaft ein blasser Brodem hin. Fieberhaft zirpten die Grillen; mit metallenen Saiten, die schrillten und gellten, schien die Luft durchspannt. Dazwischen quäkte manchmal leise und sinnlos ein Unkenruf, Hunde schlugen an, heulend und laut; irgendwo in der Ferne brüllten die Tiere, und ich entsann mich, daß das Fieber in solchen Nächten den Kühen die Milch vergifte. Krank war die Natur, auch dort diese stille Raserei der Erbitterung, und ich starrte aus dem Fenster wie in einen Spiegel des Gefühls. Mein ganzes Sein bog sich hinaus, meine Schwüle und die der Landschaft flossen ineinander in eine stumme, feuchte Umarmung.

Wieder rückten neben mir die Sessel, und wieder schrak ich zusammen. Das Diner war zu Ende, die Leute standen lärmend auf: meine Nachbarn erhoben sich und gingen an mir vorbei. Der Vater zuerst, gemächlich und satt, mit freundlichem, lächelndem Blick, dann die Mutter und zuletzt die Tochter. Jetzt erst sah ich ihr Gesicht. Es war gelblich bleich, von derselben matten, kranken Farbe wie draußen der Mond, die Lippen waren noch immer, wie früher, halb geöffnet. Sie ging lautlos und doch nicht leicht. Irgend etwas Schlaffes und Mattes war an ihr, das mich seltsam gemahnte an das eigene Gefühl. Ich spürte sie näher kommen und war gereizt. Etwas in mir wünschte eine Vertraulichkeit mit ihr, sie möge mich anstreifen mit ihrem weißen Kleide, oder daß ich den Duft ihres Haares spüren könnte im Vorübergehen. In diesem Augenblick sah sie mich an. Starr und schwarz stieß ihr Blick in mich hinein und blieb in mir festgehakt, tief und saugend, daß ich nur ihn spürte, ihr helles Gesicht darüber entschwand und ich einzig dieses düsternde Dunkel vor mir fühlte, in das ich stürzte wie in einen Abgrund. Sie trat noch einen Schritt vor, aber der Blick ließ mich nicht los, blieb in mich gebohrt wie eine schwarze Lanze, und ich spürte sein Eindringen tiefer und tiefer. Nun rührte seine Spitze bis an mein Herz, und es stand still. Ein, zwei Augenblicke hielt sie so den Blick an und ich den Atem, Sekunden, während deren ich mich machtlos weggerissen fühlte von dem schwarzen Magneten dieser Pupille. Dann war sie an mir vorbei. Und sofort fühlte ich mein Blut vorstürzen wie aus einer Wunde und erregt durch den ganzen Körper gehen.

Was – was war das? Wie aus einem Tode wachte ich auf. War das mein Fieber, das mich so wirr machte, daß ich im flüchtigen Blick einer Vorübergehenden mich gleich ganz verlor? Aber mir war gewesen, als hätte ich in diesem Anschauen die gleiche stille Raserei gespürt, die schmachtende, sinnlose, verdurstende Gier, die sich mir jetzt in allem auftat, im Blick des roten Mondes, in den lechzenden Lippen der Erde, in der schreienden Qual der Tiere, dieselbe, die in mir funkelte und bebte. Oh, wie wirr alles durcheinander ging in dieser phantastischen schwülen Nacht, wie alles zergangen war in dies eine Gefühl von Erwartung und Ungeduld! War es mein Wahnsinn, war es der der Welt? Ich war erregt und wollte Antwort wissen, und so ging ich ihr nach in die Halle. Sie hatte sich dort niedergesetzt neben ihre Eltern und lehnte still in einem Sessel. Unsichtbar war der gefährliche Blick unter den verhangenen Lidern. Sie las ein Buch, aber ich glaubte ihr nicht, daß sie lese. Ich war gewiß, daß, wenn sie fühlte

wie ich, wenn sie litt mit der sinnlosen Qual der verschwülten Welt, daß sie nicht rasten könnte im stillen
Betrachten, daß dies ein Verstecken war, ein Verbergen
vor fremder Neugier. Ich setzte mich gegenüber und
starrte sie an, ich wartete fiebernd auf den Blick, der mich
bezaubert hatte, ob er nicht wiederkommen wolle und
mir sein Geheimnis lösen. Aber sie rührte sich nicht. Die
Hand schlug gleichgültig Blatt für Blatt im Buche um, der
Blick blieb verhangen. Und ich wartete gegenüber, wartete heißer und heißer, irgendeine rätselhafte Macht des
Willens spannte sich, muskelhaft stark, ganz körperlich,
diese Verstellung zu zerbrechen. Inmitten all der Menschen, die dort gemächlich sprachen, rauchten und Karten
spielten, hub nun ein stummes Ringen an. Ich spürte, daß
sie sich weigerte, daß sie es sich versagte aufzuschauen,
aber je mehr sie widerstrebte, desto stärker wollte es mein
Trotz, und ich war stark, denn in mir war die Erwartung
der ganzen lechzenden Erde und die dürstende Glut der
enttäuschten Welt. Und so wie an meine Poren noch
immer die feuchte Schwüle der Nacht, so drängte sich
mein Wille gegen den ihren, und ich wußte, sie müsse mir
nun bald einen Blick hergeben, sie müsse es. Hinten im
Saale begann jemand Klavier zu spielen. Die Töne perlten
leise herüber, auf und ab in flüchtigen Skalen, drüben
lachte jetzt eine Gesellschaft lärmend über irgendeinen
albernen Scherz, ich hörte alles, fühlte alles, was geschah,
ohne aber für eine Minute nachzulassen. Ich zählte jetzt
laut vor mich hin die Sekunden, während ich an ihren
Lidern zog und sog, während ich von fern durch die
Hypnose des Willens ihren störrisch niedergebeugten
Kopf aufheben wollte. Minute auf Minute rollte vorüber
– immer perlten die Töne von drüben dazwischen – und
schon spürte ich, daß meine Kraft nachließ – da plötzlich
hob sie mit einem Ruck sich auf und sah mich an, gerade
hin auf mich. Wieder war es der gleiche Blick, der nicht

endete, ein schwarzes, furchtbares, saugendes Nichts, ein Durst, der mich einsog, ohne Widerstand. Ich starrte in diese Pupillen hinein wie in die schwarze Höhlung eines photographischen Apparates und spürte, daß er zuerst mein Gesicht nach innen zog in das fremde Blut hinein und ich wegstürzte von mir; der Boden schwand unter meinen Füßen, und ich empfand die ganze Süße des schwindelnden Sturzes. Hoch oben über mir hörte ich noch die klingenden Skalen auf und nieder rollen, aber schon wußte ich nicht mehr, wo mir dies geschah. Mein Blut war weggeströmt, mein Atem stockte. Schon spürte ich, wie es mich würgte, diese Minute oder Stunde oder Ewigkeit – da schlugen ihre Lider wieder zu. Ich tauchte auf wie ein Ertrinkender aus dem Wasser, frierend, geschüttelt von Fieber und Gefahr.

Ich sah um mich. Mir gegenüber saß unter den Menschen, still über ein Buch gebeugt, wieder nur mehr ein schlankes, junges Mädchen, regungslos bildhaft, nur leise unter dem dünnen Gewand wippte das Knie. Auch meine Hände zitterten. Ich wußte, daß jetzt dieses wollüstige Spiel von Erwartung und Widerstand wieder beginnen sollte, daß ich Minuten angespannt fordern mußte, um dann plötzlich wieder so in schwarze Flammen getaucht zu werden von einem Blick. Meine Schläfen waren feucht, in mir siedete das Blut. Ich konnte es nicht mehr ertragen. Ich stand auf, ohne mich umzuwenden, und ging hinaus.

Weit war die Nacht vor dem glänzenden Haus. Das Tal schien versunken, und der Himmel glänzte feucht und schwarz wie nasses Moos. Auch hier war keine Kühlung, noch immer nicht, überall auch hier das gleiche, gefährliche Sichgatten von Dürsten und Trunkenheit, das ich im Blute spürte. Etwas Ungesundes, Feuchtes, wie die Ausdünstung eines Fiebernden, lag über den Feldern, die milchweißen Dunst brauten, ferne Feuer zuckten und geisterten durch die schwere Luft, und um den Mond lag ein gelber Ring und machte seinen Blick bös. Ich fühlte mich unendlich müde. Ein geflochtener Stuhl, noch vom Tag her vergessen, stand da: ich warf mich hinein. Die Glieder fielen von mir ab, regungslos streckte ich mich hin. Und da, nur nachgebend angeschmiegt an das weiche Rohr, empfand ich mit einem Male die Schwüle als wunderbar. Sie quälte nicht mehr, sie drängte sich nur an, zärtlich und wollüstig, und ich wehrte ihr nicht. Nur die Augen hielt ich geschlossen, um nichts zu sehen, um stärker die Natur zu fühlen, das Lebendige, das mich umfing. Wie ein Polyp, ein weiches, glattes, saugendes Wesen umdrängte mich jetzt, berührte mich mit tausend Lippen die Nacht. Ich lag und fühlte mich nachgeben, hingeben an irgend etwas, das mich umfaßte, umschmiegte, umringte, das mein Blut trank, und zum erstenmal empfand ich in dieser schwülen Umfassung sinnlich wie eine Frau, die sich auflöst in der sanften Ekstase der Hingebung. Ein süßes Grauen war es mir, mit einem Male widerstandslos zu sein und ganz meinen Leib nur der Welt hinzugeben, wunderbar war es, wie dies Unsichtbare meine Haut zärtlich anrührte und allmählich unter sie drang, mir die Gelenke lockerer löste, und ich wehrte mich nicht gegen dieses Laßwerden der Sinne. Ich ließ mich hinleiten in das neue Gefühl, und dunkel, traumhaft empfand ich nur, daß dies: die Nacht und jener Blick von früher, die Frau und die Landschaft, daß dies eins war, in dem es süß war, verloren zu sein. Manchmal war mir, als wäre diese Dunkelheit nur sie, und jene Wärme, die meine Glieder rührte, ihr eigener Leib, gelöst in Nacht wie der meine, und noch im Traume sie empfindend, schwand ich hin in dieser schwarzen, warmen Welle von wollüstiger Verlorenheit.

Irgend etwas schreckte mich auf. Mit allen Sinnen griff ich um mich, ohne mich zu finden. Und dann sah ichs, erkannte ichs, daß ich da gelehnt hatte mit geschlossenen Augen und in Schlaf gesunken war. Ich mußte geschlummert haben, eine Stunde oder Stunden vielleicht, denn das Licht in der Halle des Hotels war schon erloschen und alles längst zur Ruhe gegangen. Das Haar klebte mir feucht an den Schläfen, wie ein heißer Tau schien dieser traumhaft traumlose Schlummer über mich gesunken zu sein. Ganz wirr stand ich auf, mich ins Haus zurückzufinden. Dumpf war mir zumute, aber diese Wirrnis war auch um mich. Etwas grölte in der Ferne, und manchmal funkelte ein Wetterleuchten gefährlich über den Himmel hin. Die Luft schmeckte nach Feuer und Funken, es glänzten verräterische Blitze hinter den Bergen, und in mir phosphoreszierte Erinnerung und Vorgefühl. Ich wäre gern geblieben, mich zu besinnen, den geheimnisvollen Zustand genießend aufzulösen: aber die Stunde war spät, und ich ging hinein.

Die Halle war schon leer, die Sessel standen noch zufällig durcheinandergerückt im fahlen Schein eines einzelnen Lichtes. Gespenstisch war ihre unbelebte Leere, und unwillkürlich formte ich in den einen die zarte Gestalt des sonderbaren Wesens hinein, das mich mit seinen Blicken so verwirrt gemacht. Ihr Blick in der Tiefe meines Wesens war noch lebendig. Er rührte sich, und ich spürte, wie er mich aus dem Dunkel anglänzte, eine geheimnisvolle Ahnung witterte ihn noch irgendwo wach in diesen Wänden, und seine Verheißung irrlichterte mir im Blut. Und so schwül war es noch immer! Kaum daß ich die Augen schloß, fühlte ich purpurne Funken hinter den Lidern. Noch glänzte in mir der weiße glühende Tag, noch fieberte in mir diese flirrende, feuchte, funkelnde, phantastische Nacht.

Aber ich konnte hier im Flur nicht bleiben, es war alles dunkel und verlassen. So ging ich die Treppe hinauf und wollte doch nicht. Irgendein Widerstand war in mir, den ich nicht zu zähmen wußte. Ich war müde, und doch fühlte ich mich zu früh für den Schlaf. Irgendeine geheimnisvolle, hellsüchtige Witterung verhieß mir noch Abenteuerliches, und meine Sinne streckten sich vor, Lebendiges, Warmes zu erspähen. Wie mit feinen, gelenkigen Fühlern drang es aus mir in den Treppengang, rührte an alle Gemächer, und wie früher hinaus in die Natur, so warf ich jetzt mein ganzes Fühlen in das Haus, und ich spürte den Schlaf, das gemächliche Atemgehen vieler Menschen darin, das schwere, traumlose Wogen ihres dicken schwarzen Blutes, ihre einfältige Ruhe und Stille, aber doch auch das magnetische Ziehen irgendeiner Kraft. Ich ahnte irgend etwas, das wach war wie ich. War es jener Blick, war es die Landschaft, die diesen feinen purpurnen Wahnsinn in mich getan? Ich glaubte irgend etwas Weiches durch Wall und Wand zu spüren, eine kleine Flamme von Unruhe in mir zitterte und lockte im Blut und brannte nicht aus. Widerwillig ging ich die Treppe hinauf und blieb noch immer stehen auf jeder Stufe und horchte aus mir heraus; nicht mit dem Ohr nur, sondern mit allen Sinnen. Nichts wäre mir wunderlich gewesen, alles in mir lauerte noch auf ein Unerhörtes, Seltsames, denn ich wußte, die Nacht konnte nicht enden ohne ein Wunderbares, diese Schwüle nicht enden ohne den Blitz. Noch einmal war ich, als ich da horchend auf dem Treppengeländer stand, die ganze Welt draußen, die sich reckte in ihrer Ohnmacht und nach dem Gewitter schrie. Aber nichts rührte sich. Nur leiser Atem zog durch das windstille Haus. Müde und enttäuscht ging ich die letzten Stufen hinauf, und mir graute vor meinem einsamen Zimmer wie vor einem Sarg.

Die Klinke schimmerte unsicher aus dem Dunkel, feucht und warm zu fassen. Ich öffnete die Tür. Hinten stand das Fenster offen und tat ein schwarzes Viereck von Nacht auf, gedrängte Tannenwipfel drüben vom Wald und dazwischen ein Stück des verwölkten Himmels. Dunkel war alles außen und innen, die Welt und das Zimmer, nur – seltsam und unerklärlich – am Fensterrahmen glänzte etwas Schmales, Aufrechtes wie ein verlorener Streifen Mondschein. Ich trat verwundert näher, zu sehen, was da so hell schimmerte in mondverhangener Nacht. Ich trat näher, und da regte sichs. Ich erstaunte: aber doch, ich erschrak nicht, denn etwas war in dieser Nacht in mir wunderlich dem Phantastischsten bereit, alles schon vorher gedacht und traumbewußt. Keine Begegnung wäre mir sonderbar gewesen und diese am wenigsten, denn wirklich: sie war es, die dort stand, sie, an die ich unbewußt gedacht, bei jeder Stufe, bei jedem Schritt in dem schlafenden Haus, und deren Wachheit meine aufgefunkelten Sinne durch Diele und Tür gespürt. Nur als einen Schimmer sah ich ihr Gesicht, und wie ein Dunst lag um sie das weiße Nachtgewand. Sie lehnte am Fenster, und wie sie dastand, ihr Wesen hinausgewandt in die Landschaft, von dem schimmernden Spiegel der Tiefe geheimnisvoll angezogen in ihr Schicksal, schien sie märchenhaft, Ophelia über dem Teiche.

Ich trat näher, scheu und erregt zugleich. Das Geräusch mußte sie erreicht haben, sie wendete sich um. Ihr Gesicht war im Schatten. Ich wußte nicht, ob sie mich wirklich erblickte, ob sie mich hörte, denn nichts Jähes war in ihrer Bewegung, kein Erschrecken, kein Widerstand. Alles war ganz still um uns. An der Wand tickte eine kleine Uhr. Ganz still blieb es, und dann sagte sie plötzlich leise und unvermutet: »Ich fürchte mich so.«

Zu wem sprach sie? Hatte sie mich erkannt? Meinte sie mich? Redete sie aus dem Schlaf? Es war die gleiche Stimme, der gleiche zitternde Ton, der heute nachmittag draußen vor den nahen Wolken geschauert, da mich ihr Blick noch gar nicht bemerkt. Seltsam war dies, und doch war ich nicht verwundert, nicht verwirrt. Ich trat auf sie zu, sie zu beruhigen, und faßte ihre Hand. Wie Zunder fühlte sie sich an, heiß und trocken, und der Griff der Finger zerbröckelte weich in meiner Umfassung. Lautlos ließ sie mir die Hand. Alles an ihr war schlaff, wehrlos, abgestorben. Und nur von den Lippen flüsterte es nochmals wie aus einer Ferne: »Ich fürchte mich so! Ich fürchte mich so.« Und dann in einem Seufzer hinsterbend wie aus einem Ersticken: »Ach, wie schwül es ist!« Das klang von fern und war doch leise geflüstert wie ein Geheimnis zwischen uns beiden. Aber ich fühlte dennoch: sie sprach nicht zu mir.

Ich faßte ihren Arm. Sie zitterte nur leise wie die Bäume nachmittags vor dem Gewitter, aber sie wehrte sich nicht. Ich faßte sie fester: sie gab nach. Schwach, ohne Widerstand, eine warme, stürzende Welle, fielen ihre Schultern gegen mich. Nun hatte ich sie ganz nahe an mir, daß ich die Schwüle ihrer Haare atmen konnte und den feuchten Dunst ihres Haares. Ich bewegte mich nicht, und sie blieb stumm. Seltsam war all dies, und meine Neugier begann zu funkeln. Allmählich wuchs meine Ungeduld. Ich rührte mit meinen Lippen an ihr Haar – sie wehrte ihnen nicht. Dann nahm ich ihre Lippen. Sie waren trocken und heiß, und als ich sie küßte, taten sie sich plötzlich auf, um von den meinen zu trinken, aber nicht dürstend und leidenschaftlich, sondern mit dem stillen, schlaffen, begehrlichen Saugen eines Kindes. Eine Verschmachtende, so fühlte ich sie, und so wie ihre Lippen sog sich ihr schlanker, durch das dünne Gewand warm wogender Körper mir ganz so an wie früher draußen die Nacht, ohne Kraft, aber voll einer stillen, trunkenen Gier. Und da, als ich sie hielt – meine Sinne funkelten noch grell durcheinander –, spürte ich die warme feuchte Erde an mir, wie sie heute dalag, dürstend nach dem Schauer der Entspannung, die heiße, machtlose, glühende Landschaft. Ich küßte und küßte sie und empfand, als genösse ich die große, schwüle, harrende Welt in ihr, als wäre diese Wärme, die von ihren Wangen glühte, der Brodem der Felder, als atmete von ihren weichen, warmen Brüsten das schauernde Land.

Doch da, als meine wandernden Lippen zu ihren Lidern empor wollten, zu den Augen, deren schwarze Flammen ich so schaudernd gefühlt, da ich mich hob, ihr Gesicht zu schauen und im Anschauen stärker zu genießen, sah ich, überrascht, daß ihre Lider fest geschlossen waren. Eine griechische Maske aus Stein, augenlos, ohnmächtig, lag sie da, Ophelia nun, die tote, auf den Wassern treibend, bleich das fühllose Antlitz gehoben aus der dunklen Flut. Ich erschrak. Zum erstenmal fühlte ich Wirklichkeit in dem phantastischen Begeben. Schaudernd überfiel mich die Erkenntnis, daß ich da eine Unbewußte nahm, eine Trunkene, eine Kranke, eine Schlafwandlerin ihrer Sinne in den Armen hielt, die mir nur die Schwüle der Nacht hergetrieben wie ein roter, gefährlicher Mond, ein Wesen, das nicht wußte, was es tat, das mich vielleicht nicht wollte. Ich erschrak, und sie ward mir im Arme schwer. Leise wollte ich die Willenlose hingleiten lassen auf den Sessel, auf das Bett, um nicht aus einem Taumel Lust zu stehlen, nicht etwas zu nehmen, was sie vielleicht selbst nicht wollte, sondern nur jener Dämon in ihr, der Herr ihres Blutes war. Aber kaum fühlte sie, daß ich nachließ, begann sie leise zu stöhnen: »Laß mich nicht! Laß mich nicht!« flehte sie, und heißer sogen ihre Lippen, drängte ihr Körper sich an. Schmerzhaft war ihr Gesicht mit den verschlossenen Augen gespannt, und schaudernd spürte ich, daß sie wach werden wollte und nicht konnte, daß ihre trunkenen Sinne aus dem Gefängnis dieser Umnachtung schrien und wissend werden wollten. Aber gerade dies, daß unter dieser bleiernen Maske von Schlaf etwas rang, das aus seiner Bezauberung wollte, war gefährliche Lockung für mich, sie zu erwecken. Meine Nerven brannten vor Ungeduld, sie wach, sie sprechend, sie als wirkliches Wesen zu sehen, nicht bloß als Traumwandlerin, und um jeden Preis wollte ich aus ihrem dumpf genießenden Körper diese Wahrheit zwingen. Ich riß sie an mich, ich schüttelte sie, ich klemmte die Zähne in ihre Lippen und meine Finger in ihre Arme, damit sie endlich die Augen aufschlüge und nun besonnen täte, was hier nur dumpf ein Trieb in ihr genoß. Aber sie bog sich nur und stöhnte unter der schmerzhaften Umklammerung. »Mehr! Mehr!« stammelte sie mit einer Inbrunst, mit einer sinnlosen Inbrunst, die mich erregte und selbst sinnlos machte. Ich spürte, daß das Wache bereits nahe in ihr war, daß es aufbrechen wollte unter den geschlossenen Lidern, denn sie zuckten schon unruhig. Näher faßte ich sie, tiefer grub ich mich in sie ein, und plötzlich fühlte ich, wie eine Träne die Wange hinabrollte, die ich salzig trank. Furchtbar wogte es, je mehr ich sie preßte, in ihrer Brust, sie stöhnte, ihre Glieder krampften sich, als wollten sie etwas Ungeheures sprengen, einen Reif, der sie mit Schlaf umschloß, und plötzlich – wie ein Blitz war es durch die gewitternde Welt – brach es in ihr entzwei. Mit einem Male ward sie wieder schweres, lastendes Gewicht in meinen Armen, ihre Lippen ließen mich, die Hände sanken, und als ich sie zurücklehnte auf das Bett, blieb sie liegen gleich einer Toten. Ich erschrak. Unwillkürlich fühlte ich sie an und tastete ihre Arme und ihre Wangen. Sie waren ganz kalt, erfroren, steinern. Nur an den Schläfen oben tickte leise in zitternden Schlägen das Blut. Marmor, eine Statue, lag sie da, feucht die Wangen von Tränen, den Atem leise spielend um die gespannten Nüstern. Manchmal überrann sie noch leise ein Zucken, eine verebbende Welle des erregten Blutes, doch die Brust wogte immer leiser und leiser. Immer mehr schien sie Bild zu werden. Immer menschlicher und kindlicher, immer heller, entspannter wurden ihre Züge. Der Krampf war entflogen. Sie schlummerte. Sie schlief.

Ich blieb sitzen am Bettrand, zitternd über sie gebeugt. Ein friedliches Kind, lag sie da, die Augen geschlossen und den Mund leise lächelnd, belebt von innerem Traum. Ganz nahe beugte ich mich hinab, daß ich jede Linie ihres Antlitzes einzeln sah und den Hauch ihres Atems an der Wange fühlte, und von je näher ich auf sie blickte, desto ferner ward sie mir und geheimnisvoller. Denn wo war sie jetzt mit ihren Sinnen, die da steinern lag, hergetrieben von der heißen Strömung einer schwülen Nacht, zu mir, dem Fremden, und nun wie tot gespült an den Strand? Wer war es, die hier in meinen Händen lag, wo kam sie her, wem gehörte sie zu? Ich wußte nichts von ihr und fühlte nur immer, daß nichts mich ihr verband. Ich blickte sie an, einsame Minuten, während nur die Uhr eilfertig von oben tickte, und suchte in ihrem sprachlosen Antlitz zu lesen, und doch ward nichts von ihr vertraut. Ich hatte Lust, sie aufzuwecken aus diesem fremden Schlaf hier in meiner Nähe, in meinem Zimmer, hart an meinem Leben, und hatte doch gleichzeitig Furcht vor dem Erwachen, vor dem ersten Blick ihrer wachen Sinne. So saß ich da, stumm, eine Stunde vielleicht oder zwei über den Schlaf dieses fremden Wesens gebeugt, und allmählich ward mirs, als sei es keine Frau mehr, kein Mensch, der hier abenteuerlich sich mir genaht, sondern die Nacht selbst, das Geheimnis der lechzenden, gequälten Natur, das sich mir aufgetan. Mir war, als läge hier unter meinen Händen die ganze heiße Welt mit ihren entschwülten Sinnen, als hätte sich die Erde aufgebäumt in ihrer Qual und sie als Boten gesandt aus dieser seltsamen, phantastischen Nacht.

Etwas klirrte hinter mir. Ich fuhr auf wie ein Verbrecher. Nochmals klirrte das Fenster, als rüttele eine riesige Faust daran. Ich sprang auf. Vor dem Fenster stand ein Fremdes: eine verwandelte Nacht, neu und gefährlich, schwarzfunkelnd und voll wilder Regsamkeit. Ein Sausen war dort, ein furchtbares Rauschen, und schon baute sichs auf zum schwarzen Turm des Himmels, schon warf sichs mir entgegen aus der Nacht, kalt, feucht und mit wildem Stoß: der Wind. Aus dem Dunkel sprang er, gewaltig und stark, seine Fäuste rissen an den Fenstern, hämmerten gegen das Haus. Wie ein furchtbarer Schlund war das Finstere aufgetan, Wolken fuhren heran und bauten schwarze Wände in rasender Eile empor, und etwas sauste gewalttätig zwischen Himmel und Welt. Weggerissen war die beharrliche Schwüle von dieser wilden Strömung, alles flutete, dehnte, regte sich, eine rasende Flucht war von einem Ende zum andern des Himmels, und die Bäume, die in der Erde festgewurzelten, stöhnten unter der unsichtbaren, sausenden, pfeifenden Peitsche des Sturmes. Und plötzlich riß dies weiß entzwei: ein Blitz, den Himmel spaltend bis zur Erde hinab. Und hinter ihm knatterte der Donner, als krachte das ganze Gewölk in die Tiefe. Hinter mir rührte sichs. Sie war aufgefahren. Der Blitz hatte den Schlaf von ihren Augen gerissen. Verwirrt starrte sie um sich. »Was ists«, sagte sie, »wo bin ich?« Und ganz anders war die Stimme als vordem. Angst bebte noch darin, aber der Ton klang jetzt klar, war scharf und rein wie die neugegorene Luft. Wieder riß ein Blitz den Rahmen der Landschaft auf: im Flug sah ich den erhellten Umriß der Tannen, geschüttelt vom Sturm, die Wolken, die wie rasende Tiere über den Himmel liefen, das Zimmer kalkweiß erhellt und weißer als ihr blasses Gesicht: Sie sprang empor. Ihre Bewegungen waren mit einem Male frei, wie ich sie nie an ihr gesehen. Sie starrte mich an in der Dunkelheit. Ich spürte ihren Blick schwärzer als die Nacht. »Wer sind Sie . . . Wo bin ich?« stammelte sie und raffte erschreckt das aufgesprengte Gewand über der Brust zusammen. Ich trat näher, sie zu beruhigen, aber sie wich aus. »Was wollen Sie von mir?« schrie sie mit voller Kraft, da ich ihr nahe kam. Ich wollte ein Wort suchen, um sie zu beruhigen, sie anzusprechen, aber da merkte ich erst, daß ich ihren Namen nicht kannte. Wieder warf ein Blitz Licht über das Zimmer. Wie mit Phosphor bestrichen, blendeten kalkweiß die Wände, weiß stand sie vor mir, die Arme im Schrecken gegen mich gestemmt, und in ihrem nun wachen Blick war grenzenloser Haß. Vergebens wollte ich im Dunkel, das mit dem Donner auf uns niederfiel, sie fassen, beruhigen, ihr etwas erklären, aber sie riß sich los, stieß die Türe auf, die ein neuer Blitz ihr wies, und stürzte hinaus. Und mit der Tür, die zufiel, krachte der Donner nieder, als seien alle Himmel auf die Erde gefallen.

Und dann rauschte es, Bäche stürzten von unendlicher Höhe wie Wasserfälle, und der Sturm schwenkte sie als nasse Taue prasselnd hin und her. Manchmal schnellte er Büschel eiskalten Wassers und süßer, gewürzter Luft zum Fensterrahmen herein, wo ich schauend stand, bis das Haar mir naß war und ich troff von den kalten Schauern. Aber ich war selig, das reine Element zu fühlen, mir war, als löste nun auch meine Schwüle sich in den Blitzen los, und ich hätte schreien mögen vor Lust. Alles vergaß ich in dem ekstatischen Gefühl, wieder atmen zu können und frisch zu sein, und ich sog diese Kühle in mich wie die Erde, wie das Land: ich fühlte den seligen Schauer des Durchrütteltseins wie die Bäume, die sich zischend schwangen unter der nassen Rute des Regens. Dämonisch schön war der wollüstige Kampf des Himmels mit der Erde, eine gigantische Brautnacht, deren Lust ich mitfühlend genoß. Mit Blitzen griff der Himmel herab, mit Donner stürzte er auf die Erbebende nieder, und es war in diesem stöhnenden Dunkel ein rasendes Ineinandersinken von Höhe und Tiefe, wie von Geschlecht zu Geschlecht. Die Bäume stöhnten vor Wollust, und mit immer glühenderen Blitzen flocht sich die Ferne zusammen, man sah die heißen Adern des Himmels offenstehen, sie sprühten sich aus und mengten sich mit den nassen Rinnsalen der Wege. Alles brach auseinander und stürzte zusammen, Nacht und Welt – ein wunderbarer neuer Atem, in den sich der Duft der Felder vermengte mit dem feurigen Odem des Himmels, drang kühl in mich ein. Drei Wochen zurückgehaltener Glut rasten sich in diesem Kampf aus, und auch in mir fühlte ich die Entspannung. Es war mir, als rausche der Regen in meine Poren hinein, als durchsause reinigend der Wind meine Brust, und ich fühlte mich und mein Erleben nicht mehr einzeln und beseelt, ich war nur Welt, Orkan, Schauer, Wesen und Nacht im Überschwang der Natur. Und dann, als alles mählich stiller ward, die Blitze bloß blau und ungefährlich den Horizont umschweiften, der Donner nur noch väterlich mahnend grollte und das Rauschen des Regens rhythmisch ward im ermattenden Wind, da kam auch mich ein Leiserwerden und Müdigkeit an. Wie Musik fühlte ich meine schwingenden Nerven erklingen, und sanfte Gelöstheit sank in meine Glieder. Oh, schlafen jetzt mit der Natur und dann aufwachen mit ihr! Ich warf die Kleider ab und mich ins Bett. Noch waren weiche, fremde Formen darin. Ich spürte sie dumpf, das seltsame Abenteuer wollte sich noch einmal besinnen, aber ich verstand es nicht mehr. Der Regen draußen rauschte und rauschte und wusch mir meine Gedanken weg. Ich fühlte alles nur noch als Traum. Immer wollte ich noch etwas zurückdenken von dem, was mir geschehen war, aber der Regen rauschte und rauschte, eine wunderbare Wiege war die sanfte, klingende Nacht, und ich sank in sie hinein, einschlummernd in ihrem Schlummer.

Am nächsten Morgen, als ich ans Fenster trat, sah ich eine verwandelte Welt. Klar, mit festen Umrissen, heiter lag das Land in sicherem, sonnigem Glanz, und hoch über ihm, ein leuchtender Spiegel dieser Stille, wölbte der

Horizont sich blau und fern. Klar waren die Grenzen gezogen, unendlich fern stand der Himmel, der gestern sich tief hinab in die Felder gewühlt und sie fruchtbar gemacht. Jetzt aber war er fern, weltenweit und ohne Zusammenhang, nirgends rührte er sie mehr an, die duftende, atmende, gestillte Erde, sein Weib. Ein blauer Abgrund schimmerte kühl zwischen ihm und der Tiefe, wunschlos blickten sie einander an und fremd, der Himmel und die Landschaft.

Ich ging hinab in den Saal. Die Menschen waren schon beisammen. Anders war auch ihr Wesen als in diesen entsetzlichen Wochen der Schwüle. Alles regte und bewegte sich. Ihr Lachen klang hell, ihre Stimmen melodisch, metallen, die Dumpfheit war entflogen, die sie behinderte, das schwüle Band gesunken, das sie umflocht. Ich setzte mich zwischen sie, ganz ohne Feindseligkeit, und irgendeine Neugier suchte nun auch die andere, deren Bild mir der Schlaf fast entwunden. Und wirklich, zwischen Vater und Mutter am Nebentisch saß sie dort, die ich suchte. Sie war heiter, ihre Schultern leicht, und ich hörte sie lachen, klingend und unbesorgt. Neugierig umfaßte ich sie mit dem Blick. Sie bemerkte mich nicht. Sie erzählte irgend etwas, das sie froh machte, und zwischen die Worte perlte ein kindliches Lachen hinein. Endlich sah sie gelegentlich auch zu mir herüber, und bei dem flüchtigen Anstreifen stockte unwillkürlich ihr Lachen. Sie sah mich schärfer an. Etwas schien sie zu befremden, die Brauen schoben sich hoch, streng und gespannt umfragte mich ihr Auge, und allmählich bekam ihr Gesicht einen angestrengten, gequälten Zug, als ob sie sich durchaus auf etwas besinnen wolle und es nicht vermöge. Ich blieb erwartungsvoll mit ihr Blick in Blick, ob nicht ein Zeichen der Erregung oder der Beschämung mich grüßen würde, aber schon sah sie wieder weg. Nach einer Minute kam ihr Blick noch einmal, um sich zu vergewissern, zurück. Noch einmal prüfte er mein Gesicht. Eine Sekunde nur, eine lange gespannte Sekunde, fühlte ich seine harte, stechende, metallene Sonde tief in mich dringen, doch dann ließ ihr Auge mich beruhigt los, und an der unbefangenen Helle ihres Blickes, der leichten, fast frohen Wendung ihres Kopfes spürte ich, daß sie wach nichts mehr von mir wußte, daß unsere Gemeinschaft versunken war mit der magischen Dunkelheit. Fremd und weit waren wir wieder einander wie Himmel und Erde. Sie sprach zu ihren Eltern, wiegte unbesorgt die schlanken, jungfräulichen Schultern, und heiter glänzten im Lächeln die Zähne unter den schmalen Lippen, von denen ich doch vor Stunden den Durst und die Schwüle einer ganzen Welt getrunken.

Phantastische Nacht

Die nachfolgenden Aufzeichnungen fanden sich als versiegeltes Paket im Schreibtisch des Barons Friedrich Michael von R..., nachdem er im Herbst 1914 als österreichischer Reserveoberleutnant bei einem Dragonerregiment in der Schlacht bei Rawaruska gefallen war. Da die Familie nach der Titelüberschrift und bloß flüchtigem Einblick in diesen Blättern nur eine literarische Arbeit ihres Verwandten vermutete, übergaben sie mir die Aufzeichnungen zur Prüfung und stellten mir ihre Veröffentlichung anheim. Ich persönlich halte diese Blätter nun durchaus nicht für eine erfundene Erzählung, sondern für ein wirkliches, in allen Einzelheiten tatsächliches Erlebnis des Gefallenen und veröffentliche unter Unterdrückung des Namens seine seelische Selbstenthüllung ohne jede Änderung und Beifügung.

Heute morgen überkam mich plötzlich der Gedanke, ich sollte das Erlebnis jener phantastischen Nacht für mich niederschreiben, um die ganze Begebenheit in ihrer natürlichen Reihenfolge einmal geordnet zu überblicken. Und seit dieser jähen Sekunde fühle ich einen unerklärlichen Zwang, mir im geschriebenen Wort jenes Abenteuer darzustellen, obzwar ich bezweifle, auch nur annähernd die Sonderbarkeit der Vorgänge schildern zu können. Mir fehlt jede sogenannte künstlerische Begabung, ich habe keinerlei Übung in literarischen Dingen, und abgesehen von einigen mehr scherzhaften Produkten im Theresianum, habe ich mich nie im Schriftstellerischen versucht. Ich weiß zum Beispiel nicht einmal, ob es eine besonders erlernbare Technik gibt, um die Aufeinanderfolge von äußeren Dingen und ihre gleichzeitig innere Spiegelung zu ordnen, frage mich auch, ob ich es vermag, dem Sinn immer das rechte Wort, dem Wort den rechten Sinn zu geben und so jene Balance zu gewinnen, die ich von je bei jedem rechten Erzähler im Lesen unbewußt spürte. Aber ich schreibe diese Zeilen ja nur für mich, und sie sind keineswegs bestimmt, etwas, was ich kaum mir selber zu erklären vermag, andern verständlich zu machen. Sie sind nur ein Versuch, mit irgendeinem Geschehnis, das mich ununterbrochen beschäftigt und in schmerzhaft quellender Gärung bewegt, in einem gewissen Sinne endlich einmal fertig zu werden, es festzulegen, vor mich hinzustellen und von allen Seiten zu umfassen.

Ich habe von dieser Begebenheit keinem meiner Freunde erzählt, eben aus jenem Gefühl, ich könnte ihnen das Wesentliche daran nicht verständlich machen, und dann auch aus einer gewissen Scham, von einer so zufälligen Angelegenheit dermaßen erschüttert und umgewühlt worden zu sein. Denn das Ganze ist eigentlich nur ein kleines Erlebnis. Aber wie ich dies Wort jetzt hinschreibe, beginne ich schon zu bemerken, wie schwer es für einen Ungeübten wird, beim Schreiben die Worte in ihrem rechten Gewicht zu wählen, und welche Zweideutigkeit, welche Mißverständnismöglichkeit sich an die einfachste Vokabel knüpft. Denn wenn ich mein Erlebnis ein »kleines« nenne, so meine ich dies natürlich nur im relativen Sinn, im Gegensatz zu den gewaltigen dramatischen Geschehnissen, von denen ganze Völker und Schicksale mitgerissen werden, und meine es andererseits im zeitlichen Sinne, weil der ganze Vorgang keinen größeren Raum umspannt als knappe sechs Stunden. Für mich aber war dies – im allgemeinen Sinn also kleine, unbedeutsame und unwichtige – Erlebnis so ungeheuer viel, daß ich heute – vier Monate nach jener phantastischen Nacht –

noch davon glühe und alle meine geistigen Kräfte anspannen muß, um es in meiner Brust zu bewahren. Täglich, stündlich wiederhole ich mir alle seine Einzelheiten, denn es ist gewissermaßen der Drehpunkt meiner ganzen Existenz geworden, alles, was ich tue und rede, ist unbewußt von ihm bestimmt, meine Gedanken beschäftigen sich einzig damit, sein plötzliches Geschehen immer und immer wieder zu wiederholen und durch dieses Wiederholen mir als Besitz zu bestätigen. Und jetzt weiß ich auch mit einemmal, was ich vor zehn Minuten, da ich die Feder ansetzte, bewußt noch nicht ahnte: daß ich mir dies Erlebnis nur deshalb jetzt hinschreibe, um es ganz sicher und gleichsam sachlich fixiert vor mir zu haben, es noch einmal nachzugenießen im Gefühl und gleichzeitig geistig zu erfassen. Es ist ganz falsch, ganz unwahr, wenn ich vorhin sagte, ich wollte damit fertig werden, indem ich es niederschreibe, im Gegenteil, ich will das zu rasch Gelebte nur noch lebendiger haben, es neben mich warm und atmend stellen, um es immer und immer umfangen zu können. Oh, ich habe keine Angst, auch nur eine Sekunde jenes schwülen Nachmittags, jener phantastischen Nacht zu vergessen, ich brauche kein Merkzeichen, keine Meilensteine, um in der Erinnerung den Weg jener Stunden Schritt für Schritt zurückzugehen: wie ein Traumwandler finde ich jederzeit mitten im Tage, mitten in der Nacht in seine Sphäre zurück, und jede Einzelheit sehe ich darin mit jener Hellsichtigkeit, die nur das Herz kennt und nicht das weiche Gedächtnis. Ich könnte hier ebensogut auf das Papier die Umrisse jedes einzelnen Blattes in der frühlingshaft ergrünten Landschaft hinzeichnen, ich spüre jetzt im Herbst noch ganz lind das weiche staubige Qualmen der Kastanienblüten; wenn ich also noch einmal diese Stunden beschreibe, so geschieht es nicht aus Furcht, sie zu verlieren, sondern aus Freude, sie wiederzufinden. Und wenn ich jetzt in der genauen Aufeinanderfolge mir die Wandlungen jener Nacht darstelle, so werde ich um der Ordnung willen an mich halten müssen, denn immer schwillt, kaum daß ich an die Einzelheiten denke, eine Ekstase aus meinem Gefühl empor, eine Art Trunkenheit faßt mich, und ich muß die Bilder der Erinnerung stauen, daß sie nicht, ein farbiger Rausch, ineinanderstürzen. Noch immer erlebe ich mit leidenschaftlicher Feurigkeit das Erlebte, jenen Tag, jenen 7. Juni 1913, da ich mir mittags einen Fiaker nahm...

Aber noch einmal, spüre ich, muß ich innehalten, denn schon wieder werde ich erschreckt der Zweischneidigkeit, der Vieldeutigkeit eines einzelnen Wortes gewahr. Jetzt, da ich zum ersten Male im Zusammenhange etwas erzählen soll, merke ich erst, wie schwer es ist, jenes Gleitende, das doch alles Lebendige bedeutet, in einer geballten Form zu fassen. Eben habe ich »ich« hingeschrieben, habe gesagt, daß ich am 7. Juni 1913 mir mittags einen Fiaker nahm. Aber dies Wort wäre schon eine Undeutlichkeit, denn jenes »Ich« von damals, von jenem 7. Juni, bin ich längst nicht mehr, obwohl erst vier Monate seitdem vergangen sind, obwohl ich in der Wohnung dieses damaligen »Ich« wohne und an seinem Schreibtisch mit seiner Feder und seiner eigenen Hand schreibe. Von diesem damaligen Menschen bin ich, und gerade durch jenes Erlebnis, ganz abgelöst, ich sehe ihn jetzt von außen, ganz fremd und kühl, und kann ihn schildern wie einen Spielgenossen, einen Kameraden, einen Freund, von dem ich vieles und Wesentliches weiß, der ich aber doch selbst durchaus nicht mehr bin. Ich könnte über ihn sprechen, ihn tadeln oder verurteilen, ohne überhaupt zu empfinden, daß er mir einst zugehört hat.

Der Mensch, der ich damals war, unterschied sich in wenigem äußerlich und innerlich von den meisten seiner

Gesellschaftsklasse, die man besonders bei uns in Wien die »gute Gesellschaft« ohne besonderen Stolz, sondern ganz als selbstverständlich zu bezeichnen pflegt. Ich ging in das sechsunddreißigste Jahr, meine Eltern waren früh gestorben und hatten mir knapp vor meiner Mündigkeit ein Vermögen hinterlassen, das sich als reichlich genug erwies, um von nun ab den Gedanken an Erwerb und Karriere gänzlich mir zu erübrigen. So wurde mir unvermutet eine Entscheidung abgenommen, die mich damals sehr beunruhigte. Ich hatte nämlich gerade meine Universitätsstudien vollendet und stand vor der Wahl meines zukünftigen Berufes, der wahrscheinlich dank unserer Familienbeziehungen und meiner schon früh vortretenden Neigung zu einer ruhig ansteigenden und kontemplativen Existenz auf den Staatsdienst gefallen wäre, als dies elterliche Vermögen an mich als einzigen Erben fiel und mir eine plötzliche arbeitslose Unabhängigkeit zusicherte, selbst im Rahmen weitgespannter und sogar luxuriöser Wünsche. Ehrgeiz hatte mich nie bedrängt, so beschloß ich, einmal dem Leben erst ein paar Jahre zuzusehen und zu warten, bis es mich schließlich verlocken würde, mir selbst einen Wirkungskreis zu finden. Es blieb aber bei diesem Zuschauen und Warten, denn da ich nichts Sonderliches begehrte, erreichte ich alles im engen Kreis meiner Wünsche; die weiche und wollüstige Stadt Wien, die wie keine andere das Spazierengehen, das nichtstuerische Betrachten, das Elegantsein zu einer geradezu künstlerischen Vollendung, zu einem Lebenszweck heranbildet, ließ mich die Absicht einer wirklichen Betätigung ganz vergessen. Ich hatte alle Befriedigung eines eleganten, adeligen, vermögenden, hübschen und dazu noch ehrgeizlosen jungen Mannes, die ungefährlichen Spannungen des Spiels, der Jagd, die regelmäßigen Auffrischungen der Reisen und Ausflüge, und bald begann ich diese beschauliche Existenz immer mehr mit wissender Sorgfalt und künstlerischer Neigung auszubauen. Ich sammelte seltene Gläser, weniger aus einer inneren Leidenschaft als aus Freude, innerhalb einer anstrengungslosen Betätigung Geschlossenheit und Kenntnis zu erreichen, ich schmückte meine Wohnung mit einer besonderen Art italienischer Barockstiche und mit Landschaftsbildern in der Art des Canaletto, die bei Trödlern zusammenzufinden oder bei Auktionen zu erstehen voll einer jagdmäßigen und doch nicht gefährlichen Spannung war, ich trieb mancherlei mit Neigung und immer mit Geschmack, fehlte selten bei guter Musik und in den Ateliers unserer Maler. Bei Frauen mangelte es mir nicht an Erfolg, auch hier hatte ich mit dem geheimen sammlerischen Trieb, der irgendwie auf innere Unbeschäftigtheit deutet, mir vielerlei erinnerungswerte und kostbare Stunden des Erlebens aufgehäuft, und hier allmählich vom bloßen Genießer mich zum wissenden Kenner steigernd. Im ganzen hatte ich viel erlebt, was mir angenehm den Tag füllte und meine Existenz mich als eine reiche empfinden ließ, und immer mehr begann ich diese laue, wohlige Atmosphäre einer gleichzeitig belebten und doch nie erschütterten Jugend zu lieben, fast ohne neue Wünsche schon, denn ganz geringe Dinge vermochten sich schon in der windstillen Luft meiner Tage zu einer Freude zu entfalten. Eine gutgewählte Krawatte konnte mich fast schon froh machen, ein schönes Buch, ein Automobilausflug oder eine Stunde mit einer Frau mich restlos beglücken. Ganz besonders wohl tat mir in dieser meiner Daseinsform, daß sie in keiner Weise, ganz wie ein tadellos korrekter englischer Anzug, in keiner Weise der Gesellschaft auffiel. Ich glaube, man empfand mich als eine angenehme Erscheinung, ich war beliebt und gerne gesehen, und die meisten, die mich kannten, nannten mich einen glücklichen Menschen.

Ich weiß jetzt nicht mehr zu sagen, ob jener Mensch

von damals, den ich mir zu vergegenwärtigen trachte, sich selbst so wie jene andern als einen Glücklichen empfand: denn nun, wo ich aus jenem Erlebnis für jedes Gefühl einen viel volleren und erfüllteren Sinn fordere, scheint mir jede rückerinnernde Wertung fast unmöglich. Doch vermag ich mit Gewißheit zu sagen, daß ich mich zu jener Zeit keineswegs als unglücklich empfand, blieben doch fast nie meine Wünsche unerfüllt und meine Anforderungen an das Leben unerwidert. Aber gerade dies, daß ich mich daran gewöhnt hatte, alles Geforderte vom Schicksal zu empfangen und darüber hinaus nichts mehr ihm abzufordern, gerade dies zeitigte allmählich einen gewissen Mangel an Spannung, eine Unlebendigkeit im Leben selbst. Was sich damals unbewußt in manchen Augenblicken der Halberkenntnis in mir sehnsüchtig regte: es waren nicht eigentlich Wünsche, sondern nur der Wunsch nach Wünschen, das Verlangen, stärker, unbändiger, ehrgeiziger, unbefriedigter zu begehren, mehr zu leben und vielleicht auch zu leiden. Ich hatte aus meiner Existenz durch eine allzu vernünftige Technik alle Widerstände ausgeschaltet, und an diesem Fehlen der Widerstände erschlaffte meine Vitalität. Ich merkte, daß ich immer weniger, immer schwächer begehrte, daß eine Art Erstarrung in mein Gefühl gekommen war, daß ich – vielleicht ist es am besten so ausgedrückt – an einer seelischen Impotenz, einer Unfähigkeit zur leidenschaftlichen Besitznahme des Lebens litt. An kleinen Zeichen erkannte ich dieses Manko zuerst. Es fiel mir auf, daß ich im Theater und in der Gesellschaft bei gewissen sensationellen Veranstaltungen öfter und öfter fehlte, daß ich Bücher bestellte, die mir gerühmt worden waren, und sie dann unaufgeschnitten wochenlang auf dem Schreibtisch liegen ließ, daß ich zwar mechanisch weiter meine Liebhabereien sammelte, Gläser und Antiken kaufte, ohne sie aber dann einzuordnen und mich eines seltenen und langgesuchten Stückes bei unvermutetem Erwerb sonderlich zu freuen.

Wirklich bewußt aber wurde mir diese übergangshafte und leise Verminderung meiner seelischen Spannkraft erst bei einer bestimmten Gelegenheit, deren ich mich noch deutlich entsinne. Ich war im Sommer – auch schon aus jener merkwürdigen Trägheit heraus, die von nichts Neuem sich lebhaft angelockt fühlte – in Wien geblieben, als ich plötzlich aus einem Kurorte den Brief einer Frau erhielt, mit der mich seit drei Jahren eine intime Beziehung verband und von der ich sogar aufrichtig meinte, daß ich sie liebe. Sie schrieb mir in vierzehn aufgeregten Seiten, sie habe in diesen Wochen dort einen Mann kennengelernt, der ihr viel, ja alles geworden sei, sie werde ihn im Herbst heiraten, und zwischen uns müsse jene Beziehung zu Ende sein. Sie denke ohne Reue, ja mit Glück an die mit mir gemeinsam verlebte Zeit zurück, der Gedanke an mich begleite sie in ihre neue Ehe als das Liebste ihres vergangenen Lebens, und sie hoffe, ich werde ihr den plötzlichen Entschluß verzeihen. Nach dieser sachlichen Mitteilung überbot sich der aufgeregte Brief dann in wirklich ergreifenden Beschwörungen, ich möge ihr nicht zürnen und nicht zuviel an dieser plötzlichen Absage leiden, ich solle keinen Versuch machen, sie gewaltsam zurückzuhalten oder eine Torheit gegen mich begehen. Immer hitziger jagten die Zeilen hin: ich solle doch bei einer Besseren Trost finden, ich solle ihr sofort schreiben, denn sie sei in Angst, wie ich diese Mitteilung aufnehmen würde. Und als Nachsatz, mit Bleistift, war dann noch eilig hingeschrieben: »Tue nichts Unvernünftiges, verstehe mich, verzeihe mir!« Ich las diesen Brief, zuerst überrascht von der Nachricht, und dann, als ich ihn durchblättert, noch ein zweites Mal und nun mit einer gewissen Beschämung, die sich bewußt werdend rasch zu einem inneren Erschrecken steigerte. Denn nichts von allen den starken und doch natürlichen Empfindungen, die meine Geliebte als selbstverständlich voraussetzte, hatte sich auch nur andeutungshaft in mir geregt. Ich hatte nicht gelitten bei ihrer Mitteilung, hatte ihr nicht gezürnt und schon gar nicht eine Sekunde an eine Gewalttätigkeit gegen sie oder gegen mich gedacht, und diese Kälte des Gefühls in mir war nun doch zu sonderbar, als daß sie mich nicht selbst erschreckt hätte. Da fiel eine Frau von mir ab, die Jahre meines Lebens begleitet hatte, deren warmer Leib sich elastisch dem meinen aufgetan, deren Atem in langen Nächten in meinen vergangen war, und nichts rührte sich in mir, wehrte sich dagegen, nichts suchte sie zurückzuerobern, nichts geschah in meinem Gefühl von all dem, was der reine Instinkt dieser Frau als selbstverständlich bei einem wirklichen Menschen voraussetzen mußte. In diesem Augenblicke war mir zum ersten Male ganz bewußt, wie weit der Erstarrungsprozeß in mir fortgeschritten war – ich glitt eben durch wie auf fließendem, spiegelndem Wasser, ohne irgend verhaftet, verwurzelt zu sein, und ich wußte ganz genau, daß diese Kälte etwas Totes, Leichenhaftes war, noch nicht umwittert zwar vom faulen Hauch der Verwesung, aber doch schon rettungslose Starre, grausam-kalte Fühllosigkeit, die Minute also, die dem wahren, dem körperlichen Sterben, dem auch äußerlich sichtbaren Verfall vorangeht.

Seit jener Episode begann ich mich und diese merkwürdige Gefühlsstarre in mir aufmerksam zu beobachten wie ein Kranker seine Krankheit. Als kurz darauf ein Freund von mir starb und ich hinter seinem Sarge ging, horchte ich in mich hinein, ob sich nicht eine Trauer in mir rühre, irgendein Gefühl sich in dem Bewußtsein spanne, dieser mir seit Kindheitstagen nahe Mensch sei nun für immer verloren. Aber es regte sich nichts, ich kam mir selbst wie etwas Gläsernes vor, durch das die Dinge hindurchleuchteten, ohne jemals innen zu sein, und sosehr ich mich bei diesem Anlaß und manchen ähnlichen auch anstrengte, etwas zu fühlen, ja mich mit Verstandesgründen zu Gefühlen überreden wollte, es kam keine Antwort aus jener inneren Starre zurück. Menschen verließen mich, Frauen gingen und kamen, ich spürte es kaum anders wie einer, der im Zimmer sitzt, den Regen an den Scheiben, zwischen mir und dem Unmittelbaren war irgendeine gläserne Wand, die ich mit dem Willen zu zerstoßen nicht die Kraft hatte.

Obzwar ich dies nun klar empfand, so schuf mir diese Erkenntnis doch keine rechte Beunruhigung, denn ich sagte es ja schon, daß ich auch Dinge, die mich selbst betrafen, mit Gleichgültigkeit hinnahm. Auch zum Leiden hatte ich nicht mehr genug Gefühl. Es genügte mir, daß dieser seelische Defekt außen so wenig wahrnehmbar war, wie etwa die körperliche Impotenz eines Mannes nicht anders als in der intimen Sekunde offenbar wird, und ich setzte oft in Gesellschaft durch eine künstliche Leidenschaftlichkeit im Bewundern, durch spontane Übertreibungen von Ergriffenheit eine gewisse Ostentation daran, zu verbergen, wie sehr ich mich innerlich anteilslos und abgestorben wußte. Äußerlich lebte ich mein altes behagliches, hemmungsloses Leben weiter, ohne seine Richtung zu ändern; Wochen, Monate glitten leicht vorüber und füllten sich langsam dunkel zu Jahren. Eines Morgens sah ich im Spiegel einen grauen Streif an meiner Schläfe und spürte, daß meine Jugend langsam hinüber wollte in eine andere Welt. Aber was andere Jugend nannten, war in mir längst vorbei. So tat das Abschiednehmen nicht sonderlich weh, denn ich liebte auch meine eigene Jugend nicht genug. Auch zu mir selbst schwieg mein trotziges Gefühl.

Durch diese innere Unbewegtheit wurden meine Tage immer mehr gleichförmig, trotz aller Verschiedenheit der

Beschäftigungen und Begebenheiten, sie reihten sich unbetont einer an den andern, wuchsen und gilbten hin wie die Blätter eines Baumes. Und ganz gewöhnlich, ohne jede Absonderlichkeit, ohne jedes innere Vorzeichen, begann auch jener einzige Tag, den ich mir wieder selbst schildern will. Ich war damals, am 7. Juni 1913, später aufgestanden, aus dem noch von der Kindheit, von den Schuljahren her unbewußt nachklingenden Sonntagsgefühl, hatte mein Bad genommen, die Zeitung gelesen und in Büchern geblättert, war dann, verlockt von dem warmen sommerlichen Tag, der teilnehmend in mein Zimmer drang, spazierengegangen, hatte in gewohnter Weise den Grabenkorso überquert, zwischen Gruß und Gruß bekannter und befreundeter Menschen mit irgendeinem von ihnen ein flüchtiges Gespräch geführt und dann bei Freunden zu Mittag gespeist. Für den Nachmittag war ich jeder Vereinbarung ausgewichen, denn ich liebte es insbesondere, am Sonntag ein paar unaufgeteilte freie Stunden zu haben, die dann ganz dem Zufall meiner Laune, meiner Bequemlichkeit oder irgendeiner spontanen Entschließung gehörten. Als ich dann, von meinen Freunden kommend, die Ringstraße querte, empfand ich wohltuend die Schönheit der besonnten Stadt und ward froh an ihrer frühsommerlichen Geschmücktheit. Die Menschen schienen alle heiter und irgendwie verliebt in die Sonntäglichkeit der bunten Straße, vieles einzelne fiel mir auf und vor allem, wie breitumbuscht mit ihrem neuen Grün die Bäume mitten aus dem Asphalt sich aufhoben. Obwohl ich doch fast täglich hier vorüberging, wurde ich dieses sonntäglichen Menschengewühls plötzlich wie eines Wunders gewahr, und unwillkürlich bekam ich Sehnsucht nach viel Grün, nach Helligkeit und Buntheit. Ich erinnerte mich mit ein wenig Neugier des Praters, wo jetzt, zu Frühlingsende, zu Sommersanfang, die schweren Bäume wie riesige grüne Lakaien rechts und links der von Wagen durchflitzten Hauptallee stehen und reglos den vielen geputzten eleganten Menschen ihre weißen Blütenkerzen hinhalten. Gewohnt, auch dem flüchtigsten meiner Wünsche sofort nachzugeben, rief ich den ersten Fiaker an, der mir in den Weg kam, und bedeutete ihm auf seine Frage den Prater als Ziel. »Zum Rennen, Herr Baron, nicht wahr?« antwortete er mit devoter Selbstverständlichkeit. Da erinnerte ich mich erst, daß heute ein sehr fashionabler Renntag war, eine Derbyvorschau, wo die ganze gute Wiener Gesellschaft sich ein Rendezvous gab. Seltsam, dachte ich mir, während ich in den Wagen stieg, wie wäre es noch vor ein paar Jahren möglich gewesen, daß ich einen solchen Tag versäumt oder vergessen hätte! Wieder spürte ich, so wie ein Kranker bei einer Bewegung seine Wunde, an dieser Vergeßlichkeit die ganze Starre der Gleichgültigkeit, der ich verfallen war.

Die Hauptallee war schon ziemlich leer, als wir hinkamen, das Rennen mußte längst begonnen haben, denn die sonst so prunkvolle Auffahrt der Wagen fehlte, nur ein paar vereinzelte Fiaker hetzten mit knatternden Hufen wie hinter einem unsichtbaren Versäumnis her. Der Kutscher wandte sich am Bock und fragte, ob er scharf traben solle; aber ich hieß ihn, die Pferde ruhig gehen zu lassen, denn mir lag nichts an einem Zuspätkommen. Ich hatte zu viel Rennen gesehen und zu oft die Menschen bei ihnen, als daß mir ein Zurechtkommen noch wichtig gewesen wäre, und es entsprach besser meinem lässigen Gefühl, im weichen Schaukeln des Wagens die blaue Luft wie Meer vom Bord eines Schiffes lindrauschend zu fühlen und ruhiger die schönen, breitgebuschten Kastanienbäume anzusehen, die manchmal dem schmeichlerisch warmen Wind ein paar Blütenflocken zum Spiele hingaben, die er dann leicht aufhob und wirbelte, ehe er sie auf die Allee weiß hinflocken ließ. Es war wohlig, sich

so wiegen zu lassen, Frühling zu ahnen mit geschlossenen
Augen, ohne jede Anstrengung beschwingt und fortge-
tragen sich zu empfinden: eigentlich tat es mir leid, als in
der Freudenau der Wagen vor der Einfahrt hielt. Am
liebsten wäre ich noch umgekehrt, mich weiter wiegen zu
lassen von dem weichen, frühsommerlichen Tag. Aber es
war schon zu spät, der Wagen hielt vor dem Rennplatz.
Ein dumpfes Brausen schlug mir entgegen. Wie ein Meer
scholl es dumpf und hohl hinter den aufgestuften Tribünen, ohne daß ich die bewegte Menge sah, von der dieses
geballte Geräusch ausging, und unwillkürlich erinnerte
ich mich an Ostende, wenn man von der niederen Stadt
die kleinen Seitengassen zur Strandpromenade empor-
steigt, schon den Wind salzig und scharf über sich sausen
fühlt und ein dumpfes Dröhnen hört, ehe dann der Blick
hingreift über die weite grauschäumige Fläche mit ihren
donnernden Wellen. Ein Rennen mußte gerade in Gang
sein, aber zwischen mir und dem Rasen, auf dem jetzt
wohl die Pferde hinflitzten, stand ein farbiger dröhnen-
der, wie von einem inneren Sturm hin und her geschüttel-
ter Qualm, die Menge der Zuschauer und Spieler. Ich
konnte die Bahn nicht sehen, spürte aber im Reflex der
gesteigerten Erregung jede sportliche Phase. Die Reiter
mußten längst gestartet, der Knäuel sich geteilt haben und
ein paar gemeinsam um die Führung streiten, denn schon
lösten sich hier aus den Menschen, die geheimnisvoll die
für mich unsichtbaren Bewegungen des Laufes miterleb-
ten, Schreie los und aufgeregte Zurufe. An der Richtung
ihrer Köpfe spürte ich die Biegung, an der die Reiter und
Pferde jetzt auf dem länglichen Rasenoval angelangt sein
mußten, denn immer einheitlicher, immer zusammenge-
faßter drängte sich, wie ein einziger aufgereckter Hals, das
ganze Menschenchaos einem mir unsichtbaren Blick-
punkt entgegen, und aus diesem einen ausgespannten
Hals grölte und gurgelte mit Tausenden zerriebenen

Einzellauten eine immer höher gischtende Brandung. Und diese Brandung stieg und schwoll, schon füllte sie den ganzen Raum bis zum gleichgültig blauen Himmel. Ich sah in ein paar Gesichter hinein. Sie waren verzerrt wie von einem inneren Krampf, die Augen starr und funkelnd, die Lippen verbissen, das Kinn gierig vorgestoßen, die Nüstern pferdhaft gebläht. Spaßig und grauenhaft war mirs, nüchtern diese unbeherrschten Trunkenen zu betrachten. Neben mir stand auf einem Sessel ein Mann, elegant gekleidet, mit einem sonst wohl guten Gesicht, jetzt aber tobte er, von einem unsichtbaren Dämon beteufelt, er fuchtelte mit dem Stock in die leere Luft hinein, als peitschte er etwas vorwärts, sein ganzer Körper machte – unsagbar lächerlich für einen Zuschauer – die Bewegung des Raschreitens leidenschaftlich mit. Wie auf Steigbügeln wippte er mit den Fersen unablässig auf und nieder über dem Sessel, die rechte Hand jagte den Stock immer wieder als Gerte ins Leere, die Linke knüllte krampfig einen weißen Zettel. Und immer mehr dieser weißen Zettel flatterten herum, wie Schaumspritzer gischteten sie über dieser graudurchstürmten Flut, die lärmend schwoll. Jetzt mußten an der Kurve ein paar Pferde ganz knapp beieinander sein, denn mit einem Male ballte sich das Gedröhn in zwei, drei, vier einzelne Namen, die immer wieder einzelne Gruppen wie Schlachtrufe schrien und tobten, und diese Schreie schienen wie ein Ventil für ihre delirierende Besessenheit.

Ich stand inmitten dieser dröhnenden Tobsucht kalt wie ein Felsen im donnernden Meer und weiß noch heute genau zu sagen, was ich in jener Minute empfand. Das Lächerliche vorerst all dieser fratzenhaften Gebärden, eine ironische Verachtung für das Pöbelhafte des Ausbruches, aber doch noch etwas anderes, das ich mir ungern eingestand – irgendeinen leisen Neid nach solcher Erregung, solcher Brunst der Leidenschaft, nach dem Leben, das in

diesem Fanatismus war. Was müßte, dachte ich, geschehen, um mich dermaßen zu erregen, mich dermaßen ins
Fieber zu spannen, daß mein Körper so brennend, meine
Stimme mir wider Willen aus dem Munde brechen
würde? Keine Summe konnte ich mir denken, deren
Besitz mich so anfeuern könnte, keine Frau, die mich
dermaßen reizte, nichts, nichts gab es, was aus der Starre
meines Gefühls mich zu solcher Feurigkeit entfachen
könnte! Vor einer plötzlich gespannten Pistole würde
mein Herz, eine Sekunde vor dem Erstarren, nicht so wild
hämmern, wie das in den tausend, zehntausend Menschen
rings um mich für eine Handvoll Geld. Aber jetzt mußte
ein Pferd dem Ziel ganz nahe sein, denn zu einem
einzigen, immer schriller werdenden Schrei von Tausenden Stimmen gellte jetzt wie eine hochgespannte Saite ein
bestimmter Name empor aus dem Tumult, um dann
schrill mit einem Male zu zerreißen. Die Musik begann zu
spielen, plötzlich zerbrach die Menge. Eine Runde war zu
Ende, ein Kampf entschieden, die Spannung löste sich in
eine quirlende, nur noch schlaff nachschwingende Be-
wegtheit. Die Masse, eben noch ein brennendes Bündel
Leidenschaft, fiel auseinander in viele einzelne laufende,
lachende, sprechende Menschen, ruhige Gesichter tauchten wieder auf hinter der mänadischen Maske der Erregung; aus dem Chaos des Spiels, das für Sekunden diese
Tausende in einen einzigen glühenden Klumpen ge-
schmolzen hatte, schichteten sich wieder gesellschaftliche
Gruppen, die zusammentraten, sich lösten, Menschen, die
ich kannte und die mich grüßten, fremde, die sich gegenseitig kühl-höflich musterten und betrachteten. Die Frau-
en prüften sich gegenseitig in ihren neuen Toiletten, die
Männer warfen begehrliche Blicke, jene mondäne Neugier, die der Teilnahmslosen eigentliche Beschäftigung
ist, begann sich zu entfalten, man suchte, zählte, kontrol-
lierte sich auf Anwesenheit und Eleganz. Schon wußten,

kaum aus dem Taumel erwacht, all diese Menschen nicht mehr, ob dies promenierende Zwischenspiel oder das Spiel selbst der Zweck ihrer gesellschaftlichen Vereinigung war.

Ich ging mitten durch dies laue Gewühl, grüßte und dankte, atmete wohlig – war es doch die Atmosphäre meiner Existenz – den Duft von Parfüm und Eleganz, der dies kaleidoskopische Durcheinander umschwebte, und noch freudiger die leise Brise, die von drüben aus den Prateralen, aus dem sommerlich durchwärmten Walde manchmal ihre Welle zwischen die Menschen warf und den weißen Musselin der Frauen wie wollüstig-spielend betastete. Ein paar Bekannte wollten mich ansprechen, Diane, die schöne Schauspielerin, nickte einladend aus einer Loge herüber, aber ich ging keinem zu. Es interessierte mich nicht, mit einem dieser mondänen Menschen heute zu sprechen, es langweilte mich, in ihrem Spiegel mich selbst zu sehen, nur das Schauspiel wollte ich umfassen, die knisternd-sinnliche Erregung, die durch die aufgesteigerte Stunde ging (denn der andern Erregtheit ist gerade dem Teilnahmslosen das angenehmste Schauspiel). Ein paar schöne Frauen gingen vorbei, ich sah ihnen frech, aber ohne innerliches Begehren auf die Brüste, die unter der dünnen Gaze bei jedem Schritte bebten, und lächelte innerlich über ihre halb peinliche, halb wohlige Verlegenheit, wenn sie sich so sinnlich abgeschätzt und frech entkleidet fühlten. In Wirklichkeit reizte mich keine, es machte mir nur ein gewisses Vergnügen, vor ihnen so zu tun, das Spiel mit dem Gedanken, mit ihren Gedanken machte mir Freude, die Lust, sie körperlich zu berühren, das magnetische Zucken im Auge zu fühlen; denn wie jedem innerlich kühlen Menschen, war es mein eigentlichster erotischer Genuß, in andern Wärme und Unruhe zu erregen, statt mich selbst zu erhitzen. Nur den Flaum von Wärme, den die Gegenwart von Frauen um die Sinnlichkeit legt, liebte ich zu fühlen, nicht eine wirkliche Erhitzung, Anregung bloß und nicht Erregung. So ging ich auch diesmal durch die Promenade, nahm Blicke, gab sie leicht wie Federball zurück, genoß ohne zu greifen, befühlte Frauen ohne zu fühlen, nur leicht angewärmt von der lauen Wollust des Spiels.

Aber auch das langweilte mich bald. Immer dieselben Menschen kamen vorüber, ich kannte ihre Gesichter schon auswendig und ihre Gesten. Ein Sessel stand in der Nähe. Ich setzte mich hin. Ringsum begann in den Gruppen eine neue wirblige Bewegung, unruhiger schüttelten und stießen sich die Vorübergehenden durcheinander; offenbar sollte ein neues Rennen wieder anheben. Ich kümmerte mich nicht darum, saß weich und irgendwie versunken unter dem Kringel meiner Zigarette, der sich weißgekräuselt gegen den Himmel hob, wo er heller und heller wie eine kleine Wolke im Frühlingsblau verging. In dieser Sekunde begann das Unerhörte, jenes einzige Erlebnis, das noch heute mein Leben bestimmt. Ich kann ganz genau den Augenblick feststellen, denn zufällig hatte ich gerade auf die Uhr gesehen: die Zeiger kreuzten sich, und ich sah ihnen mit jener unbeschäftigten Neugier zu, wie sie sich eine Sekunde lang überdeckten. Es war sechzehn Minuten nach drei Uhr an jenem Nachmittag des 7. Juni 1913. Ich blickte also, die Zigarette in der Hand, auf das weiße Zifferblatt, ganz beschäftigt mit dieser kindischen und lächerlichen Betrachtung, als ich knapp hinter meinem Rücken eine Frau laut lachen hörte, mit jenem scharfen, erregten Lachen, wie ich es bei Frauen liebe, jenem Lachen, das ganz warm und aufgeschreckt aus dem heißen Gebüsch der Sinnlichkeit vorspringt. Unwillkürlich bog es mir den Kopf zurück, schon wollte ich die Frau anschauen, deren laute Sinnlichkeit so frech in meine sorglose Träumerei schlug wie ein funkelnder weißer Stein in einen dumpfen, schlammigen Teich – da bezwang ich mich. Eine merkwürdige Lust am geistigen Spiel, am kleinen ungefährlichen psychologischen Experiment, wie sie mich oft befiel, ließ mich innehalten. Ich wollte die Lachende noch nicht ansehen, es reizte mich, zuerst in einer Art Vorlust meine Phantasie mit dieser Frau zu beschäftigen, mir sie vorzustellen, mir ein Gesicht, einen Mund, eine Kehle, einen Nacken, eine Brust, eine ganze lebendige atmende Frau um dieses Lachen zu legen.

Sie stand jetzt offenbar knapp hinter mir. Aus dem Lachen war wieder Gespräch geworden. Ich hörte gespannt zu. Sie sprach mit leichtem ungarischem Akzent, sehr rasch und beweglich, die Vokale breit ausschwingend wie im Gesang. Es machte mir nun Spaß, dieser Rede nun die Gestalt zuzudichten und dies Phantasiebild möglichst üppig auszugestalten. Ich gab ihr dunkle Haare, dunkle Augen, einen breiten, sinnlich gewölbten Mund mit ganz weißen starken Zähnen, eine ganz schmale kleine Nase, aber mit steil aufspringenden zitternden Nüstern. Auf die linke Wange legte ich ihr ein Schönheitspflästerchen, in die Hand gab ich ihr einen Reitstock, mit dem sie sich beim Lachen leicht an den Schenkel schlug. Sie sprach weiter und weiter. Und jedes ihrer Worte fügte meiner blitzschnell gebildeten Phantasievorstellung ein neues Detail hinzu: eine schmale mädchenhafte Brust, ein dunkelgrünes Kleid mit einer schief gesteckten Brillantspange, einen hellen Hut mit einem weißen Reiher. Immer deutlicher ward das Bild, und schon spürte ich diese fremde Frau, die unsichtbar hinter meinem Rücken stand, wie auf einer belichteten Platte in meiner Pupille. Aber ich wollte mich nicht umwenden, dieses Spiel der Phantasie noch weiter steigern, irgendein leises Rieseln von Wollust mengte sich in die verwegene Träumerei, ich schloß beide Augen, gewiß, daß, wenn ich die Lider auftäte und mich ihr zuwendete, das innere Bild ganz mit dem äußeren sich decken würde.

In diesem Augenblick trat sie vor. Unwillkürlich tat ich

die Augen auf – und ärgerte mich. Ich hatte vollkommen danebengeraten, alles war anders, ja in boshaftester Weise gegensätzlich zu meinem Phantasiebild. Sie trug kein grünes, sondern ein weißes Kleid, war nicht schlank, sondern üppig und breitgehüftet, nirgends auf der vollen Wange tupfte sich das erträumte Schönheitspfläsierchen, die Haare leuchteten rötlichblond statt schwarz unter dem helmförmigen Hut. Keines meiner Merkmale stimmte zu ihrem Bilde; aber diese Frau war schön, herausfordernd schön, obwohl ich mich, gekränkt im törichten Ehrgeiz meiner psychologischen Eitelkeit, diese Schönheit anzuerkennen wehrte. Fast feindlich sah ich zu ihr empor; aber auch der Widerstand in mir spürte den starken sinnlichen Reiz, der von dieser Frau ausging, das Begehrliche, Animalische, das in ihrer festen und gleichzeitig weichen Fülle fordernd lockte. Jetzt lachte sie wieder laut, ihre festen weißen Zähne wurden sichtbar, und ich mußte mir sagen, daß dieses heiße sinnliche Lachen zu dem Üppigen ihres Wesens wohl im Einklang stand; alles an ihr war so vehement und herausfordernd, der gewölbte Busen, das im Lachen vorgestoßene Kinn, der scharfe Blick, die geschwungene Nase, die Hand, die den Schirm fest gegen den Boden stemmte. Hier war das weibliche Element, Urkraft, bewußte, penetrante Lockung, ein fleischgewordenes Wollustfanal. Neben ihr stand ein eleganter, etwas fanierter Offizier und sprach eindringlich auf sie ein. Sie hörte ihm zu, lächelte, lachte, widersprach, aber all das nur nebenbei, denn gleichzeitig glitt ihr Blick, zitterten ihre Nüstern überall hin, gleichsam allen zu: sie sog Aufmerksamkeit, Lächeln, Anblick von jedem, der vorüberging, und gleichsam von der ganzen Masse des Männlichen ringsum ein. Ihr Blick war ununterbrochen wanderhaft, bald suchte er die Tribünen entlang, um dann plötzlich, freudigen Erkennens, einen Gruß zu erwidern, bald streifte er – während sie dem Offizier immer lächelnd und eitel zuhörte – nach rechts, bald nach links. Nur mich, der ich, von ihrem Begleiter gedeckt, unter ihrem Blickfeld lag, hatte er noch nicht angerührt. Das ärgerte mich. Ich stand auf – sie sah mich nicht. Ich drängte mich näher – nun blickte sie wieder zu den Tribünen hinauf. Da trat ich entschlossen zu ihr hin, lüftete den Hut gegen ihren Begleiter und bot ihr meinen Sessel an. Sie blickte mir erstaunt entgegen, ein lächelnder Glanz überflog ihre Augen, schmeichlerisch bog sie die Lippe zu einem Lächeln. Aber dann dankte sie nur kurz und nahm den Sessel, ohne sich zu setzen. Bloß den üppigen, bis zum Ellbogen entblößten Arm stützte sie weich an die Lehne und nützte die leichte Biegung ihres Körpers, um seine Formen sichtbarer zu zeigen.

Der Ärger über meine falsche Psychologie war längst vergessen, mich reizte nur das Spiel mit dieser Frau. Ich trat etwas zurück an die Wand der Tribüne, wo ich sie frei und doch unauffällig fixieren konnte, stemmte mich auf meinen Stock und suchte mit den Augen die ihren. Sie merkte es, drehte sich ein wenig meinem Beobachtungsplatze zu, aber doch so, daß diese Bewegung eine ganz zufällige schien, wehrte mir nicht, antwortete mir gelegentlich und doch unverpflichtend. Unablässig gingen ihre Augen im Kreise, alles rührten sie an, nichts hielten sie fest – war ich es allein, dem sie begegnend ein schwarzes Lächeln zustrahlten, oder gab sie es an jeden? Das war nicht zu unterscheiden, und eben diese Ungewißheit irritierte mich. In den Intervallen, wo wie ein Blinkfeuer ihr Blick mich anstrahlte, schien er voll Verheißung, aber mit der gleichen stahlglänzenden Pupille parierte sie auch ohne jede Wahl jeden andern Blick, der ihr zuflog, ganz nur aus koketter Freude am Spiel, vor allem aber, ohne dabei für eine Sekunde scheinbar interessiert das Gespräch ihres Begleiters zu verabsäumen. Etwas blendend Freches war in diesen leidenschaftlichen

Paraden, eine Virtuosität der Koketterie oder ein ausbrechender Überschuß an Sinnlichkeit. Unwillkürlich trat ich einen Schritt näher: ihre kalte Frechheit war in mich übergegangen. Ich sah ihr nicht mehr in die Augen, sondern griff sie fachmännisch von oben bis unten ab, riß ihr mit dem Blick die Kleider auf und spürte sie nackt. Sie folgte meinem Blick, ohne irgendwie beleidigt zu sein, lächelte mit den Mundwinkeln zu dem plaudernden Offizier, aber ich merkte, daß dies wissende Lächeln meine Absicht quittierte. Und wie ich jetzt auf ihren Fuß sah, der klein und zart unter dem weißen Kleide vorlugte, streifte sie mit dem Blick lässig nachprüfend ihr Kleid hinab. Dann, im nächsten Augenblick, hob sie wie zufällig den Fuß und stellte ihn auf die erste Sprosse des dargebotenen Sessels, so daß ich durch das durchbrochene Kleid die Strümpfe bis zum Knieansatz sah, gleichzeitig schien aber ihr Lächeln zu dem Begleiter hin irgendwie ironisch oder maliziös zu werden. Offenbar spielte sie mit mir ebenso anteillos wie ich mit ihr, und ich mußte die raffinierte Technik ihrer Verwegenheit haßvoll bewundern; denn während sie mir mit falscher Heimlichkeit das Sinnliche ihres Körpers darbot, drückte sie sich gleichzeitig in das Flüstern ihres Begleiters geschmeichelt hinein, gab und nahm in einem und beides nur im Spiel. Eigentlich war ich erbittert, denn ich haßte gerade an andern diese Art kalter und boshaft berechnender Sinnlichkeit, weil ich sie meiner eigenen wissenden Fühllosigkeit so blutschänderisch nahe verschwistert fühlte. Aber doch, ich war erregt, vielleicht mehr im Haß wie in Begehrlichkeit. Frech trat ich näher und griff sie brutal an mit den Blicken. »Ich will dich, du schönes Tier«, sagte ihr meine unverhohlene Geste, und unwillkürlich mußten meine Lippen sich bewegt haben, denn sie lächelte mit leiser Verächtlichkeit, den Kopf von mir wegwendend, und schlug die Robe über den entblößten Fuß. Aber im nächsten Augenblick wanderte die schwarze Pupille wieder funkelnd her und wieder hinüber. Es war ganz deutlich, daß sie ebenso kalt wie ich selbst und mir gewachsen war, daß wir beide kühl mit einer fremden Hitze spielten, die selber wieder nur gemaltes Feuer war, aber doch schön anzusehen und heiter zu spielen inmitten eines dumpfen Tags.

Plötzlich erlosch die Gespanntheit in ihrem Gesicht, der funkelnde Glanz glomm aus, eine kleine ärgerliche Falte krümmte sich um den eben noch lächelnden Mund. Ich folgte der Richtung ihres Blicks: ein kleiner, dicker Herr, den die Kleider faltig umplusterten, steuerte eilig auf sie zu, das Gesicht und die Stirn, die er nervös mit dem Taschentuch abtrocknete, von Erregung feucht. Der Hut, in der Eile schief auf den Kopf gedrückt, ließ seitlich eine tief heruntergezogene Glatze sehen (unwillkürlich empfand ich, es müßten, wenn er den Hut abnehme, dicke Schweißperlen auf ihr brüten, und der Mensch war mir widerlich). In der beringten Hand hielt er ein ganzes Bündel Tickets. Er prustete förmlich vor Aufregung und sprach gleich, ohne seine Frau zu beachten, in lautem Ungarisch auf den Offizier ein. Ich erkannte sofort einen Fanatiker des Rennsportes, irgendeinen Pferdehändler besserer Kategorie, für den das Spiel die einzige Ekstase war, das erlauchte Surrogat des Sublimen. Seine Frau mußte ihm offenbar jetzt etwas Ermahnendes gesagt haben (sie war sichtlich geniert von seiner Gegenwart und gestört in ihrer elementaren Sicherheit), denn er richtete sich, anscheinend auf ihr Geheiß, den Hut zurecht, lachte sie dann jovial an und klopfte ihr mit gutmütiger Zärtlichkeit auf die Schulter. Wütend zog sie die Brauen hoch, abgestoßen von der ehelichen Vertraulichkeit, die ihr in Gegenwart des Offiziers und vielleicht mehr noch der meinen peinlich wurde. Er schien sich zu entschuldigen, sagte auf ungarisch wieder ein paar Worte zu dem Offizier, die jener mit einem gefälligen Lächeln erwiderte, nahm aber dann zärtlich und ein wenig unterwürfig ihren Arm. Ich spürte, daß sie sich seiner Intimität vor uns schämte, und genoß ihre Erniedrigung mit einem gemischten Gefühl von Spott und Ekel. Aber schon hatte sie sich wieder gefaßt, und während sie sich weich an seinen Arm drückte, glitt ein Blick ironisch zu mir hinüber, als sagte er: »Siehst du, der hat mich, und nicht du.« Ich war wütend und degoutiert zugleich. Eigentlich wollte ich ihr den Rücken kehren und weitergehen, um ihr zu zeigen, daß die Gattin eines solchen ordinären Dicklings mich nicht mehr interessiere. Aber der Reiz war doch zu stark. Ich blieb.

Schrill gellte in dieser Sekunde das Signal des Starts, und mit einemmal war die ganze plaudernde, trübe, stockende Masse wie umgeschüttelt, floß wieder von allen Seiten in jähem Durcheinander nach vorn zur Barriere. Ich hatte eine gewisse Gewaltsamkeit nötig, nicht mitgerissen zu werden, denn ich wollte gerade im Tumult in ihrer Nähe bleiben, vielleicht bot sich da Gelegenheit zu einem entscheidenden Blick, einem Griff, irgendeiner spontanen Frechheit, die ich jetzt noch nicht wußte, und so stieß ich mich zwischen den eilenden Leuten beharrlich zu ihr vor. In diesem Augenblick drängte der dicke Gatte gerade herüber, offenbar um einen guten Platz an der Tribüne zu ergattern, und so stießen wir beide, jeder von einem andern Ungestüm geschleudert, mit so viel Heftigkeit gegeneinander, daß sein lockerer Hut zu Boden flog und die Tickets, die daran lose befestigt waren, in weitem Bogen wegspritzten und wie rote, blaue, gelbe und weiße Schmetterlinge auf den Boden staubten. Einen Augenblick starrte er mich an. Mechanisch wollte ich mich entschuldigen, aber irgendein böser Wille verschloß mir die Lippen, im Gegenteil: ich sah ihn kühl mit einer leisen, frechen und beleidigenden Provokation an. Sein Blick

flackerte eine Sekunde lang unsicher auf von rot aufstei-
gender, aber ängstlich sich drückender Wut hochge-
schnellt, brach aber feige zusammen vor dem meinen. Mit
einer unvergeßlichen, fast rührenden Ängstlichkeit sah er
mir eine Sekunde in die Augen, dann bog er sich weg,
schien sich plötzlich seiner Tickets zu besinnen und
bückte sich, um sie und den Hut vom Boden aufzulesen.
Mit unverhohlenem Zorn, rot im Gesicht vor Erregung,
blitzte die Frau, die seinen Arm gelassen hatte, mich an:
ich sah mit einer Art Wollust, daß sie mich am liebsten
geschlagen hätte. Aber ich blieb ganz kühl und nonchalant
stehen, sah lächelnd ohne zu helfen zu, wie der überdicke
Gemahl sich keuchend bückte und vor meinen Füßen
herumkroch, um seine Tickets aufzulesen. Der Kragen
stand ihm beim Bücken weit ab wie die Federn einer
aufgeplusterten Henne, eine breite Speckfalte schob sich
den roten Nacken hinauf, asthmatisch keuchte er bei jeder
Bewegung. Unwillkürlich kam mir, wie ich ihn so keu-
chen sah, ein unanständiger und unappetitlicher Gedanke,
ich stellte ihn mir in ehelichem Alleinsein mit seiner
Gattin vor, und übermütig geworden an dieser Vorstellung lächelte ich geradeaus in ihren kaum mehr beherrschten Zorn. Sie stand da, jetzt wieder blaß und
ungeduldig und kaum mehr sich beherrschen könnend –
endlich hatte ich doch ein wahres, ein wirkliches Gefühl
ihr entrissen: Haß, unbändigen Zorn! Ich hätte mir diese
boshafte Szene am liebsten ins Unendliche verlängert; mit
kalter Wollust sah ich zu, wie er sich quälte, um Stück für
Stück seiner Tickets zusammenzuklauben. Mir saß irgendein schnurriger Teufel in der Kehle, der immer
kicherte und ein Lachen herauskollern wollte – am liebsten hätte ich ihn herausgelacht oder diese weiche krab-
belnde Fleischmasse ein wenig mit dem Stock gekitzelt:
ich konnte mich eigentlich nicht erinnern, jemals so von
Bosheit besessen gewesen zu sein, wie in diesem funkeln-

den Triumph der Erniedrigung über diese frechspielende Frau. Aber jetzt schien der Unglückselige endlich alle seine Tickets zusammengerafft zu haben, nur eines, ein blaues, war weiter fortgeflogen und lag knapp vor mir auf dem Boden. Er drehte sich keuchend herum, suchte mit seinen kurzsichtigen Augen – der Zwicker saß ihm ganz vorne auf der schweißbenetzten Nase –, und diese Sekunde benützte meine spitzbübisch aufgeregte Bosheit zur Verlängerung seiner lächerlichen Anstrengung: ich schob, einem schuljungenhaften Übermut willenlos gehorchend, den Fuß rasch vor und setzte die Sohle auf das Ticket, so daß er es bei bester Bemühung nicht finden konnte, so lange mirs beliebte, ihn suchen zu lassen. Und er suchte und suchte unentwegt, überzählte dazwischen verschnaufend immer wieder die farbigen Pappendeckelzettel: es war sichtlich, daß einer – meiner! – ihm noch fehlte, und schon wollte er inmitten des anbrausenden Getümmels wieder mit der Suche anheben, als seine Frau, die mit einem verbissenen Ausdruck meinen höhnischen Seitenblick krampfhaft vermied, ihre zornige Ungeduld nicht mehr zügeln konnte. »Lajos!« rief sie ihm plötzlich herrisch zu, und er fuhr auf wie ein Pferd, das die Trompete hört, blickte noch einmal suchend auf die Erde – mir war es, als kitzelte mich das verborgene Ticket unter der Sohle, und ich konnte einen Lachreiz kaum verbergen – dann wandte er sich seiner Frau gehorsam zu, die ihn mit einer gewissen ostentativen Eile von mir weg in das immer stärker aufschäumende Getümmel zog.

Ich blieb zurück ohne jedwedes Verlangen, den beiden zu folgen. Die Episode war für mich beendet, das Gefühl jener erotischen Spannung hatte sich wohltuend ins Heitere gelöst, alle Erregung war von mir geglitten und nichts zurückgeblieben als die gesunde Sattheit der plötzlich vorgebrochenen Bosheit, eine freche, fast übermütige Selbstzufriedenheit über den gelungenen Streich. Vorne drängten sich die Menschen dicht zusammen, schon begann die Erregung zu wogen und, eine einzige, schmutzige, schwarze Welle, gegen die Barriere zu drängen, aber ich sah gar nicht hin, es langweilte mich schon. Und ich dachte daran, hinüber in die Krieau zu gehen oder heimzufahren. Aber kaum daß ich jetzt unwillkürlich den Fuß zum Schritt vorwärts tat, bemerkte ich das blaue Ticket, das vergessen am Boden lag. Ich nahm es auf und hielt es spielend zwischen den Fingern, ungewiß, was ich damit anfangen sollte. Vage kam mir der Gedanke, es »Lajos« zurückzugeben, was als vortrefflicher Anlaß dienen könnte, mit seiner Frau bekannt zu werden; aber ich merkte, daß sie mich gar nicht mehr interessierte, daß die flüchtige Hitze, die mir von diesem Abenteuer angeflogen kam, längst in meiner alten Gleichgültigkeit ausgekühlt war. Mehr als dies kämpfende, verlangende Hin und Her der Blicke verlangte ich von Lajos' Gattin nicht – der Dickling war mir doch zu unappetitlich, um Körperliches mit ihm zu teilen – den Frisson der Nerven hatte ich gehabt, nun fühlte ich bloß mehr lässige Neugier, wohlige Entspannung.

Der Sessel stand da, verlassen und allein. Ich setzte mich gemächlich nieder, zündete mir eine Zigarette an. Vor mir brandete die Leidenschaft wieder auf, ich horchte nicht einmal hin: Wiederholungen reizten mich nicht. Ich sah blaß den Rauch aufsteigen und dachte an die Meraner Golfpromenade, wo ich vor zwei Monaten gesessen und in den sprühenden Wasserfall hinabgesehen hatte. Ganz so war dies wie hier: auch dort ein mächtig aufschwellendes Rauschen, das nicht wärmte und nicht kühlte, auch dort ein sinnloses Tönen in eine schweigendblaue Landschaft hinein. Aber jetzt war die Leidenschaft des Spiels beim Crescendo angelangt, wieder flog der Schaum von Schirmen, Hüten, Schreien, Taschentüchern über die schwarze Brandung der Menschen hin, wieder quirlten die Stimmen zusammen, wieder zuckte ein Schrei – nun aber andersfarbig – aus dem Riesenmaul der Menge. Ich hörte einen Namen, tausendfach, zehntausendfach, jauchzend, gell, ekstatisch, verzweifelt geschrien: »Cressy! Cressy! Cressy!« Und wieder brach er, eine gespannte Saite, plötzlich ab (wie doch Wiederholung selbst die Leidenschaft eintönig macht!). Die Musik begann zu spielen, die Menge löste sich. Tafeln wurden emporgezogen mit den Nummern der Sieger. Unbewußt blickte ich hin. An erster Stelle leuchtete eine Sieben. Mechanisch sah ich auf das blaue Ticket, das ich zwischen meinen Fingern vergessen hatte. Auch hier die Sieben. Unwillkürlich mußte ich lachen. Das Ticket hatte gewonnen, der gute Lajos richtig gesetzt. So hatte ich mit meiner Bosheit den dicken Gatten sogar noch um Geld gebracht: mit einem Male war meine übermütige Laune wieder da, nun interessierte es mich, zu wissen, um wieviel ihn meine eifersüchtige Intervention geprellt. Ich sah mir den blauen Pappendeckel zum erstenmal genauer an: es war ein Zwanzigkronen-Ticket, und Lajos hatte auf »Sieg« gesetzt. Das konnte wohl schon ein stattlicher Betrag sein. Ohne weiter nachzudenken, nur dem Kitzel der Neugierde folgend, ließ ich mich von der eilenden Menge in die Richtung zu den Kassen hindrängen. Ich wurde in irgendeine Queue hineingepreßt, legte das Ticket vor, und schon streiften zwei knochige, eilfertige Hände, zu denen ich das Gesicht hinter dem Schalter gar nicht sah, mir neun Zwanzigkronenscheine auf die Marmorplatte.

In dieser Sekunde, wo mir das Geld, wirkliches Geld, blaue Scheine hingelegt wurden, stockte mir das Lachen in der Kehle. Ich hatte sofort ein unangenehmes Gefühl. Unwillkürlich zog ich die Hände zurück, um das fremde Geld nicht zu berühren. Am liebsten hätte ich die blauen Scheine auf der Platte liegen lassen; aber hinter mir drängten schon die Leute, ungeduldig, ihren Gewinn ausbezahlt zu bekommen. So blieb mir nichts übrig, als, peinlich berührt, mit angewiderten Fingerspitzen die Scheine zu nehmen: wie blaue Flammen brannten sie mir in der Hand, die ich unbewußt von mir wegspreizte, als gehörte auch die Hand, die sie genommen, nicht zu mir selbst. Sofort übersah ich das Fatale der Situation. Wider meinen Willen war aus dem Scherz etwas geworden, was einem anständigen Menschen, einem Gentleman, einem Reserveoffizier nicht hätte unterlaufen dürfen, und ich zögerte vor mir selbst, den wahren Namen dafür auszusprechen. Denn dies war nicht verheimlichtes, sondern listig weggelocktes, war gestohlenes Geld.

Um mich surrten und schwirrten die Stimmen, Leute drängten und stießen von und zu den Kassen. Ich stand noch immer reglos mit der weggespreizten Hand. Was sollte ich tun? An das Natürlichste dachte ich zuerst: den wirklichen Gewinner aufsuchen, mich entschuldigen und ihm das Geld zurückerstatten. Aber das ging nicht an, und am wenigsten vor den Blicken jenes Offiziers. Ich war doch Reserveleutnant, und ein solches Eingeständnis hätte mich sofort meine Charge gekostet; denn selbst wenn ich das Ticket gefunden hätte, war schon das Einkassieren des Geldes eine unfaire Handlungsweise. Ich dachte auch daran, meinem in den Fingern zuckenden Instinkt nachzugeben, die Noten zu zerknüllen und fortzuwerfen, aber auch dies war inmitten des Menschengewühls zu leicht kontrollierbar und dann verdächtig. Keinesfalls wollte ich aber auch nur einen Augenblick das fremde Geld bei mir behalten oder gar in die Brieftasche stecken, um es später irgend jemandem zu schenken: das mir seit Kindheit so wie reine Wäsche anerzogene Sauberkeitsempfinden ekelte sich vor jeder auch nur flüchtigen Berührung mit diesen Zetteln. Weg, nur weg mit diesem Gelde, fieberte es ganz heiß in mir, weg, nur irgendwohin, weg! Unwillkürlich sah ich mich um, und wie ich ratlos im Kreise blickte, ob irgendwo ein Versteck sei, eine unbewachte Möglichkeit, fiel mir auf, daß die Menschen von neuem zu den Kassen zu drängen begannen, nun aber mit Geldscheinen in den Händen. Und der Gedanke war mir Erlösung. Zurückwerfen das Geld an den boshaften Zufall, der es mir gegeben, wiederum hinein in den gefräßigen Schlund, der jetzt die neuen Einsätze, Silber und Scheine, gleich gierig hinunterschluckte – ja, das war das Richtige, die wahre Befreiung.

Ungestüm eilte, ja lief ich hin, keilte mich mitten zwischen die Drängenden. Nur zwei Vordermänner waren noch vor mir, schon stand der erste beim Totalisator, als mir einfiel, daß ich gar kein Pferd zu nennen wußte, auf das ich setzen könnte. Gierig hörte ich in das Reden rings um mich. »Setzen Sie Ravachol?« fragte einer. »Natürlich Ravachol«, antwortete ihm sein Begleiter. »Glauben Sie, daß Teddy nicht auch Chancen hat?« »Teddy? keine Spur. Er hat im Maidenrennen total versagt. Er war ein Bluff.«

Wie ein Verdurstender schluckte ich die Worte ein. Also Teddy war schlecht. Teddy würde bestimmt nicht gewinnen. Sofort beschloß ich, ihn zu setzen. Ich schob das Geld hin, nannte den eben erst gehörten Namen Teddy auf Sieg, eine Hand warf mir die Tickets zurück. Mit einem Male hatte ich jetzt neun rotweiße Pappendeckelstücke zwischen den Fingern statt des einen. Es war noch immer ein peinliches Gefühl; aber immerhin, es brannte nicht mehr so aufreizend, so erniedrigend wie das knitterige bare Geld.

Ich empfand mich wieder leicht, beinahe sorglos: jetzt war das Geld weggetan, das Unangenehme des Abenteuers erledigt, die Angelegenheit wieder zum Scherz geworden, als der sie begonnen. Ich setzte mich lässig in meinen Sessel zurück, zündete eine Zigarette an und blies den Rauch gemächlich vor mich hin. Aber es hielt mich nicht lange, ich stand auf, ging herum, setzte mich wieder hin.

Merkwürdig: es war vorbei mit der wohligen Träumerei. Irgendeine Nervosität stak mir knisternd in den Gliedern. Zuerst meinte ich, es sei das Unbehagen, unter den vielen vorbeistreifenden Leuten Lajos und seiner Frau begegnen zu können; aber wie konnten sie ahnen, daß jene neuen Tickets die ihren waren? Auch die Unruhe der Menschen störte mich nicht, im Gegenteil, ich beobachtete sie genau, ob sie nicht schon wieder nach vorne zu drängen begannen, ja ich ertappte mich, wie ich immer wieder aufstand, um zur Fahne zu blicken, die bei Beginn des Rennens hochgezogen wurde. Das also war es – Ungeduld, ein springendes, inneres Fieber der Erwartung, der Start möge schon beginnen, die leidige Angelegenheit für immer erledigt sein.

Ein Bursche lief vorbei mit einer Rennzeitung. Ich hielt ihn an, kaufte mir das Programm und begann unter den unverständlichen, in einem fremden Jargon geschriebenen Worten und Tips herumzuschauen, bis ich endlich Teddy herausfand, den Namen seines Jockeis, den Besitzer des Stalles und die Farben rotweiß. Aber warum interessierte mich das so? Ärgerlich zerknüllte ich das Blatt und warf es weg, stand auf, setzte mich wieder hin. Mir war ganz plötzlich heiß geworden, ich mußte mir mit dem Taschentuch über die feuchte Stirn fahren, und der Kragen drückte mich. Noch immer wollte der Start nicht beginnen.

Endlich klingelte die Glocke, die Menschen stürmten hin, und in dieser Sekunde spürte ich entsetzt, wie auch mich dieses Klingeln gleich einem Wecker erschreckt von irgendeinem Schlaf aufriß. Ich sprang vom Sessel so heftig weg, daß er umfiel, und eilte – nein, ich lief – gierig nach vorne, die Tickets fest zwischen die Finger gepreßt, mitten in die Menge hinein und wie von einer rasenden Angst verzehrt, zu spät zu kommen, irgend etwas ganz Wichtiges zu versäumen. Ich erreichte noch, indem ich

Leute brutal beiseite stieß, die vordere Barriere, riß rücksichtslos einen Sessel, den eben eine Dame nehmen wollte, an mich. Meine ganze Taktlosigkeit und Tollwütigkeit erkannte ich sofort an ihrem erstaunten Blick – es war eine gute Bekannte, die Gräfin R., deren hochgezogen zornigen Brauen ich begegnete – aber aus Scham und Trotz sah ich an ihr kalt vorbei, sprang auf den Sessel, um das Feld zu sehen.

Irgendwo weit drüben stand im Grünen an den Start gepreßt ein kleines Rudel Pferde, mühsam in der Linie gehalten von den kleinen Jockeis, die wie bunte Polichinelle aussahen. Sofort suchte ich den meinen darunter zu erkennen, aber mein Auge war ungeübt, und mir flimmerte es so heiß und seltsam vor dem Blick, daß ich unter den Farbenflecken den rotweißen nicht zu unterscheiden vermochte. In diesem Augenblick klang die Glocke zum zweiten Male, und wie sieben bunte Pfeile von einem Bogen flitzten die Pferde in den grünen Gang hinein. Es mußte wunderbar sein, dies ruhig und nur ästhetisch zu betrachten, wie die schmalen Tiere galoppierend ausholten und, kaum den Boden anstreifend, über den Rasen hinfederten; aber ich spürte von all dem nichts, ich machte nur verzweifelte Versuche, mein Pferd, meinen Jockei zu erkennen, und fluchte mir selbst, keinen Feldstecher mitgenommen zu haben. So sehr ich mich bog und streckte, ich sah nichts als vier, fünf Insekten, in einen fliegenden Knäuel verwischt; nur die Form sah ich allmählich jetzt sich verändern, wie das leichte Rudel sich jetzt an der Biegung keilförmig verlängerte, eine Spitze vortrieb, indes rückwärts einige des Schwarms bereits abzubröckeln begannen. Das Rennen wurde scharf: drei oder vier der im Galopp ganz auseinandergestreckten Pferde klebten wie farbige Papierstreifen flach zusammen, bald schob sich das eine, bald das andere um einen Ruck vor. Und unwillkürlich streckte ich meinen ganzen

Körper aus, als könnte ich durch diese nachahmende, federnde, leidenschaftlich gespannte Bewegung ihre Geschwindigkeit steigern und mitreißen.

Rings um mich wuchs die Erregung. Einzelne Geübtere mußten schon an der Kurve die Farben erkannt haben, denn Namen fuhren jetzt wie grelle Raketen aus dem trüben Tumult. Neben mir stand einer, die Hände frenetisch gereckt, und wie jetzt ein Pferdekopf vordrängte, schrie er fußstampfend mit einer widerlich gellen und triumphierenden Stimme: »Ravachol! Ravachol!« Ich sah, daß wirklich der Jockei dieses Pferdes blau schimmerte, und eine Wut überfiel mich, daß es nicht mein Pferd war, das siegte. Immer unerträglicher wurde mir das gelle Gebrüll »Ravachol! Ravachol!« von dem Widerling neben mir; ich tobte vor kalter Wut, am liebsten hätte ich ihm die Faust in das aufgerissene schwarze Loch seines schreienden Mundes geschlagen. Ich zitterte vor Zorn, ich fieberte, jeden Augenblick, fühlte ich, konnte ich etwas Sinnloses begehen. Aber da hing noch ein anderes Pferd knapp an dem ersten. Vielleicht war das Teddy, vielleicht, vielleicht – und diese Hoffnung befeuerte mich von neuem. Wirklich war mir, als schimmerte der Arm, der sich jetzt über den Sattel hob und etwas niedersausen ließ auf die Kruppe des Pferdes, rotfarben, er konnte es sein, er mußte es sein, er mußte, er mußte! Aber warum trieb er ihn nicht vor, der Schurke? Noch einmal die Peitsche! Noch einmal! Jetzt, jetzt war er ihm ganz nahe! Jetzt, nur eine Spanne noch. Warum Ravachol? Ravachol? Nein, nicht Ravachol! Nicht Ravachol! Teddy! Teddy! Vorwärts Teddy! Teddy!

Plötzlich riß ich mich gewaltsam zurück. Was – was war das? Wer schrie da so? Wer tobte da »Teddy! Teddy!«? Ich selbst schrie ja das. Und mitten in der Leidenschaft erschrak ich vor mir. Ich wollte mich halten, mich beherrschen, inmitten meines Fiebers quälte mich eine

plötzliche Scham. Aber ich konnte die Blicke nicht wegreißen, denn dort klebten die beiden Pferde knapp aneinander, und es mußte wirklich Teddy sein, der an Ravachol, dem verfluchten, aus brennender Inbrunst von mir
gehaßten Ravachol hing, denn rings um mich gellten jetzt
andere lauter und vielstimmiger in grellem Diskant:
»Teddy! Teddy!«, und der Schrei riß mich, den für eine
wache Sekunde Aufgetauchten, wieder in die Leidenschaft. Er sollte, er mußte gewinnen, und wirklich, jetzt,
jetzt schob sich hinter dem fliegenden Pferde des andern
ein Kopf vor, eine Spanne nur, und jetzt schon zwei, jetzt,
jetzt sah man schon den Hals – in diesem Augenblick
schnarrte grell die Glocke, und ein einziger Schrei des
Jubels, der Verzweiflung, des Zornes explodierte. Für
eine Sekunde füllte der ersehnte Name den blauen Himmel ganz bis zur Wölbung. Dann stürzte er ein, und
irgendwo rauschte Musik.

Heiß, ganz feucht, klopfenden Herzens stieg ich vom
Sessel herab. Ich mußte mich für einen Augenblick nie-
dersetzen, so wirr war ich vor begeisterter Erregung. Eine
Ekstase, wie ich sie nie gekannt, durchflutete mich, eine
sinnlose Freude, daß der Zufall so sklavisch meiner
Herausforderung gehorcht; vergebens versuchte ich mir
vorzutäuschen, es sei wider meinen Willen gewesen, daß
dieses Pferd gewonnen habe, und ich hätte gewünscht,
das Geld verloren zu sehen. Aber ich glaubte es mir selbst
nicht, und schon spürte ich ein grausames Ziehen in
meinen Gliedern, es riß mich magisch irgendwohin, und
ich wußte, wohin es mich trieb: ich wollte den Sieg sehen,
ihn spüren, ihn fassen, Geld, viel Geld, blaue knisternde
Scheine in den Fingern spüren und dies Rieseln die
Nerven hinauf. Eine ganz fremde böse Lust hatte sich
meiner bemächtigt, und keine Scham wehrte mehr, ihr
nachzugeben. Und kaum daß ich mich erhob, so eilte, so
lief ich schon bis hin zur Kasse, ganz brüsk, mit gespreiz-

ten Ellbogen stieß ich mich zwischen die Wartenden am Schalter, schob ungeduldig Leute beiseite, nur um das Geld, das Geld leibhaftig zu sehn. »Flegel!« murrte hinter mir einer der Weggedrängten; ich hörte es, aber ich dachte nicht daran, ihn zu fordern, ich bebte ja vor unbegreiflicher, krankhafter Ungeduld. Endlich war die Reihe an mir, meine Hände faßten gierig ein blaues Bündel Banknoten. Ich zählte zitternd und begeistert zugleich. Es waren sechshundertundvierzig Kronen.

Heiß riß ich sie an mich. Mein nächster Gedanke war: jetzt weiter spielen, mehr gewinnen, viel mehr. Wo hatte ich nur meine Rennzeitung? Ach, weggeworfen in der Erregung. Ich sah um mich, eine neue zu erstehen. Da bemerkte ich zu meinem namenlosen Erschrecken, wie plötzlich alles rings auseinanderflutete, dem Ausgang zu, daß die Kassen sich schlossen, die flatternde Fahne sank. Das Spiel war zu Ende. Es war das letzte Rennen gewesen. Eine Sekunde lang stand ich starr. Dann sprang ein Zorn in mir auf, als sei mir ein Unrecht geschehen. Ich konnte mich nicht damit abfinden, daß jetzt, da alle meine Nerven sich spannten und bebten, das Blut so heiß wie seit Jahren nicht mehr in mir rollte, alles zu Ende sein sollte. Aber es half nichts, mit trügerischem Wunsch die Hoffnung künstlich zu nähren, dies sei nur ein Irrtum gewesen, denn immer rascher entflutete das bunte Gedränge, schon glänzte grün der zertretene Rasen zwischen den vereinzelt Gebliebenen. Allmählich empfand ich das Lächerliche meines gespannten Verweilens, so nahm ich den Hut – den Stock hatte ich offenbar am Tourniquet in der Erregung stehengelassen – und ging dem Ausgang zu. Ein Diener mit servil gelüfteter Kappe sprang mir entgegen, ich nannte ihm die Nummer meines Wagens, er schrie sie mit gehöhlter Hand über den Platz, und schon klapperten scharf die Pferde heran. Ich bedeutete dem Kutscher, langsam die Hauptallee hinabzufahren. Denn gerade jetzt, wo die Erregung wohlig abzuklingen begann, fühlte ich eine lüsterne Neigung, mir noch einmal die ganze Szene in Gedanken zu erneuern.

In diesem Augenblick fuhr ein anderer Wagen vor; unwillkürlich blickte ich hin, um sofort wieder ganz bewußt wegzusehen. Es war die Frau mit ihrem behäbigen Gatten. Sie hatten mich nicht bemerkt. Aber sofort überkam mich ein widerlich würgendes Gefühl, als sei ich ertappt. Und am liebsten hätte ich dem Kutscher zugerufen, auf die Pferde einzuschlagen, nur um rasch aus ihrer Nähe zu kommen.

Weich glitt auf den Gummirädern der Fiaker dahin zwischen den vielen andern, die wie Blumenboote mit ihrer bunten Fracht von Frauen an den grünen Ufern der Kastanienallee vorbeischaukelten. Die Luft war weich und süß, schon wehte von erster Abendkühle manchmal ein leiser Duft durch den Staub herüber. Aber das frühere wohlig-träumerische Gefühl kam nicht wieder: die Begegnung mit dem Geprellten hatte mich peinlich aufgerissen. Wie ein kalter Luftzug durch eine Fuge drang es mit einmal in meine überhitzte Leidenschaft. Ich dachte jetzt noch einmal nüchtern die ganze Szene durch und begriff mich selbst nicht mehr: ich, ein Gentleman, ein Mitglied der besten Gesellschaft, Reserveoffizier, hochgeachtet, hatte ohne Not gefundenes Geld an mich genommen, in die Brieftasche gesteckt, ja dies sogar mit einer gierigen Freude, einer Lust getan, die jede Entschuldigung hinfällig machte. Ich, der ich vor einer Stunde noch ein korrekter, makelloser Mensch gewesen war, hatte gestohlen. Ich war ein Dieb. Und gleichsam, um mich selbst zu erschrecken, sagte ich mir mein Urteil halblaut hin, während der Wagen leise trabte, unbewußt im Rhythmus des Hufschlags sprechend: »Dieb! Dieb! Dieb! Dieb!«

Aber seltsam, wie soll ich beschreiben, was jetzt geschah, es ist ja so unerklärlich, so ganz absonderlich, und doch weiß ich, daß ich mir nichts nachträglich vortäusche. Jede Sekunde meines Gefühls, jede Oszillation meines Denkens in jenen Augenblicken ist mir ja mit einer so übernatürlichen Deutlichkeit bewußt, wie kaum irgendein Erlebnis meiner sechsunddreißig Jahre, und doch wage ich kaum, diese absurde Reihenfolge, diese verblüffende Schwankung meines Empfindens bewußt zu machen, ja ich weiß nicht, ob irgendein Dichter, ein Psychologe das logisch zu schildern vermöchte. Ich kann nur die Reihenfolge aufzeichnen, ganz getreu ihrem unvermuteten Aufleuchten nach. Also: ich sagte zu mir »Dieb, Dieb, Dieb«. Dann kam ein ganz merkwürdiger, ein gleichsam leerer Augenblick, ein Augenblick, wo nichts geschah, wo ich nur – ach, wie schwer ist es, dies auszudrücken – wo ich nur horchte, in mich hineinhorchte. Ich hatte mich angerufen, hatte mich angeklagt, nun sollte dem Richter der Angeschuldigte antworten. Ich horchte also, und es geschah – nichts. Der Peitschenschlag dieses Wortes »Dieb«, von dem ich erwartet hatte, es werde mich aufschrecken und dann hinstürzen lassen in eine namenlose, eine zerknirschte Scham, weckte nichts auf. Ich wartete geduldig einige Minuten, ich beugte mich dann gewissermaßen noch näher über mich selbst – denn ich spürte zu wohl, daß unter diesem trotzigen Schweigen etwas sich regte – und horchte mit einer fieberhaften Erwartung auf das ausbleibende Echo, auf den Schrei des Ekels, der Entrüstung, der Verzweiflung, der dieser Selbstanschuldigung folgen mußte. Und es geschah wiederum nichts. Nichts antwortete. Nochmals sagte ich mir das Wort »Dieb«, »Dieb«, nun schon ganz laut, um endlich in mir das schwerhörige, das gelähmte Gewissen aufzuwecken. Wieder kam keine Antwort. Und plötzlich – in einem grellen Blitzlicht des Bewußtseins, wie wenn plötzlich ein Streichholz angezündet und über die dämmernde Tiefe gehalten wäre – erkannte ich, daß ich mich nur schämen *wollte*, aber nicht schämte, ja, daß ich in jener Tiefe irgendwie geheimnisvoll stolz, sogar beglückt war von dieser törichten Tat.

Wie war das möglich? Ich wehrte mich, jetzt wirklich vor mir selbst erschreckend, gegen diese unerwartete Erkenntnis, aber zu schwellend, zu ungestüm wogte das Gefühl aus mir auf. Nein, das war nicht Scham, nicht Empörung, nicht Selbstekel, was so warm mir im Blut gärte – das war Freude, trunkene Freude, die in mir aufloderte, ja funkelte mit hellen spitzen Flammen von Übermut, denn ich spürte, daß ich in jenen Minuten zum erstenmal seit Jahren und Jahren wirklich lebendig, daß mein Gefühl nur gelähmt gewesen und noch nicht abgestorben war, daß irgendwo unter der versandeten Fläche meiner Gleichgültigkeit also doch noch jene heißen Quellen von Leidenschaft geheimnisvoll gingen und nun, von der Wünschelrute des Zufalls berührt, hoch bis in mein Herz hinaufgepeitscht waren. Auch in mir, auch in mir, in diesem Stück atmenden Weltalls, glühte also noch jener geheimnisvolle vulkanische Kern alles Irdischen, der manchmal vorbricht in den wirbelnden Stößen von Begier, auch ich lebte, war lebendig, war ein Mensch mit bösem und warmem Gelüst. Eine Tür war aufgerissen vom Sturm dieser Leidenschaft, eine Tiefe aufgetan in mich hinein, und ich starrte in wollüstigem Schwindel hinab in dies Unbekannte in mir, das mich erschreckte und beseligte zugleich. Und langsam – während der Wagen lässig meinen träumenden Körper durch die bürgerlich-gesellschaftliche Welt hinrollte – stieg ich, Stufe um Stufe, hinab in die Tiefe des Menschlichen in mir, unsäglich allein in diesem schweigenden Gang, nur überhöht von der aufgehobenen grellen Fackel meines jäh entzündeten Bewußtseins. Und indes tausend Menschen um mich lachend und schwatzend wogten, suchte ich mich, den verlorenen Menschen, in mir, tastete ich Jahre ab in dem magischen Gang des Besinnens. Ganz verschollene Dinge tauchten plötzlich aus den verstaubten und erblindeten Spiegeln meines Lebens auf, ich erinnerte mich, schon einmal als Schulknabe einem Kameraden ein Taschenmesser gestohlen und mit der gleichen teuflischen Freude ihm zugesehen zu haben, wie er es überall suchte, alle fragte und sich mühte; ich verstand mit einemmal das geheimnisvoll Gewitternde mancher sexuellen Stunden, verstand, daß meine Leidenschaft nur verkümmert, nur zertreten gewesen war von dem gesellschaftlichen Wahn, von dem herrischen Ideal der Gentlemen – daß aber auch in mir, nur tief, ganz tief unten in verschütteten Brunnen und Röhren die heißen Ströme des Lebens gingen wie in allen andern. Oh, ich hatte ja immer gelebt, nur nicht gewagt zu leben, ich hatte mich verschnürt und verborgen vor mir selbst: nun aber war die gepreßte Kraft aufgebrochen, das Leben, das reiche, das unsäglich gewaltsame, hatte mich überwältigt. Und nun wußte ich, daß ich ihm noch anhing; mit der seligen Betroffenheit der Frau, die zum erstenmal in sich das Kind sich regen spürt, empfand ich das Wirkliche – wie soll ich es anders nennen – das Wahre, das Unverstellte des Lebens in mir keimen, ich fühlte – fast schäme ich mich, solch ein Wort hinzuschreiben –, wie ich, der abgestorbene Mensch, mit einemmal wieder *blühte*, wie durch meine Adern Blut rot und unruhig rollte, Gefühl sich im Warmen leise entfaltete und ich aufwuchs zu unbekannter Frucht von Süße oder Bitternis. Das Tannhäuserwunder war mir geschehen mitten im klaren Licht eines Rennplatzes, zwischen dem Geschwirr von Tausenden müßiger Menschen: ich hatte wieder zu fühlen begonnen, er grünte und trieb seine Knospen, der abgedorrte Stab.

Von einem vorüberfahrenden Wagen grüßte ein Herr und rief – offenbar hatte ich seinen ersten Gruß übersehen – meinen Namen. Unwirsch fuhr ich auf, zornig, gestört zu sein in diesem süßrieselnden Zustand des sich in mich selbst Ergießens, dieses tiefsten Traumes, den ich jemals erlebt. Aber der Blick auf den Grüßenden riß mich ganz von mir weg: es war mein Freund Alfons, ein lieber Schulkamerad und jetzt Staatsanwalt. Mit einemmal durchzuckte es mich: dieser Mensch, der dich brüderlich grüßt, hat jetzt zum erstenmal Macht über dich, du bist ihm verfallen, sobald er dein Vergehen kennt. Wüßte er um dich und deine Tat, er müßte dich aus diesem Wagen ziehen, weg aus der ganzen warmen bürgerlichen Existenz, und hinabstoßen auf drei oder fünf Jahre in die dumpfe Welt hinter vergitterten Fenstern, zum Abhub des Lebens, zu den andern Dieben, die nur die Peitsche der Not in ihre schmierigen Zellen getrieben. Aber nur einen Augenblick lang faßte mich kalt die Angst am Gelenk meiner zitternden Hand, nur einen Augenblick lang hielt sie den Herzschlag an – dann verwandelte auch dieser Gedanke sich wieder in heißes Gefühl, in einen phantastischen, frechen Stolz, der jetzt selbstbewußt und beinahe höhnisch die andern Menschen ringsum musterte. Wie würde, dachte ich, euer süßes kameradschaftliches Lächeln, mit dem ihr mich als euresgleichen grüßt, anfrieren um die Mundwinkel, wenn ihr mich ahntet! Wie einen Kotspritzer würdet ihr meinen Gruß wegstäuben mit verächtlich geärgerter Hand. Aber ehe ihr mich ausstoßt, habe ich euch schon ausgestoßen: heute nachmittag habe ich mich herausgestürzt aus eurer kalten knöchernen Welt, wo ich ein Rad war, ein lautlos funktionierendes, in der großen Maschine, die kalt in ihren Kolben abrollt und eitel um sich selber kreist – ich bin in eine Tiefe gestürzt, die ich nicht kenne, doch ich bin lebendiger gewesen in dieser einen Stunde als in den gläsernen Jahren in eurem Kreis. Nicht mehr euch gehöre ich, nicht mehr zu euch, ich bin jetzt außen irgendwo in einer Höhe oder Tiefe, nie mehr aber, nie mehr am flachen Strand eures bürgerlichen

Wohlseins. Ich habe zum erstenmal alles gefühlt, was in den Menschen an Lust im Guten und Bösen getan ist, aber nie werdet ihr wissen, wo ich war, nie mich erkennen: Menschen, was wißt ihr von meinem Geheimnis!

Wie vermöchte ich es auszudrücken, was ich in jener Stunde fühlte, indes ich, ein elegant angezogener Gentleman, mit kühlem Gesicht grüßend und dankend zwischen den Wagenreihen durchfuhr! Denn während meine Larve, der äußere, der frühere Mensch, noch Gesichter fühlte und erkannte, rauschte innen in mir eine so taumelnde Musik, daß ich mich niederdrücken mußte, um nicht etwas herauszuschreien von diesem tosenden Tumult. Ich war so voll von Gefühl, daß mich dieser innere Schwall physisch quälte, daß ich wie ein Erstickender die Hand gewaltsam an die Brust pressen mußte, unter der das Herz schmerzhaft gärte. Aber Schmerz, Lust, Erschrecken, Entsetzen oder Bedauern, nichts fühlte ich einzeln und abgerissen, alles schmolz zusammen, ich spürte nur, daß ich lebte, daß ich atmete und fühlte. Und dieses Einfachste, dieses urhafte Gefühl, daß ich seit Jahren nicht empfunden, machte mich trunken. Nie hatte ich mich selbst auch nur eine Sekunde meiner sechsunddreißig Jahre so ekstatisch als lebendig empfunden als in der Schwebe dieser Stunde.

Mit einem leichten Ruck hielt der Wagen an: der Kutscher hatte die Pferde angezügelt, wandte sich vom Bock und fragte, ob er nach Hause fahren solle. Ich taumelte aus mir heraus, hob die Blicke über die Allee hin: mit Betroffenheit merkte ich, wie lange ich geträumt, wie weit die Trunkenheit über die Stunden sich ausgegossen hatte. Er war dunkel geworden, ein Weiches wogte in den Kronen der Bäume, die Kastanien begannen ihren abendlichen Duft duch die Kühle zu atmen. Und hinter den Wipfeln silberte schon ein verschleierter Blick von Mond. Es war genug, es mußte genug sein. Aber nur nicht jetzt

nach Hause, nur nicht in meine gewohnte Welt! Ich
bezahlte den Kutscher. Als ich die Brieftasche zog und die
Banknoten zählend zwischen die Finger nahm, lief's wie
ein leiser elektrischer Schlag mir vom Gelenk in die
Fingerspitzen: irgend etwas in mir mußte noch wach sein
also vom alten Menschen, der sich schämte. Noch zuckte
das absterbende Gentlemansgewissen, doch ganz heiter
blätterte schon wieder meine Hand im gestohlenen Gelde,
und ich war freigebig aus meiner Freude. Der Kutscher
bedankte sich so überschwenglich, daß ich lächeln mußte:
wenn du wüßtest! Die Pferde zogen an, der Wagen fuhr
fort. Ich sah ihm nach, wie man vom Schiff noch einmal
auf einen Strand zurückblickt, an dem man glücklich
gewesen.

Einen Augenblick stand ich so träumerisch und ratlos
mitten in der murmelnden, lachenden, musiküberwogten
Menge: es mochte etwa sieben Uhr sein, und unwillkürlich bog ich hinüber zum Sachergarten, wo ich sonst
immer nach der Praterfahrt in Gesellschaft zu speisen
pflegte und in dessen Nähe der Fiaker mich wohl bewußt
abgesetzt hatte. Aber kaum daß ich die Gitterklinke des
vornehmen Gartenrestaurants berührte, überfiel mich
eine Hemmung: nein, ich wollte noch nicht in meine Welt
zurück, nicht mir in lässigem Gespräch diese wunderbare
Gärung, die mich geheimnisvoll erfüllte, wegschwemmen lassen, nicht mich loslösen von der funkelnden
Magie des Abenteuers, der ich mich seit Stunden verkettet
fühlte.

Von irgendwoher dröhnte dumpfe verworrene Musik,
und unwillkürlich ging ich ihr nach, denn alles lockte
mich heute, ich empfand es als Wollust, dem Zufall ganz
nachzugeben, und dies dumpfe Hingetriebensein inmitten einer weichwogenden Menschenmenge hatte einen
phantastischen Reiz. Mein Blut gärte auf in diesem dicken
quirlenden Brei heißer menschlicher Masse: aufgespannt

war ich mit einemmal, angereizt und gesteigert wach in allen Sinnen von diesem beizend qualmigen Duft von Menschenatem, Staub, Schweiß und Tabak. Denn all dies, was mich vordem, ja selbst gestern noch, als ordinär, gemein und plebejisch abgestoßen, was der soignierte Gentleman in mir ein Leben lang hochmütig gemieden hatte, das zog meinen neuen Instinkt magisch an, als empfände ich zum erstenmal im Animalischen, im Triebhaften, im Gemeinen eine Verwandtschaft mit mir selbst. Hier im Abhub der Stadt, zwischen Soldaten, Dienstmädchen, Strolchen, fühlte ich mich in einer Weise wohl, die mir ganz unverständlich war: ich sog die Beize dieser Luft irgendwie gierig ein, das Schieben und Pressen in eine geknäulte Masse war mir angenehm, und mit einer wollüstigen Neugier wartete ich, wohin diese Stunde mich Willenlosen schwemmte. Immer näher gellten und schmetterten vom Wurstelprater her die Tschinellen und die weiße Blechmusik, in einer fanatisch monotonen Art stampften die Orchestrions harte Polkas und rumpelnde Walzer, dazwischen knatterten dumpfe Schläge aus den Buden, zischte Gelächter, grölten trunkene Schreie, und jetzt sah ich schon mit irrsinnigen Lichtern die Karusselle meiner Kindheit zwischen den Bäumen kreisen. Ich blieb mitten auf dem Platze stehen und ließ den ganzen Tumult in mich einbranden, mir die Augen und Ohren vollschwemmen: diese Kaskaden von Lärm, das Infernalische dieses Durcheinanders tat mir wohl, denn in diesem Wirbel war etwas, das mir den innern Schwall betäubte. Ich sah zu, wie mit geblähten Kleidern die Dienstmädchen sich auf den Hutschen mit kollernden Lustschreien, die gleichsam aus ihrem Geschlecht gellten, in den Himmel schleudern ließen, wie Metzgergesellen lachend schwere Hämmer auf die Kraftmesser hinkrachten, Ausrufer mit heisern Stimmen und affenhaften Gebärden über den Lärm der Orchestrions schreiend hinwegruderten, und

wie alles dies sich quirlend mengte mit dem tausend-
geräuschigen, unablässig bewegten Dasein der Menge,
die trunken war vom Fusel der Blechmusik, dem Flirren
des Lichts und von der eigenen warmen Lust ihres
Beisammenseins. Seit ich selber wach geworden war,
spürte ich auf einmal das Leben der andern, ich spürte die
Brunst der Millionenstadt, wie sie sich heiß und aufge-
staut in die paar Stunden des Sonntags ergoß, wie sie sich
aufreizte an der eigenen Fülle zu einem dumpfen, tieri-
schen, aber irgendwie gesunden und triebhaften Genuß.
Und allmählich spürte ich vom Angeriebensein, von der
unausgesetzten Berührung mit ihren heißen, leidenschaftlich drängenden Körpern ihre warme Brunst selbst in
mich übergehen: meine Nerven strafften sich, aufgebeizt
von dem scharfen Geruch, aus mir heraus, meine Sinne
spielten taumelig mit dem Getöse und empfanden jene
verwirrte Betäubung, die mit jeder starken Wollust unweigerlich gemengt ist. Zum erstenmal seit Jahren, vielleicht überhaupt in meinem Leben, spürte ich die Masse,
spürte ich Menschen als eine Macht, von der Lust in mein
eigenes, abgeschiedenes Wesen überging: irgendein
Damm war zerrissen, und von meinen Adern gings
hinüber in diese Welt, strömte es rhythmisch zurück, und
eine ganz neue Gier überkam mich, noch jene letzte
Kruste zwischen mir und ihnen abzuschmelzen, ein lei-
denschaftliches Verlangen nach Paarung mit dieser heißen, fremden, drängenden Menschheit. Mit der Lust des
Mannes sehnte ich mich in den quellenden Schoß dieses
heißen Riesenkörpers hinein, mit der Lust des Weibes war
ich aufgetan jeder Berührung, jedem Ruf, jeder Lockung,
jeder Umfassung – und nun wußte ichs, Liebe war in mir
und Bedürfnis nach Liebe wie nur in den zwielichthaften
Knabentagen. Oh, nur hinein, hinein ins Lebendige,
irgendwie verbunden sein mit dieser zuckenden, lachenden, aufatmenden Leidenschaft der andern, nur einströ-

men, sich ergießen in ihren Adergang; ganz klein, ganz namenlos werden im Getümmel, eine Infusorie bloß sein im Schmutz der Welt, ein lustzitterndes, funkelndes Wesen im Tümpel mit den Myriaden – aber nur hinein in die Fülle, hinab in den Kreisel, mich abschießen wie einen Pfeil von der eigenen Gespanntheit ins Unbekannte, in irgendeinen Himmel der Gemeinsamkeit.

Ich weiß es jetzt: ich war damals trunken. In meinem Blute brauste alles zusammen, das Hämmern der Glocken von den Karussells, das feine Lustlachen der Frauen, das unter dem Zugriff der Männer aufsprühte, die chaotische Musik, die flirrenden Kleider. Spitz fiel jeder einzelne Laut in mich und flimmerte dann noch einmal rot und zuckend an den Schläfen vorbei, ich spürte jede Berührung, jeden Blick mit einer phantastischen Aufgereiztheit der Nerven (so wie bei der Seekrankheit), aber doch alles gemeinsam in einem taumeligen Verbundensein. Ich kann meinen komplizierten Zustand unmöglich mit Worten ausdrücken, am ehesten gelingt es noch vielleicht mit einem Vergleiche: wenn ich sage, ich war überfüllt mit Geräusch, Lärm, Gefühl, überheizt wie eine Maschine, die mit allen Rädern rasend rennt, um dem ungeheuren Druck zu entlaufen, der ihr im nächsten Augenblicke schon den Brustkessel sprengen muß. In den Fingerspitzen zuckte, in den Schläfen pochte, in der Kehle preßte, an den Schläfen würgte das angehitzte Blut – von einer jahrelangen Lauheit des Gefühls war ich mit einemmal in ein Fieber gestürzt, das mich verbrannte. Ich fühlte, daß ich mich jetzt auftun müßte, aus mir heraus mit einem Wort, mit einem Blick, mich mitteilen, mich ausströmen, mich weggeben, mich hingeben, mich gemein machen, mich lösen – irgendwie retten aus dieser harten Kruste von Schweigen, die mich absonderte von dem warmen, flutenden, lebendigen Element. Seit Stunden hatte ich nicht gesprochen, niemandes Hand gedrückt, niemandes

Blick fragend und teilnehmend gegen den meinen gespürt, und nun staute, unter dem Sturz der Geschehnisse,
sich diese Erregung gegen das Schweigen. Niemals,
niemals hatte ich so sehr das Bedürfnis nach Mitteilsam-
keit, nach einem Menschen gehabt als jetzt, da ich inmitten von Tausenden und Zehntausenden wogte, rings
angespült war von Wärme und Worten, und doch abge-
schnürt von dem kreisenden Adergang dieser Fülle. Ich
war wie einer, der auf dem Meere verdurstet. Und dabei
sah ich, diese Qual mit jedem Blick mehrend, wie rechts
und links in jeder Sekunde Fremdes sich anstreifend band,
die Quecksilberkügelchen gleichsam spielend zusam-
menliefen. Ein Neid kam mich an, wenn ich sah, wie
junge Burschen im Vorübergehen fremde Mädchen an-
sprachen und sie nach dem ersten Wort schon unterfaß-
ten, wie alles sich fand und zusammentat: ein Gruß beim
Karussell, ein Blick im Anstreifen genügte schon, und
Fremdes schmolz in ein Gespräch, vielleicht um sich
wieder zu lösen nach ein paar Minuten, aber doch, es war
Bindung, Vereinigung, Mitteilung, war das, wonach alle
meine Nerven jetzt brannten. Ich aber, gewandt im
gesellschaftlichen Gespräch, beliebter Causeur und sicher
in den Formen, ich verging vor Angst, ich schämte mich,
irgendeines dieser breithüftigen Dienstmädchen anzure-
den, aus Furcht, sie möchte mich verlachen, ja ich schlug
die Augen nieder, wenn jemand mich zufällig anschaute,
und verging doch innen vor Begierde nach dem Wort.
Was ich wollte von den Menschen, war mir ja selbst nicht
klar, ich ertrug es nur nicht länger, allein zu sein und an
meinem Fieber zu verbrennen. Aber alle sahen an mir
vorbei, jeder Blick strich mich weg, niemand wollte mich
spüren. Einmal trat ein Bursch in meine Nähe, zwölfjäh-
rig mit zerlumpten Kleidern: sein Blick war grell erhellt
vom Widerschein der Lichter, so sehnsüchtig starrte er auf
die schwingenden Holzpferde. Sein schmaler Mund stand

offen wie lechzend: offenbar hatte er kein Geld mehr, um mitzufahren, und sog nur Lust aus dem Schreien und Lachen der andern. Ich stieß mich gewaltsam heran an ihn und fragte – aber warum zitterte meine Stimme so dabei und war ganz grell überschlagen? –: »Möchten Sie nicht auch einmal mitfahren?« Er starrte auf, erschrak – warum? warum? – wurde blutrot und lief fort, ohne ein Wort zu sagen. Nicht einmal ein barfüßiges Kind wollte eine Freude von mir: es mußte, so fühlte ich, etwas furchtbar Fremdes an mir sein, daß ich nirgends mich einmengen konnte, sondern abgelöst in der dicken Masse schwamm wie ein Tropfen Öl auf dem bewegten Wasser.

Aber ich ließ nicht nach: ich konnte nicht länger allein bleiben. Die Füße brannten mir in den bestaubten Lackschuhen, die Kehle war verrostet vom aufgewühlten Qualm. Ich sah mich um: rechts und links zwischen den strömenden Menschengassen standen kleine Inseln von Grün, Gastwirtschaften mit roten Tischtüchern und nackten Holzbänken, auf denen die kleinen Bürger saßen mit ihrem Glas Bier und der sonntäglichen Virginia. Der Anblick lockte mich: hier saßen Fremde beisammen, verknüpften sich im Gespräch, hier war ein wenig Ruhe im wüsten Fieber. Ich trat ein, musterte die Tische, bis ich einen fand, wo eine Bürgerfamilie, ein dicker, vierschrötiger Handwerker mit seiner Frau, zwei heitern Mädchen und einem kleinen Jungen saß. Sie wiegten die Köpfe im Takt, scherzten einander zu, und ihre zufriedenen, leichtlebigen Blicke taten mir wohl. Ich grüßte höflich, rührte an einen Sessel und fragte, ob ich Platz nehmen dürfe. Sofort stockte ihr Lachen, einen Augenblick schwiegen sie (als wartete jeder, daß der andere seine Zustimmung gebe), dann sagte die Frau, gleichsam betroffen: »Bitte! Bitte!« Ich setzte mich hin und hatte gleich das Gefühl, daß ich mit meinem Hinsetzen ihre ungenierte Laune zerdrückte, denn sofort lag um den Tisch herum ein ungemütliches Schweigen. Ohne daß ich es wagte, die Augen von dem rotkarierten Tischtuch, auf dem Salz und Pfeffer schmierig verstreut zu sehen war, zu heben, spürte ich, daß sie mich alle befremdet beobachteten, und sofort fiel mir – zu spät! – ein, daß ich zu elegant war für dieses Dienstbotengasthaus mit meiner Derbydreß, dem Pariser Zylinder und der Perle in meiner taubengrauen Krawatte, daß meine Eleganz, das Parfüm von Luxus auch hier sofort eine Luftschicht von Feindlichkeit und Verwirrung um mich legte. Und dieses Schweigen der fünf Leute drosselte mich immer tiefer nieder auf den Tisch, dessen rote Karrees ich mit einer verbissenen Verzweiflung immer wieder abzählte, festgenagelt durch die Scham, plötzlich wieder aufzustehen, und doch wieder zu feige, den gepeinigten Blick aufzuheben. Es war eine Erlösung, als endlich der Kellner kam und das schwere Bierglas vor mich hinstellte. Da konnte ich endlich eine Hand regen und beim Trinken scheu über den Rand schielen: wirklich, alle fünf beobachteten mich, zwar ohne Haß, aber doch mit einer wortlosen Befremdung. Sie erkannten den Eindringling in ihre dumpfe Welt, sie fühlten mit dem naiven Instinkt ihrer Klasse, daß ich etwas hier wollte, hier suchte, was nicht zu meiner Welt gehörte, daß nicht Liebe, nicht Neigung, nicht die einfältige Freude am Walzer, am Bier, am geruhsamen Sonntagsitzen mich hertrieb, sondern irgendein Gelüst, das sie nicht verstanden und dem sie mißtrauten, so wie der Junge vor dem Karussell meinem Geschenk mißtraut hatte, wie die tausend Namenlosen da draußen im Gewühl meiner Eleganz, meiner Weltmännischkeit in unbewußter Feindlichkeit ausbogen. Und doch fühlte ich: fände ich jetzt ein argloses, einfaches, herzliches, ein wahrhaft menschliches Wort der Anrede zu ihnen, so würde der Vater oder die Mutter mir antworten, die Töchter geschmeichelt zulächeln, ich könnte mit dem Jungen hinüber in eine Bude schießen gehen und kindlichen Spaß mit ihm treiben. In fünf, in zehn Minuten würde ich erlöst sein von mir, eingehüllt in die arglose Atmosphäre bürgerlichen Gesprächs, gern gewährter und sogar geschmeichelter Vertraulichkeit – aber dies einfache Wort, diesen ersten Ansatz im Gespräch, ich fand ihn nicht, eine falsche, törichte, aber übermächtige Scham würgte mir in der Kehle, und ich saß mit gesenktem Blick wie ein Verbrecher an dem Tisch dieser einfachen Menschen, gehüllt in die Qual, ihnen mit meiner verbissenen Gegenwart noch die letzte Stunde des Sonntags verstört zu haben. Und in diesem hingebohrten Hinsitzen büßte ich all die Jahre gleichgültigen Hochmuts, an denen ich an abertausend solchen Tischen, an Millionen und Millionen brüderlicher Menschen ohne Blick vorübergegangen war, einzig beschäftigt mit Gunst oder Erfolg in jenem engen Kreise der Eleganz; und ich spürte, daß mir der gerade Weg, die unbefangene Sprache zu ihnen, jetzt, da ich ihrer in der Stunde meines Ausgestoßenseins bedurfte, von innen vermauert war.

So saß ich, ein freier Mensch bisher, qualvoll in mich geduckt, immer wieder die roten Karrees am Tischtuch abzählend, bis endlich der Kellner vorbeikam. Ich rief ihn an, zahlte, stand von dem kaum angetrunkenen Bierglase auf, grüßte höflich. Man dankte mir freundlich und erstaunt: ich wußte, ohne mich umzuwenden, daß jetzt, kaum daß ich ihnen den Rücken zeigte, das Lebendig-Heitere sie wieder überkommen, der warme Kreis des Gesprächs sich schließen würde, sobald ich, der Fremdkörper, ausgestoßen war.

Wieder warf ich mich, aber nun noch gieriger, heißer und verzweifelter, in den Wirbel der Menschen zurück. Das Gedränge war inzwischen lockerer geworden unter den Bäumen, die schwarz in den Himmel überfluteten, es drängte und quirlte nicht mehr so dicht und strömend in den Lichtkreis der Karussells, sondern schwirrte nur schattenhaft mehr am äußersten Rande des Platzes. Auch der brausende, tiefe, gleichsam lustatmende Ton der Menge zerstückte sich in viele kleine Geräusche, die immer gleich hingeschmettert wurden, wenn jetzt die Musik irgendwo gewaltig und rabiat einsetzte, als wollte sie die Fliehenden noch einmal heranreißen. Eine andere Art Gesichter tauchte jetzt auf: die Kinder mit ihren Ballons und Papierkoriandolis waren schon nach Hause gegangen, auch die breithinrollenden sonntäglichen Familien hatten sich verzogen. Nun sah man schon Betrunkene johlen, verlotterte Burschen mit lungerndem und doch suchendem Gang sich aus den Seitenalleen vorschieben: es war in der einen Stunde, in der ich festgenagelt vor dem fremden Tische gesessen, diese seltsame Welt mehr ins Gemeine hinabgeglitten. Aber gerade jene phosphoreszierende Atmosphäre von Frechheit und Gefährlichkeit gefiel mir irgendwie besser als die bürgerlich-sonntägliche von vordem. Der in mir aufgereizte Instinkt witterte hier ähnliche Gespanntheit der Begier; in dem vortreibenden Schlendern dieser fragwürdigen Gestalten, dieser Ausgestoßenen der Gesellschaft, empfand ich mich irgendwie gespiegelt: auch sie wilderten doch mit einer unruhigen Erwartung hier nach einem flackernden Abenteuer, einer raschen Erregung, und selbst sie, diese zerlumpten Burschen, beneidete ich um die offene, freie Art ihres Streifens; denn ich stand an die Säule eines Karussells atmend gepreßt, ungeduldig, den Druck des Schweigens, die Qual meiner Einsamkeit aus mir zu stoßen und doch unfähig einer Bewegung, eines Anrufs, eines Worts. Ich stand nur und starrte hinaus auf den Platz, der vom Reflex der kreisenden Lichter zuckend erhellt war, stand und starrte von meiner Lichtinsel ins Dunkel hinein, töricht erwartungsvoll jeden Menschen anblickend, der, vom grellen Schein angezogen, für einen Augenblick sich herwandte. Aber jedes Auge glitt kalt an mir ab. Niemand wollte mich, niemand erlöste mich.

Ich weiß, es wäre wahnwitzig, jemandem schildern oder gar erklären zu wollen, daß ich, ein kultivierter eleganter Mann der Gesellschaft, reich, unabhängig, mit den Besten einer Millionenstadt befreundet, eine ganze Stunde in jener Nacht am Pfosten eines verstimmt quiekenden, rastlos sich schwingenden Praterkarussells stand, zwanzig-, vierzig-, hundertmal dieselbe stolpernde Polka, denselben schleifenden Walzer mit denselben idiotischen Pferdeköpfen aus bemaltem Holz an mir vorüberkreisen ließ und aus verbissenem Trotz, aus einem magischen Gefühl, das Schicksal in meinen Willen zu zwingen, nicht mich von der Stelle rührte. Ich weiß, daß ich sinnlos handelte in jener Stunde, aber in dieser sinnlosen Beharrung war eine Spannung des Gefühls, eine so stählerne Ankrampfung aller Muskeln, wie sie Menschen sonst vielleicht nur bei einem Absturz fühlen, knapp vor dem Tod; mein ganzes, leer vorbeigelaufenes Leben war plötzlich zurückgeflutet und staute sich bis hinauf zur Kehle. Und sosehr ich gequält war von meinem sinnlosen Wahn, zu bleiben, zu verharren, bis irgendein Wort, ein Blick eines Menschen mich erlöse, sosehr genoß ich diese Qual. Ich büßte etwas in diesem Stehen an dem Pfahl, nicht jenen Diebstahl sosehr, als das Dumpfe, das Laue, das Leere meines früheren Lebens: und ich hatte mir geschworen, nicht früher zu gehen, bis mir ein Zeichen gegeben war, das Schicksal mich freigegeben.

Und je mehr jene Stunde fortschritt, um so mehr drängte die Nacht sich heran. Eines nach dem andern losch in den Buden das Licht, und immer stürzte dann wie eine steigende Flut das Dunkel vor, schluckte den lichten Fleck auf dem Rasen ein: immer einsamer war die helle Insel, auf der ich stand, und schon sah ich zitternd auf die Uhr. Eine Viertelstunde noch, dann würden die schecki-

gen Holzpferde stillestehen, die roten und grünen Glüh-
lampen auf ihren einfältigen Stirnen abknipsen, das ge-
blähte Orchestrion aufhören zu stampfen. Dann würde
ich ganz im Dunkel sein, ganz allein hier in der leise
rauschenden Nacht, ganz ausgestoßen, ganz verlassen.
Immer unruhiger blickte ich über den dämmernden Platz,
über den nur ganz selten mehr ein heimkehrendes Pärchen
eilig strich oder ein paar Burschen betrunken hintaumel-
ten: quer drüben aber in den Schatten zitterte noch
verstecktes Leben, unruhig und aufreizend. Manchmal
pfiff oder schnalzte es leise, wenn ein paar Männer
vorüberkamen. Und bogen sie dann, gelockt von dem
Anruf, hin zum Dunkel, so zischelten in den Schatten
Frauenstimmen, und manchmal warf der Wind abgerisse-
ne Fetzen grellen Lachens herüber. Und allmählich schob
sichs um den Rand des Dunkels frecher hervor, gegen den
Lichtkegel des erhellten Platzes, um sofort wieder in die
Schwärze zurückzutauchen, sobald im Vorübergehen die
Pickelhaube eines Schutzmannes im Reflex der Laterne
schimmerte. Aber kaum daß er weiterging auf seiner
Runde, waren die gespenstigen Schatten wieder da, und
jetzt konnte ich sie schon deutlich im Umriß sehen, so
nahe wagten sie sich ans Licht, der letzte Abhub jener
nächtigen Welt, der Schlamm, der zurückblieb, nun, da
sich der flüssige Menschenstrom verlaufen: ein paar Dir-
nen, jene ärmsten und ausgestoßensten, die keine eigene
Bettstatt haben, tags auf einer Matratze schlafen und
nachts ruhelos streifen, die ihren abgebrauchten, geschän-
deten, mageren Körper jedem für ein kleines Silberstück
hier irgendwo im Dunkel auftaten, umspürt von der
Polizei, getrieben von Hunger oder irgendeinem Strolch,
immer im Dunkel streifend, jagend, und gejagt zugleich.
Wie hungrige Hunde schnupperten sie allmählich vor zu
dem erhellten Platz nach irgend etwas Männlichem, nach
einem vergessenen Nachzügler, dem sie seine Lust ablok-

ken könnten für eine Krone oder zwei, um sich dann einen Glühwein zu kaufen in einem Volkskaffee und den trüb flackernden Stumpf Leben sich zu erhalten, der ja ohnehin bald auslöscht in einem Spital oder einem Gefängnis. Der Abhub war dies, die letzte Jauche von der hochgequollenen Sinnlichkeit der sonntäglichen Masse – mit einem grenzenlosen Grauen sah ich nun aus dem Dunkel diese hungrigen Gestalten geistern. Aber auch in diesem Grauen war noch eine magische Lust, denn selbst in diesem schmutzigsten Spiegel erkannte ich Vergessenes und dumpf Gefühltes wieder: hier war eine tiefe, sumpfige Welt, die ich vor Jahren längst durchschritten und die nun phosphoreszierend mir wieder in die Sinne funkelte. Seltsam, was diese phantastische Nacht mir plötzlich entgegenhielt, wie sie mich Verschlossenen plötzlich auffaltete, daß das Dunkelste meiner Vergangenheit, das Geheimste meines Triebes in mir nun offen lag! Dumpfes Gefühl stieg auf verschütteter Knabenjahre, wo scheuer Blick neugierig angezogen und doch feig verstört an solchen Gestalten gehaftet, Erinnerung an die Stunde, wo man zum erstenmal auf knarrender, feuchter Treppe einer hinaufgefolgt war in ihr Bett – und plötzlich, als ob Blitz einen Nachthimmel zerteilt hätte, sah ich scharf jede Einzelheit jener vergessenen Stunde, den flachen Öldruck über dem Bett, das Amulett, das sie auf dem Halse trug, ich spürte jede Fiber von damals, die ungewisse Schwüle, den Ekel und den ersten Knabenstolz. All das wogte mir mit einem Male durch den Körper. Eine Hellsichtigkeit ohne Maß strömte plötzlich in mich ein, und – wie soll ich das sagen können, dies Unendliche! – ich verstand mit einemmal alles, was mich mit so brennendem Mitleid jenen verband, gerade weil sie der letzte Abschaum des Lebens waren, und mein von dem Verbrechen einmal angereizter Instinkt spürte von innen heraus dieses hungrige Lungern, das dem meinen in dieser phantastischen

Nacht so ähnlich war, dies verbrecherische Offenstehn jeder Berührung, jeder fremden, zufällig anstreifenden Lust. Magnetisch zog es mich hin, die Brieftasche mit dem gestohlenen Geld brannte plötzlich heiß über der Brust, wie ich da drüben endlich Wesen, Menschen, Weiches, Atmendes, Sprechendes spürte, das von andern Wesen, vielleicht auch von mir, etwas wollte, von mir, der nur wartete, sich wegzugeben, der verbrannte in seiner rasenden Willigkeit nach Menschen. Und mit einmal verstand ich, was Männer zu solchen Wesen treibt, verstand, daß es selten nur Hitze des Blutes ist, ein schwellender Kitzel ist, sondern meist bloß die Angst vor der Einsamkeit, vor der entsetzlichen Fremdheit, die sonst zwischen uns sich auftürmt und die mein entzündetes Gefühl heute zum erstenmal fühlte. Ich erinnerte mich, wann ich zum letztenmal dies dumpf empfunden: in England war es gewesen, in Manchester, einer jener stählernen Städte, die in einem lichtlosen Himmel von Lärm brausen wie eine Untergrundbahn und die doch gleichzeitig einen Frost von Einsamkeit haben, der durch die Poren bis ins Blut dringt. Drei Wochen hatte ich dort bei Verwandten gelebt, abends immer allein irrend durch Bars und Klubs und immer wieder in die glitzernde Musichall, nur um etwas menschliche Wärme zu spüren. Und da eines Abends hatte ich so eine Person gefunden, deren Gassenenglisch ich kaum verstand, aber plötzlich war man in einem Zimmer, trank Lachen von einem fremden Mund, ein warmer Körper war da, irdisch nahe und weich. Plötzlich schmolz sie weg, die kalte schwarze Stadt, der finstere lärmende Raum von Einsamkeit, irgendein Wesen, das man nicht kannte, das nur dastand und wartete auf jeden, der kam, löste einen auf, ließ allen Frost wegtauen; man atmete wieder frei, spürte Leben in leichter Helligkeit inmitten des stählernen Kerkers. Wie wunderbar war das für die Einsamen, die

Abgesperrten in sich selbst, dies zu wissen, dies zu ahnen, daß ihrer Angst immer doch irgendein Halt ist, sich festzuklammern an ihn, mag er auch überschmutzt sein von vielen Griffen, starrend von Alter, zerfressen von giftigem Rost. Und dies, gerade dies hatte ich vergessen in der Stunde der untersten Einsamkeit, aus der ich taumelnd aufstieg in dieser Nacht, daß irgendwo an einer letzten Ecke immer diese Letzten noch warten, jede Hingabe in sich aufzufangen, jede Verlassenheit an ihrem Atem ausruhen zu lassen, jede Hitze zu kühlen für ein kleines Stück Geld, das immer zu gering ist für das Ungeheure, das sie geben mit ihrem ewigen Bereitsein, mit dem großen Geschenk ihrer menschlichen Gegenwart.

Neben mir setzte dröhnend das Orchestrion des Karussells wieder ein. Es war die letzte Runde, die letzte Fanfare des kreisenden Lichts in das Dunkel hinaus, ehe der Sonntag in die dumpfe Woche verging. Aber niemand kam mehr, leer rannten die Pferde in ihrem irrsinnigen Kreis, schon scharrte und zählte an der Kasse die übermüdete Frau die Losung des Tages zusammen, und der Laufbursche kam mit den Haken, bereit, nach dieser letzten Runde knatternd die Rolläden über die Bude herabzulassen. Nur ich, ich stand allein, stand noch immer da, an den Pfosten gelehnt, und sah hinaus auf den leeren Platz, wo nur diese fledermausflatternden Gestalten strichen, suchend wie ich, wartend wie ich, und doch den undurchdringlichen Raum von Fremdheit zwischeneinander. Aber jetzt mußte eine von ihnen mich bemerkt haben, denn sie schob sich langsam her, ganz nah sah ich sie unter dem gesenkten Blick: ein kleines, verkrüppeltes, rachitisches Wesen ohne Hut, mit einem geschmacklos aufgeputzten Fähnchen von Kleid, unter dem abgetragene Ballschuhe vorlugten, das Ganze wohl allmählich bei Hökerinnen oder einem Trödler zusammengekauft und

seitdem verscheuert, zerdrückt vom Regen oder irgendwo bei einem schmutzigen Abenteuer im Gras. Sie
schmeichelte sich heran, blieb neben mir stehen, den Blick
wie eine Angel spitz herwerfend und ein einladendes
Lächeln über den schlechten Zähnen. Mir blieb der Atem
stocken. Ich konnte mich nicht rühren, nicht sie ansehen
und doch mich nicht fortreißen: wie in einer Hypnose
spürte ich, daß da ein Mensch um mich begehrlich
herumstrich, jemand um mich warb, daß ich endlich diese
gräßliche Einsamkeit, dies quälende Ausgestoßensein mit
einem Wort, einer Geste bloß wegschleudern könnte.
Aber ich vermochte mich nicht zu rühren, hölzern wie der
Balken, an dem ich lehnte, und in einer Art wollüstiger
Ohnmacht empfand ich nur immer – während die Melodie des Karussells schon müde wegtaumelte – die nahe
Gegenwart, diesen Willen, der um mich warb, und schloß
die Augen für einen Augenblick, um ganz dieses magnetische Angezogensein irgendeines Menschlichen aus dem
Dunkel der Welt mich überfluten zu fühlen.

Das Karussell hielt inne, die walzernde Melodie erstick-
te mit einem letzten stöhnenden Laut. Ich schlug die
Augen auf und sah gerade noch, wie die Gestalt neben mir
sich wegwandte. Offenbar war es ihr zu langweilig, hier
neben einem hölzern Dastehenden zu warten. Ich erschrak. Mir wurde plötzlich ganz kalt. Warum hatte ich
sie fortgehen lassen, den einzigen Menschen dieser phantastischen Nacht, der mir entgegengekommen, der mir
aufgetan war? Hinter mir löschten die Lichter, prasselnd
knatterten die Rollbalken herab. Es war zu Ende.

Und plötzlich – ach, wie mir selbst diesen heißen,
diesen jäh aufspringenden Gischt schildern? – plötzlich –
es kam so jäh, so heiß, so rot, als ob mir eine Ader in der
Brust geplatzt wäre – plötzlich brach aus mir, dem
stolzen, dem hochmütigen, ganz in kühler, gesellschaft-
licher Würde verschanzten Menschen wie ein stummes

Gebet, wie ein Krampf, wie ein Schrei, der kindische und mir doch so ungeheure Wunsch, diese kleine, schmutzige, rachitische Hure möchte nur noch einmal den Kopf wenden, damit ich zu ihr sprechen könnte. Denn ihr nachzugehen war ich nicht zu stolz – mein Stolz war zerstampft, zertreten, weggeschwemmt von ganz neuen Gefühlen –, aber zu schwach, zu ratlos. Und so stand ich da, zitternd und durchwühlt, hier allein an dem Marterpfosten der Dunkelheit, wartend wie ich nie gewartet hatte seit meinen Knabenjahren, wie ich nur einmal an einem abendlichen Fenster gestanden, als eine fremde Frau langsam sich auszukleiden begann und immer zögerte und verweilte in ihrer ahnungslosen Entblößung – ich stand, zu Gott aufschreiend mit irgendeiner mir selbst unbekannten Stimme um das Wunder, dieses krüppelige Ding, dieser letzte Abhub Menschheit möge es noch einmal mit mir versuchen, noch einmal den Blick rückwenden zu mir.

Und – sie wandte sich. Einmal noch, ganz mechanisch blickte sie zurück. Aber so stark mußte mein Aufzucken, das Vorspringen meines gespannten Gefühls in dem Blick gewesen sein, daß sie beobachtend stehenblieb. Sie wippte noch einmal halb herum, sah mich durch das Dunkel an, lächelte und winkte mit dem Kopf einladend hinüber gegen die verschattete Seite des Platzes. Und endlich fühlte ich den entsetzlichen Bann der Starre in mir weichen. Ich konnte mich wieder regen und nickte ihr bejahend zu.

Der unsichtbare Pakt war geschlossen. Nun ging sie voraus über den dämmerigen Platz, von Zeit zu Zeit sich umwendend, ob ich ihr nachkäme. Und ich folgte: das Blei war von meinen Knien gefallen, ich konnte wieder die Füße regen. Magnetisch stieß es mich nach, ich ging nicht bewußt, sondern strömte gleichsam, von geheimnisvoller Macht gezogen, hinter ihr her. Im Dunkel der

Gasse zwischen den Buden verlangsamte sie den Schritt. Nun stand ich neben ihr.

Sie sah mich einige Sekunden an, prüfend und mißtrauisch: etwas machte sie unsicher. Offenbar war ihr mein seltsam scheues Dastehen, der Kontrast des Ortes und meiner Eleganz, irgendwie verdächtig. Sie blickte sich mehrmals um, zögerte. Dann sagte sie, in die Verlängerung der Gasse deutend, die schwarz wie eine Bergwerksschlucht war: »Gehn wir dort hinüber. Hinter dem Zirkus ist es ganz dunkel.«

Ich konnte nicht antworten. Das entsetzlich Gemeine dieser Begegnung betäubte mich. Am liebsten hätte ich mich irgendwie losgerissen, mit einem Stück Geld, mit einer Ausrede freigekauft, aber mein Wille hatte keine Macht mehr über mich. Wie auf einer Rodel war mir, wenn man an einer Kurve schleudernd, mit rasender Geschwindigkeit einen steilen Schneehang hinabsaust und das Gefühl der Todesangst sich irgendwie wollüstig mit dem Rausch der Geschwindigkeit mengt und man, statt zu bremsen, sich mit einer taumelnden und doch bewußten Schwäche willenlos an den Sturz hingibt. Ich konnte nicht mehr zurück und wollte vielleicht gar nicht mehr, und jetzt, wie sie vertraulich sich an mich drückte, faßte ich unwillkürlich ihren Arm. Es war ein ganz magerer Arm, nicht der Arm einer Frau, sondern wie der eines zurückgebliebenen skrofulösen Kindes, und kaum daß ich ihn durch das dünne Mäntelchen fühlte, überkam mich mitten in dem gespannten Empfinden ein ganz weiches, flutendes Mitleid mit diesem erbärmlichen, zertretenen Stück Leben, das diese Nacht gegen mich gespült. Und unwillkürlich liebkosten meine Finger diese schwachen, kränklichen Gelenke so rein, so ehrfürchtig, wie ich noch nie eine Frau berührt.

Wir überquerten eine matt erleuchtete Straße und traten in ein kleines Gehölz, wo wuchtige Baumkronen ein dumpfes, übelriechendes Dunkel fest zusammenhielten. In diesem Augenblick merkte ich, obwohl man kaum mehr einen Umriß bemerken konnte, daß sie ganz vorsichtig an meinem Arm sich umwandte und einige Schritte später noch ein zweitesmal. Und seltsam: während ich gleichsam in einer Betäubung in das schmutzige Abenteuer hinabglitt, waren doch meine Sinne furchtbar wach und funkelnd. Mit einer Hellsichtigkeit, der nichts entging, die jede Regung wissend bis in sich hineinriß, merkte ich, daß rückwärts am Saum des überquerten Pfades schattenhaft uns etwas nachglitt, und mir war es, als hörte ich einen schleichenden Schritt. Und plötzlich – wie ein Blitz eine Landschaft prasselnd weiß überspringt – ahnte, wußte ich alles: daß ich hier in eine Falle gelockt werden sollte, daß die Zuhälter dieser Hure hinter uns lauerten und sie mich im Dunkel an eine verabredete Stelle zog, wo ich ihre Beute werden sollte. Mit einer überirdischen Klarheit, wie sie nur die zusammengepreßten Sekunden zwischen Tod und Leben haben, sah ich alles, überlegte ich jede Möglichkeit. Noch war es Zeit, zu entkommen, die Hauptstraße mußte nahe sein, denn ich hörte die elektrische Tramway dort auf den Schienen rattern, ein Schrei, ein Pfiff konnte Leute herberufen: in scharf umrissenen Bildern zuckten alle Möglichkeiten der Flucht, der Rettung in mir auf.

Aber seltsam – diese aufschreckende Erkenntnis kühlte nicht, sondern hitzte nur. Ich kann mir heute in einem wachen Augenblick, im klaren Licht eines herbstlichen Tages das Absurde meines Tuns selbst nicht ganz erklären: ich wußte, wußte sofort mit jeder Fiber meines Wesens, daß ich unnötig in eine Gefahr ging, aber wie ein feiner Wahnsinn rieselte mir das Vorgefühl durch die Nerven. Ich wußte ein Widerliches, vielleicht Tödliches voraus, ich zitterte vor Ekel, hier irgendwie in ein Verbrechen, in ein gemeines, schmutziges Erleben gedrängt zu sein, aber gerade für die nie gekannte, nie geahnte Lebenstrunkenheit, die mich betäubend überströmte, war selbst der Tod noch eine finstere Neugier. Etwas – war es Scham, die Furcht zu zeigen, oder eine Schwäche? – stieß mich vorwärts. Es reizte mich, in die letzte Kloake des Lebens hinabzusteigen, in einem einzigen Tage meine ganze Vergangenheit zu verspielen und zu verprassen, eine verwegene Wollust des Geistes mengte sich der gemeinen dieses Abenteuers. Und obwohl ich mit allen meinen Nerven die Gefahr witterte, sie mit meinen Sinnen, meinem Verstand klarsichtig begriff, ging ich trotzdem weiter hinein in das Gehölz am Arm dieser schmutzigen Praterdirne, die mich körperlich mehr abstieß als lockte und von der ich wußte, daß sie mich nur für ihre Spießgesellen herzog. Aber ich konnte nicht zurück. Die Schwerkraft des Verbrecherischen, die sich nachmittags im Abenteuer auf dem Rennplatze an mich gehangen, riß mich weiter und weiter hinab. Und ich spürte nur mehr die Betäubung, den wirbeligen Taumel des Sturzes in neue Tiefen hinab und vielleicht in die letzte: in den Tod.

Nach ein paar Schritten blieb sie stehen. Wieder flog ihr Blick unsicher herum. Dann sah sie mich wartend an:

»Na – und was schenkst du mir?«

Ach so. Das hatte ich vergessen. Aber die Frage ernüchterte mich nicht. Im Gegenteil. Ich war ja so froh, schenken, geben, mich verschwenden zu dürfen. Hastig griff ich in die Tasche, schüttete alles Silber und ein paar zerknüllte Banknoten ihr in die aufgetane Hand. Und nun geschah etwas so Wunderbares, daß mir heute noch das Blut warm wird, wenn ich daran denke: entweder war diese arme Person überrascht von der Höhe der Summe – sie war sonst nur kleine Münze gewohnt für ihren schmutzigen Dienst –, oder in der Art meines Gebens, des freudigen, raschen, fast beglückten Gebens mußte etwas ihr Ungewohntes, etwas Neues sein, denn sie trat zurück, und durch das dicke, übelriechende Dunkel spürte ich, wie ihr Blick mit einem großen Erstaunen mich suchte. Und ich empfand endlich das lang Entbehrte dieses Abends: jemand fragte nach mir, jemand suchte mich, zum erstenmal *lebte* ich für irgend jemanden dieser Welt. Und daß gerade diese Ausgestoßenste, dieses Wesen, das ihren armen verbrauchten Körper durch die Dunkelheit wie eine Ware trug und die, ohne den Käufer auch nur anzusehen, sich an mich gedrängt, nun die Augen aufschlug zu den meinen, daß sie nach dem Menschen in mir fragte, das steigerte nur meine merkwürdige Trunkenheit, die hellsichtig war und taumelnd zugleich, wissend und aufgelöst in eine magische Dumpfheit. Und schon drängte dieses fremde Wesen sich näher an mich, aber nicht in geschäftsmäßiger Erfüllung bezahlter Pflicht, sondern ich meinte, irgend etwas unbewußt Dankbares, einen weibhaften Willen zur Annäherung darin zu spüren. Ich faßte leise ihren Arm an, den magern, rachitischen Kinderarm, empfand ihren kleinen verkrüppelten Körper und sah plötzlich über all das hinaus ihr ganzes Leben: die geliehene schmierige Bettstelle in einem Vorstadthof, wo sie von morgens bis mittags schlief zwischen einem Gewürm fremder Kinder, ich sah ihren Zuhälter, der sie würgte, die Trunkenen, die sich im Dunkel rülpsend über sie warfen, die gewisse Abteilung im Krankenhaus, in die man sie brachte, den Hörsaal, wo man ihren abgeschundenen Leib nackt und krank jungen frechen Studenten als Lehrobjekt hinhielt, und dann das Ende irgendwo in einer Heimatgemeinde, in die man sie per Schub abgeladen und wo man sie verrecken ließ wie ein Tier. Unendliches Mitleid mit ihr, mit allen überkam mich, irgend etwas Warmes, das Zärtlichkeit war und doch keine Sinnlichkeit. Immer wieder strich ich ihr über den kleinen mageren Arm. Und dann beugte ich mich nieder und küßte die Erstaunte.

In diesem Augenblick raschelte es hinter mir. Ein Ast knackte. Ich sprang zurück. Und schon lachte eine breite, ordinäre Männerstimme. »Da haben mirs. Ich hab mirs ja gleich gedacht.«

Noch ehe ich sie sah, wußte ich, wer sie waren. Nicht eine Sekunde hatte ich inmitten all meiner dumpfen Betäubung daran vergessen, daß ich umlauert war, ja meine geheimnisvolle wache Neugier hatte sie erwartet. Eine Gestalt schob sich jetzt vor aus dem Gebüsch und hinter ihr eine zweite: verwilderte Burschen, frech aufgepflanzt. Wieder kam das ordinäre Lachen. »So eine Gemeinheit, da Schweinereien zu treiben. Natürlich ein feiner Herr! Den werden wir aber jetzt hoppnehmen.« Ich stand reglos. Das Blut tickte mir an die Schläfen. Ich empfand keine Angst. Ich wartete nur, was geschehen sollte. Jetzt war ich endlich in der Tiefe, im letzten Abgrund des Gemeinen. Jetzt mußte der Aufschlag kommen, das Zerschellen, das Ende, dem ich halbwissend entgegengetrieben.

Das Mädel war von mir weggesprungen, aber doch nicht zu ihnen hinüber. Sie stand irgendwie in der Mitte: anscheinend war ihr der vorbereitete Überfall doch nicht ganz angenehm. Die Burschen wiederum waren ärgerlich, daß ich mich nicht rührte. Sie sahen einander an, offenbar erwarteten sie von mir einen Widerspruch, eine Bitte, irgendeine Angst. »Aha, er sagt nix«, rief schließlich drohend der eine. Und der andere trat auf mich zu und sagte befehlend: »Sie müssen mit aufs Kommissariat.«

Ich antwortete noch immer nichts. Da legte mir der eine den Arm auf die Schulter und stieß mich leicht vor. »Vorwärts«, sagte er.

Ich ging. Ich wehrte mich nicht, weil ich mich nicht wehren wollte: das Unerhörte, das Gemeine, das Gefährliche der Situation betäubte mich. Mein Gehirn blieb ganz wach; ich wußte, daß die Burschen die Polizei mehr fürchten mußten als ich, daß ich mich loskaufen konnte mit ein paar Kronen – aber ich wollte ganz die Tiefe des Gräßlichen auskosten, ich genoß die grausige Erniedrigung der Situation in einer Art wissender Ohnmacht. Ohne Hast, ganz mechanisch, ging ich in die Richtung, in die sie mich gestoßen hatten.

Aber gerade das, daß ich so wortlos, so geduldig dem Licht zuging, schien die Burschen zu verwirren. Sie zischelten leise. Dann fingen sie wieder an, absichtlich laut miteinander zu reden. »Laß ihn laufen«, sagte der eine (ein pockennarbiger kleiner Kerl); aber der andere erwiderte, scheinbar streng: »Nein, das geht nicht. Wenn das ein armer Teufel tut wie wir, der nix zum Fressen hat, dann wird er eingelocht. Aber so ein feiner Herr – da muß a Straf sein.« Und ich hörte jedes Wort und hörte darin ihre ungeschickte Bitte, ich möchte beginnen, mit ihnen zu verhandeln; der Verbrecher in mir verstand den Verbrecher in ihnen, verstand, daß sie mich quälen wollten mit Angst und ich sie quälte mit meiner Nachgiebigkeit. Es war ein stummer Kampf zwischen uns beiden, und – o wie reich war diese Nacht! – ich fühlte inmitten tödlicher Gefahr, hier mitten im stinkenden Dickicht der Praterwiese, zwischen Strolchen und einer Dirne, zum zweitenmal seit zwölf Stunden den rasenden Zauber des Spiels, nun aber um den höchsten Einsatz, um meine ganze bürgerliche Existenz, ja um mein Leben. Und ich gab mich diesem ungeheuren Spiel, der funkelnden Magie des Zufalls mit der ganzen gespannten, bis zum Zerreißen gespannten Kraft meiner zitternden Nerven hin.

»Aha, dort ist schon der Wachmann«, sagte hinter mir die eine Stimme, »da wird er sich nicht zu freuen haben, der feine Herr, eine Wochen wird er schon sitzen.« Es sollte böse klingen und drohend, aber ich hörte die stockende Unsicherheit. Ruhig ging ich dem Lichtschein zu, wo tatsächlich die Pickelhaube eines Schutzmannes glänzte. Zwanzig Schritte noch, dann mußte ich vor ihm stehen. Hinter mir hatten die Burschen aufgehört zu reden; ich merkte, wie sie langsamer gingen; im nächsten Augenblick mußten sie, ich wußte es, feig zurücktauchen in das Dunkel, in ihre Welt, erbittert über den mißlungenen Streich, und ihren Zorn vielleicht an der Armseligen auslassen. Das Spiel war zu Ende: wiederum, zum zweitenmal, hatte ich heute gewonnen, wiederum einen andern fremden, unbekannten Menschen um seine böse Lust geprellt. Schon flackerte von drüben der bleiche Kreis der Laternen, und als ich mich jetzt umwandte, sah ich zum erstenmal in die Gesichter der beiden Burschen: Erbitterung war und eine geduckte Beschämung in ihren unsichern Augen. Sie blieben stehen in einer gedrückten, enttäuschten Art, bereit, ins Dunkel zurückzuspringen. Denn ihre Macht war vorüber: nun war *ich* es, den sie fürchteten.

In diesem Augenblick überkam mich plötzlich – und es war, als ob die innere Gärung alle Dauben in meiner Brust plötzlich sprengte und heiß das Gefühl in mein Blut überliefe – ein so unendliches, ein *brüderliches* Mitleid mit diesen beiden Menschen. Was hatten sie denn begehrt von mir, sie, die armen hungernden, zerfetzten Burschen, von mir, dem Übersatten, dem Parasiten: ein paar Kronen, ein paar elende Kronen. Sie hätten mich würgen können dort im Dunkel, mich berauben, mich töten, und hatten es nicht getan, hatten nur in einer ungeübten, ungeschickten Art versucht, mich zu schrecken um dieser kleinen Silbermünzen willen, die mir lose in der Tasche lagen. Wie konnte ich es da wagen, ich, der Dieb aus Laune, aus Frechheit, der Verbrecher aus Nervenlust, sie, diese armen Teufel, noch zu quälen? Und in mein unendliches Mitleid strömte unendliche Scham, daß ich mit ihrer Angst, mit ihrer Ungeduld um meiner Wollust willen noch gespielt. Ich raffte mich zusammen: jetzt, gerade jetzt, da ich gesichert war, da schon das Licht der nahen Straße mich schützte, jetzt mußte ich ihnen zuwillen sein, die Enttäuschung auslöschen in diesen bittern, hungrigen Blicken.

Mit einer plötzlichen Wendung trat ich auf den einen zu. »Warum wollen Sie mich anzeigen?« sagte ich und mühte mich, in meine Stimme einen gepreßten Atem von Angst zu quälen. »Was haben Sie davon? Vielleicht werde ich eingesperrt, vielleicht auch nicht. Aber Ihnen bringt es doch keinen Nutzen. Warum wollen Sie mir mein Leben verderben?«

Die beiden starrten verlegen. Sie hatten alles erwartet jetzt, einen Anschrei, eine Drohung, unter der sie wie knurrende Hunde sich weggedrückt hätten, nur nicht diese Nachgiebigkeit. Endlich sagte der eine, aber gar nicht drohend, sondern gleichsam entschuldigend: »Gerechtigkeit muß sein. Wir tun nur unsere Pflicht.«

Es war offenbar eingelernt für solche Fälle. Und doch klang es irgendwie falsch. Keiner von beiden wagte mich anzusehen. Sie warteten. Und ich wußte, worauf sie warteten. Daß ich betteln würde um Gnade. Und daß ich ihnen Geld bieten würde.

Ich weiß noch alles aus jenen Sekunden. Ich weiß jeden Nerv, der sich in mir regte, jeden Gedanken, der hinter der Schläfe zuckte. Und ich weiß, was mein böses Gefühl damals zuerst wollte: sie warten lassen, sie noch länger quälen, die Wollust des Wartenlassens auskosten. Aber ich zwang mich rasch, ich bettelte, weil ich wußte, daß ich die Angst dieser beiden endlich erlösen mußte. Ich begann eine Komödie der Furcht zu spielen, bat sie um Mitleid, sie möchten schweigen, mich nicht unglücklich machen. Ich merkte, wie sie verlegen wurden, diese armen Dilettanten der Erpressung, und wie das Schweigen gleichsam weicher zwischen uns stand.

Und da sagte ich endlich, endlich das Wort, nach dem

sie so lange lechzten. »Ich . . . ich geben Ihnen . . . hundert Kronen.«

Alle drei fuhren auf und sahen sich an. So viel hatten sie nicht mehr erwartet, jetzt, da doch alles für sie verloren war. Endlich faßte sich der eine, der Pockennarbige mit dem unruhigen Blick. Zweimal setzte er an. Es ging ihm nicht aus der Kehle. Dann sagte er – und ich spürte, wie er sich schämte dabei: »Zweihundert Kronen.«

»Aber hörts auf«, mengte sich plötzlich das Mädchen ein. »Ihr könnts froh sein, wenn er euch überhaupt etwas gibt. Er hat ja gar nix getan, kaum daß er mich angerührt hat. Das ist wirklich zu stark.«

Wirklich erbittert schrie sie's ihnen entgegen. Und mir klang das Herz. Jemand hatte Mitleid mit mir, jemand sprach für mich, aus dem Gemeinen stieg Güte, irgendein dunkles Begehren nach Gerechtigkeit aus einer Erpressung. Wie das wohltat, wie das Antwort gab auf den Aufschwall in mir! Nein, nur jetzt nicht länger spielen mit den Menschen, nicht sie quälen in ihrer Angst, in ihrer Scham: genug! genug!

»Gut, also zweihundert Kronen.«

Sie schwiegen alle drei. Ich nahm die Brieftasche heraus. Ganz langsam, ganz offen bog ich sie auf in der Hand. Mit einem Griff hätten sie mir sie wegreißen können und in das Dunkel hinein flüchten. Aber sie sahen scheu weg. Es war zwischen ihnen und mir irgendein geheimes Gebundensein, nicht mehr Kampf und Spiel, sondern ein Zustand des Rechts, des Vertrauens, eine menschliche Beziehung. Ich blätterte die beiden Noten aus dem gestohlenen Pack und reichte sie dem einen hin.

»Danke schön«, sagte er unwillkürlich und wandte sich schon weg. Offenbar spürte er selbst das Lächerliche, zu danken für ein erpreßtes Geld. Er schämte sich, und diese seine Scham – oh, alles fühlte ich ja in dieser Nacht, jede Geste schloß sich mir auf! – bedrückte mich. Ich wollte nicht, daß sich ein Mensch vor mir schäme, vor mir, der ich seinesgleichen war, Dieb wie er, schwach, feige und willenlos wie er. Seine Demütigung quälte mich, und ich wollte sie ihm wegnehmen. So wehrte ich seinem Dank.

»Ich habe Ihnen zu danken«, sagte ich und wunderte mich selbst, wieviel wahrhaftige Herzlichkeit aus meiner Stimme sprang. »Wenn Sie mich angezeigt hätten, wäre ich verloren gewesen. Ich hätte mich erschießen müssen, und Sie hätten nichts davon gehabt. Es ist besser so. Ich gehe jetzt da rechts hinüber und Sie vielleicht dort auf die andere Seite. Gute Nacht.«

Sie schwiegen wieder einen Augenblick. Dann sagte der eine »Gute Nacht«, dann der andere, zuletzt die Hure, die ganz im Dunkel geblieben. Ganz warm klang es, ganz herzlich wie ein wirklicher Wunsch. An ihren Stimmen fühlte ich, sie hatten mich irgendwo tief im Dunkel ihres Wesens lieb, sie würden diese sonderbare Sekunde nie vergessen. Im Zuchthaus oder im Spital würde sie ihnen vielleicht wieder einmal einfallen: etwas von mir lebte fort in ihnen, ich hatte ihnen etwas gegeben. Und dieses Gebens Lust erfüllte mich wie noch nie ein Gefühl.

Ich ging allein durch die Nacht dem Ausgang des Praters zu. Alles Gepreßte war von mir gefallen, ich fühlte, wie ich ausströmte in nie gekannter Fülle, ich, der Verschollene, in die ganze unendliche Welt hinein. Alles empfand ich, als lebte es nur für mich allein, und mich wieder mit allem strömend verbunden. Schwarz umstanden mich die Bäume, sie rauschten mir zu, und ich liebte sie. Sterne glänzten von oben nieder, und ich atmete ihren weißen Gruß. Stimmen kamen singend von irgendwoher, und mir war, sie sängen für mich. Alles gehörte mir mit einem Male, seit ich die Rinde um meine Brust zerstoßen, und Freude des Hingebens, des Verschwendens schwellte mich allem zu. O wie leicht ist es, fühlte ich, Freude zu machen und selbst froh zu werden aus der

Freude: man braucht sich nur aufzutun, und schon fließt von Mensch zu Mensch der lebendige Strom, stürzt vom Hohen zum Niedern, schäumt von der Tiefe wieder ins Unendliche empor.

Am Ausgang des Praters neben einem Wagenstandplatz sah ich eine Hökerin, müde, gebückt über ihren kleinen Kram. Bäckereien hatte sie, überschimmelt von Staub, und ein paar Früchte, seit Morgen saß sie wohl so da, gebückt über die paar Heller, und die Müdigkeit knickte sie ein. Warum sollst du dich nicht auch freuen, dachte ich, wenn ich mich freue? Ich nahm ein kleines Stück Zuckerbrot und legte ihr einen Schein hin. Sie wollte eilfertig wechseln, aber schon ging ich weiter und sah nur, wie sie erschrak vor Glück, wie die zerknitterte Gestalt sich plötzlich straffte und nur der im Staunen erstarrte Mund mir tausend Wünsche nachsprudelte. Das Brot zwischen den Fingern, trat ich zu dem Pferde, das müde an der Deichsel hing, aber nun wandte es sich her und schnaubte mir freundlich zu. Auch in seinem dumpfen Blick war Dank, daß ich seine rosa Nüster streichelte und ihm das Brot hinreichte. Und kaum daß ichs getan, begehrte ich nach mehr: noch mehr Freude zu machen, noch mehr zu spüren, wie man mit ein paar Silberstücken, mit ein paar farbigen Zetteln Angst auslöschen, Sorge töten, Heiterkeit aufzünden konnte. Warum waren keine Bettler da? Warum keine Kinder, die von den Ballons haben wollten, die dort ein mürrischer, weißhaariger Hinkfuß in dicken Bündeln an vielen Fäden nach Hause stelzte, enttäuscht über das schlechte Geschäft des langen heißen Tages. Ich ging auf ihn zu. »Geben Sie mir die Ballons.« »Zehn Heller das Stück«, sagte er mißtrauisch, denn was wollte dieser elegante Müßiggänger jetzt mitternachts mit den farbigen Ballons? »Geben Sie mir alle«, sagte ich und gab ihm einen Zehnkronenschein. Er torkelte auf, sah mich wie geblendet an, dann gab er mir zitternd die Schnur, die das ganze Bündel hielt. Straff fühlte ich es an dem Finger ziehn: sie wollten weg, wollten frei sein, wollten hinauf in den Himmel hinein. So geht, fliegt, wohin ihr begehrt, seid frei! Ich ließ die Schnüre los, und wie viele bunte Monde stiegen sie plötzlich auf. Von allen Seiten liefen die Leute her und lachten, aus dem Dunkel kamen die Verliebten, die Kutscher knallten mit den Peitschen und zeigten sich gegenseitig rufend mit den Fingern, wie jetzt die freien Kugeln über die Bäume hin zu den Häusern und Dächern trieben. Alles sah sich fröhlich an und hatte seinen Spaß mit meiner seligen Torheit.

Warum hatte ich das nie und nie gewußt, wie leicht es ist und wie gut, Freude zu geben! Mit einem Male brannten die Banknoten wieder in der Brieftasche, sie zuckten mir in den Fingern so wie vordem die Schnüre der Ballons: auch sie wollten wegfliegen von mir ins Unbekannte hinein. Und ich nahm sie, die gestohlenen des Lajos und die eigenen – denn nichts empfand ich mehr davon als Unterschied oder Schuld – zwischen die Finger, bereit, sie jedem hinzustreuen, der eine wollte. Ich ging hinüber zu einem Straßenkehrer, der verdrossen die verlassene Praterstraße fegte. Er meinte, ich wolle ihn nach irgendeiner Gasse fragen und sah mürrisch auf: ich lachte ihn an und hielt ihm einen Zwanzigkronenschein hin. Er starrte, ohne zu begreifen, dann nahm er ihn endlich und wartete, was ich von ihm fordern würde. Ich aber lachte ihm nur zu, sagte: »Kauf dir was Gutes dafür«, und ging weiter. Immer sah ich nach allen Seiten, ob nicht jemand etwas von mir begehrte, und da niemand kam, bot ich an: einer Hure, die mich ansprach, schenkte ich einen Schein, zwei einem Laternenanzünder, einen warf ich in die offene Luke einer Backstube im Untergeschoß, und ging so, ein Kielwasser von Staunen, Dank, Freude hinter mir, weiter und weiter. Schließlich warf ich sie einzeln und zerknüllt ins Leere auf die Straße, auf die Stufen einer Kirche und freute mich an dem Gedanken, wie das Hutzelweibchen bei der Morgenandacht die hundert Kronen finden und Gott segnen, ein armer Student, ein Mädel, ein Arbeiter das Geld staunend und doch beglückt auf ihrem Weg entdecken würden, so wie ich selbst staunend und beglückt in dieser Nacht mich selber entdeckt.

Ich könnte nicht mehr sagen, wo und wie ich sie alle verstreute, die Banknoten und schließlich auch mein Silbergeld. Es war irgendein Taumel in mir, ein sich Ergießen wie in eine Frau, und als die letzten Blätter weggeflattert waren, fühlte ich Leichtigkeit, als ob ich hätte fliegen können, eine Freiheit, die ich nie gekannt. Die Straße, der Himmel, die Häuser, alles flutete mir ineinander in einem ganz neuen Gefühl des Besitzes, des Zusammengehörens: nie und auch in den heißesten Sekunden meiner Existenz hatte ich so stark empfunden, daß alle diese Dinge wirklich vorhanden waren, daß sie lebten und daß ich lebte und daß ihr Leben und das meine ganz das gleiche waren, eben das große, gewaltige, das nie genug beglückt gefühlte Leben, das nur die Liebe begreift, nur der Hingegebene umfaßt.

Dann kam noch ein letzter dunkler Augenblick, und das war, als ich, selig heimgewandert, den Schlüssel in meine Türe drückte und der Gang zu meinen Zimmern schwarz sich auftat. Da stürzte plötzlich Angst über mich, ich ginge jetzt in mein altes früheres Leben zurück, wenn ich die Wohnung dessen betrat, der ich bis zu dieser Stunde gewesen, mich in sein Bett legte, wenn ich die Verknüpfung mit all dem wieder aufnahm, was diese Nacht so schön gelöst. Nein, nur nicht mehr dieser Mensch werden, der ich war, nicht mehr der korrekte, fühllose, weltabgelöste Gentleman von gestern und einst, lieber hinabstürzen in alle Tiefen des Verbrechens und des Grauens, aber doch in die Wirklichkeit des Lebens! Ich war müde, unsagbar müde, und doch fürchtete ich mich, der Schlaf möchte über mir zusammenschlagen und all das Heiße, das Glühende, das Lebendige, das diese Nacht in mir entzündet, wieder wegschwemmen mit seinem schwarzen Schlamm, und dies ganze Erlebnis möge so flüchtig und unverhaftet gewesen sein wie ein phantastischer Traum.

Aber ich ward heiter wach in einen neuen Morgen am nächsten Tage, und nichts war verronnen von dem dankbar strömenden Gefühl. Seitdem sind nun vier Monate vergangen, und die Starre von einst ist nicht wiedergekehrt, ich blühe noch immer warm in den Tag hinein. Jene magische Trunkenheit von damals, da ich plötzlich den Boden meiner Welt unter den Füßen verlor, ins Unbekannte stürzte und bei diesem Sturz in den eigenen Abgrund den Taumel der Geschwindigkeit gleichzeitig mit der Tiefe des ganzen Lebens berauscht gemengt empfand – diese fliegende Hitze, sie freilich ist dahin, aber ich spüre seit jener Stunde mein eigenes warmes Blut mit jedem Atemzuge und spüre es mit täglich erneuter Wollust des Lebens. Ich weiß, daß ich ein anderer Mensch geworden bin mit andern Sinnen, anderer Reizbarkeit und stärkerer Bewußtheit. Selbstverständlich wage ich nicht zu behaupten, ich sei ein besserer Mensch geworden: ich weiß nur, daß ich ein glücklicherer bin, weil ich irgendeinen Sinn für mein ganz ausgekühltes Leben gefunden habe, einen Sinn, für den ich kein Wort finde, als eben das Wort Leben selbst. Seitdem verbiete ich mir nichts mehr, weil ich die Normen und Formen meiner Gesellschaft als wesenlos empfinde, ich schäme mich weder vor andern noch vor mir selbst. Worte wie Ehre, Verbrechen, Laster haben plötzlich einen kalten, blechernen Klangton bekommen, ich vermag sie ohne Grauen gar nicht auszusprechen. Ich lebe, indem ich mich leben lasse von der Macht, die ich damals zum erstenmal so magisch gespürt. Wohin sie mich treibt, frage ich nicht: vielleicht einem neuen Abgrund entgegen, in das hinein, was die andern Laster nennen, oder einem ganz Erhabenen zu. Ich weiß es nicht und will es nicht wissen. *Denn ich glaube, daß nur der wahrhaft lebt, der sein Schicksal als ein Geheimnis lebt.*

Nie aber habe ich – dessen bin ich gewiß – das Leben inbrünstiger geliebt, und ich weiß jetzt, daß jeder ein Verbrechen tut (das einzige, das es gibt!), der gleichgültig ist gegen irgendeine seiner Formen und Gestalten. Seitdem ich mich selbst zu verstehen begann, verstehe ich unendlich viel anderes auch: der Blick eines gierigen Menschen vor einer Auslage kann mich erschüttern, die Kapriole eines Hundes mich begeistern. Ich achte mit einemmal auf alles, nichts ist mir gleichgültig. Ich lese in der Zeitung (die ich sonst nur auf Vergnügungen und Auktionen durchblätterte) täglich hundert Dinge, die mich erregen, Bücher, die mich langweilten, tun sich mir plötzlich auf. Und das Merkwürdigste ist: ich kann auf einmal mit Menschen auch außerhalb dessen, was man Konversation nennt, sprechen. Mein Diener, den ich seit sieben Jahren habe, interessiert mich, ich unterhalte mich oft mit ihm, der Hausmeister, an dem ich sonst wie an einem beweglichen Pfeiler achtlos vorüberging, hat mir jüngst vom Tod seines Töchterchens erzählt, und es hat mich mehr ergriffen als die Tragödien Shakespeares. Und diese Verwandlung scheint – obzwar ich, um mich nicht zu verraten, mein Leben innerhalb der Kreise gesitteter Langeweile äußerlich fortsetze – allmählich transparent zu werden. Manche Menschen sind mit einemmal herzlich mit mir, zum drittenmal in dieser Woche liefen mir fremde Hunde auf der Straße zu. Und Freunde sagen mir wie zu einem, der eine Krankheit überstanden hat, mit einer gewissen Freudigkeit, sie fänden mich verjüngt.

Verjüngt? Ich allein weiß ja, daß ich erst jetzt wirklich zu leben beginne. Nun ist dies wohl ein allgemeiner Wahn, daß jeder vermeint, alles Vergangene sei immer nur Irrtum und Vorbereitung gewesen, und ich verstehe wohl die eigene Anmaßung, eine kalte Feder in die warme lebendige Hand zu nehmen und auf einem trockenen Papier sich hinzuschreiben, man lebe wirklich. Aber sei es auch ein Wahn – er ist der erste, der mich beglückt, der erste, der mir das Blut gewärmt und mir die Sinne aufgetan. Und wenn ich mir das Wunder meiner Erweckung hier aufzeichne, so tue ich es doch nur für mich allein, der all dies tiefer weiß, als die eigenen Worte es ihm zu sagen vermögen. Gesprochen habe ich zu keinem Freunde davon; sie ahnten nie, wie abgestorben ich schon gewesen, sie werden nie ahnen, wie blühend ich nun bin. Und sollte mitten in dies mein lebendiges Leben der Tod fahren und diese Zeilen je in eines andern Hände fallen, so schreckt und quält mich diese Möglichkeit durchaus nicht. Denn wem die Magie einer solchen Stunde nie bewußt geworden, wird ebensowenig verstehen, als ich es selbst vor einem halben Jahre hätte verstehen können, daß ein paar dermaßen flüchtige und scheinbar kaum verbundene Episoden eines einzigen Abends ein schon verloschenes Schicksal so magisch entzünden konnten. Vor ihm schäme ich mich nicht, denn er versteht mich nicht. Wer aber um das Verbundene weiß, der richtet nicht und hat keinen Stolz. Vor ihm schäme ich mich nicht, denn er versteht mich. Wer einmal sich selbst gefunden, kann nichts auf dieser Welt mehr verlieren. Und wer einmal den Menschen in sich begriffen, der begreift alle Menschen.

Nachbemerkungen des Herausgebers

»Es gibt für jeden Künstler eine persönliche Wichtigkeit der Einzelheiten und eine absolute im Kunstwerk«, schrieb Stefan Zweig einmal an Katharina Kippenberg, die Frau seines langjährigen Verlegers Anton Kippenberg, des »Herrn der Insel«, wie er ihn, mit Zitat und Begriff spielend, gerne nannte. Im gleichen Brief präzisierte er anläßlich der Kritik eines Romans, der gerade dort erschienen war, seinen Standpunkt in bezug auf ein literarisches Werk und zugleich sein Ziel in bezug auf künstlerisches Schaffen: »dies Abgleiten der eigenen Nervosität in die überlegene kühle waldhafte Stille eines Meisters«, wie es Stifter in seinem ›Nachsommer‹ gelungen sei.

Zu diesem Zeitpunkt, im September 1921, war Stefan Zweig bereits ein bekannter Autor: als Übersetzer Verlaines, Baudelaires, vor allem Verhaerens, als ein während des Ersten Weltkriegs mit allen Waffen des Geistes im Essay und im Drama für Humanität kämpfender Pazifist – und auch als Erzähler, von dem zwei Bände, ein früher, ›Die Liebe der Erika Ewald‹ von 1904, und ein weiterer, ›Erstes Erlebnis‹ von 1911, vorlagen sowie ein dritter, aus Zeitungen und Zeitschriften zusammengetragen, in Vorbereitung war.

Erzählen – im Erzählen sich in seine Figuren und in seine Leser gleichermaßen zu versetzen, ihre Ahnung von der tatsächlichen Erlebbarkeit des auch in Bereichen, die »in bisherigem Sinne fremd und häßlich« waren, Geträumten, Ersehnten nachzuvollziehen, das war Stefan Zweigs eigentliche Begabung und sein Anspruch an sich selbst. In diesem Bewußtsein erreichte er eine suggestive Dynamik der Imagination, eine plastische, farbige Vorstellungswelt. Seine Gestalten personifizieren nicht selten bestimmte Gefühlsebenen, durch die der eine oder andere sich selbst angesprochen fühlen und versucht sein mag, sich mit ihnen zu identifizieren. Er ist, wie Walter Jens es formuliert hat, ein Vertreter der »Literatur des Ich«. Helmut M. Braem greift diesen Gedanken auf: »Der Autor ›stellt seine Gestalt‹ gleichsam in die Welt hinein, die erst durch sie zu leben beginnt. Was diese Gestalt tut, was sie denkt und fühlt – alles bleibt dem Autor anheimgestellt. Es ist auch nicht so wichtig, *was* seine Figuren tun, denken und fühlen. Weit entscheidender ist es für ihn, *wie* sie es tun.« Die »persönliche Wichtigkeit der Einzelheiten« entscheidet während des schöpferischen Prozesses; sobald ein Werk sich, fertiggestellt, vom Autor gelöst hat, allgemeingültig geworden ist, gewinnt es für ihn »absolute Wichtigkeit«. Dem Leser ermöglicht es ein individuelles Assoziieren vom erdachten Geschehen in die Realität.

Stefan Zweigs Schreiben ist bestimmt von einem »nervösen, fast hektischen Duktus der Sätze« (Arnold Bauer), einem Stakkato der Adjektiva, von dessen Vibrato ein ganz eigener Reiz ausgeht. Mag ihm auch nicht in allen Erzählungen atmosphärische Dichte gleich sicher gelingen, so bleibt er doch, trotz Wiederholung einzelner Worte und einer gewissen Gefühlsintensität, »ein Meister des Stils«, wie Sigmund Freud ihm schrieb.

1920 hatte Stefan Zweig mit dem Band biographischer Essays ›Drei Meister. Balzac, Dickens, Dostojewski‹ eine »Typologie des Geistes« zu konzipieren begonnen, die er unter den Sammeltitel ›Die Baumeister der Welt‹ stellte. Ähnlich wollte er seine Erzählungen geordnet wissen: so erschien 1922 ›Amok. Novellen einer Leidenschaft‹ als »zweiter Ring« des Kollektivtitels ›Die Kette. Ein Novellenkreis‹, eine Neuauflage des früheren Bandes ›Erstes Erlebnis. Vier Geschichten aus Kinderland‹ im Jahr darauf als »erster Ring«; ihnen folgte 1927 ›Verwirrung der Gefühle. Drei Novellen‹ als »dritter Ring«. So entstand »eine Art dichterischer Typologie monomanischer Leidenschaften« (Jean-Paul Bier), die nicht fortgesetzt wurde. Die Neuausgabe der Gesammelten Werke von Stefan Zweig bedingt, da man das gesamte Schaffen jetzt überschaut, eine andere Gliederung der Texte, die der erzählerischen und der thematischen Entwicklung dieses Schriftstellers insgesamt gerecht zu werden versucht. Dabei kann eine rein chronologische Anordnung nicht in Betracht kommen, weil kein Erzähler ein Thema Stufe für Stufe in aufeinanderfolgenden Texten abhandelt, um dann mit dem nächsten zu beginnen; vielmehr wechseln bei jedem die Themen ständig. Während Stefan Zweig noch an einer Erzählung schrieb, entwickelte er gedanklich schon eine andere. Neuordnung unter Berücksichtigung des Nachlasses also heißt Konzentration auf die Themen.

Das für Stefan Zweigs erzählerisches Gesamtwerk charakteristischste Motiv ist, um es cum grano salis mit einem Satz zu bezeichnen, die ihm sinnlos erscheinende, nur durch Verdrängung bedingte Tabuisierung alles Leidenschaftlichen, vor allem im Sexuellen, mit allen ihren Formen und Entwicklungen sowie der Aufruf zu ihrer Überwindung. »Wir brauchten nicht lange, um zu entdecken, daß alle jene Autoritäten, denen wir bisher Vertrauen geschenkt, daß Schule, Familie und die öffentliche Moral in diesem einen Punkt der Sexualität sich merkwürdig unaufrichtig gebärdeten – und sogar mehr noch: daß sie auch von uns in diesem Belange Heimlichkeit und Hinterhältigkeit forderten.« Dieser Satz aus dem Kapitel ›Eros Matutinus‹ der ›Welt von Gestern‹ gibt genau die Situation und Haltung einer Generation wieder, gegen die Stefan Zweig, sobald er sie durchschaute, Sturm lief. Die

Würde des Menschen beginnt mit der Aufrichtigkeit sich selbst gegenüber, auch und gerade in diesem Punkt. Dies galt es zu zeigen – ein Ziel, das zu allen Zeiten fest im Blick gehalten sein will. »Unbefangenheit und Selbstsicherheit« sind die Grundbegriffe freien, wirklichen Lebens, aber sie müssen erst einmal errungen sein gegen völlig unerwartete Versuchungen und Verleitungen von innen wie von außen. Erst, wenn man das Spektrum kennt, die Vielfalt der Perspektiven, kann man sie für sich finden. Jenes heranwachsende Mädchen in der ›Sommernovellette‹ ahnt nicht, wer der Briefschreiber ist, sucht ihn unter den jungen Männern, kann ein solches Rätsel in ihrem weltfremd Behütetsein nicht offen erfragen, nicht lösen; das versteckte, voyeuristische Genießen des »älteren, sehr vornehmen und kultivierten Herrn« in Cadenabbia versucht der Ich-Erzähler im Sinne seiner Fabulierlust und eigenen, jugendlichen Erfahrung zu relativieren, indem er »die Leidenschaft eines alten Mannes der eines Knaben sehr ähnlich« interpretiert – doch ihm wird gerade dies als »verlogen, falsch, unmöglich« erklärt, denn er erlebt »Fremdes für einen Augenblick wie Eigenes«. Jünger noch als das Mädchen in der ›Sommernovellette‹ sind die beiden Schwestern in der Erzählung ›Die Gouvernante‹. In der frühen, wichtigen Phase der Pubertät schließt man sie aus von der Gemeinschaft der Erwachsenen, spricht man nicht über das, was sie lauschend längst schon mitbekommen haben: daß ihre Gouvernante schwanger ist, sie, »die dafür zu sorgen hatte, die jungen Mädchen von möglichen gefährlichen Gedanken abzulenken«, aber »je weniger die Augen zu sehen, die Ohren zu hören bekamen, um so mehr träumten die Gedanken«. Was für die Töchter der Bürgerhäuser tabu war, war es nicht für die Söhne: zu ihrer sexuellen Unterrichtung wurde nicht selten »ein hübsches Dienstmädchen« engagiert, »dem die Aufgabe zufiel, den jungen Burschen praktisch zu beleh-

ren«. Bekam sie ein Kind, entließ man sie. Die Heran-
wachsenden durften nichts davon erfahren. Da sie es aber,
ohne aufgeklärt zu sein, dennoch wissen, wächst in ihnen
»ein wildes Mißtrauen gegen alle Menschen um sie
herum«, »wittern sie Lüge und Absicht hinter jedem
Wort«. Und sie haben »Angst... vor dem Leben, das
dunkel und drohend vor ihnen steht«. Sie werden wie alle
so lange vor dem »ersten Erlebnis« bewahrten Mädchen
zunächst unfrei, vor allem aber unsicher in ihren Entschei-
dungen. Sie schwärmen für einen »Helden«, einen Schauspieler etwa, wie Margaret in ›Die spät bezahlte Schuld‹
für Peter Sturzenthaler, und glauben, ihn ganz allein für
sich zu besitzen, ohne es aussprechen zu müssen. Droht
aber die Trennung, wie hier durch das Engagement an
einer anderen Bühne, sind sie in ihrer Naivität bereit, sich
ihm leidenschaftlich anzubieten, obwohl körperliche Liebe ihnen noch ein »fremder und unbekannter Gedanke«
ist, sie sich selbst und ihr Verhalten also gar nicht verstehen oder erklären können. Niemand hat ihnen den Weg
zu sich selbst gewiesen – sie können sich fast nur verlieren.
Peter Sturzenthaler nutzt dies nicht aus; Margaret dankt es
ihm viel später, als sie dem müden, abgetretenen Schauspieler noch zu einem bißchen Ansehen verhelfen kann,
wenn auch nur mit einer Lüge – die Wahrheit kann sie nur
der Freundin schreiben, weil – so heißt es wörtlich –
»etwas in mir drückte und drängte, etwas, an das ich mich
nicht erinnern wollte, das ich, wie jener Professor Freud in
Wien sagt, ›verdrängt hatte‹«.

Die Schwierigkeiten der Jugendlichen, die soweit es
Mädchen waren, mit ihren Eltern ihre ›vita sexualis‹ nicht
besprechen konnten, ja, jegliche Regung unterdrücken
und verschweigen mußten, soweit es Jungen waren, eine
nichtfamiliäre Form der Aufklärung suchen durften oder
geboten bekamen, haben sich bei ihnen als Erwachsene in
vielen Fällen durch eheliche Erfahrungen ausgleichen

lassen; bei denjenigen, die nicht heirateten, mag es bei jeder neuen Verbindung Unsicherheiten der eigenen Persönlichkeit gegeben haben, die es jedesmal zu überwinden galt. Dabei spielten und spielen Veranlagungen, vor allem aber Leidenschaften die wesentliche Rolle. Die Erwachsenen, die die Kinder nicht Einblick nehmen lassen wollen in ihre Welt, beobachten einander in dieser Hinsicht sehr genau, teils um sich, Selbstsicherheit signalisierend, über andere zu entrüsten – die Hotelgäste über Madame Henriette in ›Vierundzwanzig Stunden aus dem Leben einer Frau‹, als sie ihren Mann verläßt –, teils um in einer Art Beichte – wie Mrs. C. in derselben Erzählung – sich Rechenschaft abzulegen über ihr eigenes Verhalten. Die Leidenschaft eines Spielers begegnet hier der einer Frau, die sich dessen zunächst gar nicht bewußt ist, nein, sich dessen nicht bewußt sein *will*. So gerät sie, »eine Frau mit tadellos verbrachtem Leben, die in ihrer Gesellschaft strengste, konventionelle Würdigkeit forderte«, mit »einem wildfremden jungen Menschen«, kaum älter als ihr Sohn, »nur durch einen überreizten Willen zur Hilfe, durch kein anderes, kein persönliches Gefühl«, wie sie sich selbst zunächst erklärt, in ein »tragisches Abenteuer«, etwas »kataraktisch Unerwartetes«: sie sucht ihn mit allen Mitteln vom Spielen abzuhalten: indem sie ihm zuredet, ihm Geld gibt, damit er abreisen soll, mit ihm schläft, ihn in einer Kirche ein Gelübde ablegen läßt, endlich sich selbst ihr Gefühl eingestehend, mit ihm zusammen abreisen will – aber sie kann ihm nicht helfen, er bleibt in seiner Leidenschaft gefangen wie sie selbst in der ihren. Erst als sie sich vierundzwanzig Jahre später zu dieser »lückenlosen« Darstellung entschließt, jenem ihr fremden Ich-Erzähler gegenüber, der Madame Henriette als einziger verteidigte, findet sie zu dem vollen Bewußtsein ihrer Persönlichkeit mit allen Nuancen und Werten zurück. Indem sie sich über diese vierundzwanzig Stunden in ihrem Leben ausspricht, löst sie »den lastenden Bann und die ewig rückblickende Starre«. Das Spannungsfeld der Faszination durch den anderen, den Partner, ist ruhig geworden durch die Selbstbefreiung der älter gewordenen Frau. Viele Worte waren nötig, dieses Verhältnis zu entwickeln, und viele Worte, um es zu erklären. Aber es gibt Begegnungen, die kaum vom Sprechen gefördert werden, sondern von einer rein körperlich spürbaren wohligen Unruhe, die einem das Blut »erregt durch den ganzen Körper gehen« läßt, so daß die eigene Schwüle und die der Landschaft, in der man bei Gewitterstimmung »einen Spiegel des Gefühls« erblicken kann, »in eine stumme, feuchte Umarmung« fließen. Stefan Zweig hat in seiner wohl erotischsten, Menschen, Landschaft und Witterung in einem gemeinsamen Fieberzustand zeichnenden Erzählung ›Die Frau und die Landschaft‹ die Erregung aller Sinne in einem einzigen Punkt zusammengefaßt, dem, daß alle und alles sich nach Vereinigung sehnen, Himmel und Erde, Regen und Saat, Mann und Frau. In der Schwüle der Erwartung »lauert« der IchErzähler wie alles um ihn »auf ein Unerhörtes, Seltsames, denn ich wußte, die Nacht konnte nicht enden ohne den Blitz«. Der Spannung folgt die Erfüllung; aber als es hell wird, ist die Gemeinschaft versunken »mit der magischen Dunkelheit«. Was hier phantastisch anmutete, ist ein uralt-ewiges Motiv unserer Existenz, das immer wieder neu erfahren werden wird. Das Phantastische aber hat viele Formen und fordert durch seine Außergewöhnlichkeit die Realität heraus. Stefan Zweig war sich dessen bewußt, und nicht zuletzt deshalb hat er als Erzähler wie als Biograph zumeist Menschen mit aus dem Maß des Erwarteten fallenden Schicksalen porträtiert, solche die unterlegen zu sein scheinen im Kampf um den ersten Platz, die aber in der Verwirklichung ihrer Kräfte und ihrer Persönlichkeit letztlich Sieger bleiben. Seine Gestalten kommen alle an den Punkt, wo sie sich selbst stellen müssen, jede auf ihre Art, jede nach ihrem Charakter. Baron Friedrich Michael von R . . . erlebt einen solchen schwülen Nachmittag, eine phantastische Nacht, zeichnet sie auf, aber versiegelt das Manuskript aus dem Gefühl heraus, sich seinen Freunden nicht verständlich machen zu können, und »auch aus einer gewissen Scham, von einer so zufälligen Angelegenheit dermaßen erschüttert und umgewühlt zu sein«. Wie in einer Art Krankenbericht schildert er das Absinken seiner Interessen an allem, was ihn bisher erfreute, seine wachsende Gleichgültigkeit seiner Umgebung gegenüber bis zu jenem 7. Juni 1913 – Daten und Namen sind äußerst selten in Stefan Zweigs Erzählungen fixiert –, an dem er, nur weil der Fiaker ihm dies suggeriert, zum Rennen in den Prater fährt. Das Lachen einer fremden Frau reißt ihn dort aus seiner Lethargie in ein »Gefühl erotischer Spannung«, die sich schließlich »ins Heitere« löst; die Spannung aber, die ihm nach einem betrügerischen Wettgewinn das Bewußtsein, ein Dieb geworden zu sein, gibt, verändert seine Grundhaltung: der »verlorene Mensch« sucht sich wiederzufinden. Das auf falschem Wege gewonnene Geld ist er bereit unter den »Erniedrigten und Beleidigten«, unter die er sich mischt, zu verteilen – er, der »zu jener Gesellschaftsklasse gehört, die man besonders in Wien die ›gute Gesellschaft‹ ohne besonderen Stolz, sondern ganz als selbstverständlich zu bezeichnen pflegt«. Man bedrängt und bedroht ihn – da gibt er es freizügig, zugleich sich selbst befreiend, her. Er atmet auf, »wie leicht es ist und wie gut, Freude zu geben!« Mit einer Sentenz, die ein Motto sein könnte, endet die letzte, die Titelerzählung dieses Bandes: »Wer einmal sich selbst gefunden, kann nichts auf dieser Welt mehr verlieren! Und wer einmal den Menschen in sich begriffen, der begreift alle Menschen.«   Knut Beck